Herbert Kemler

Gott mehr gehorchen als den Menschen

*Christlicher Glaube zwischen
Restauration und Revolution –
dargestellt an der kurhessischen Renitenz*

BRUNNEN VERLAG GIESSEN UND BASEL

Die Theologische Verlagsgemeinschaft (TVG)
ist eine Arbeitsgemeinschaft der Verlage
Brunnen Gießen und R. Brockhaus Witten

KIRCHENGESCHICHTLICHE MONOGRAPHIEN (KGM), Band 13

© 2005 Brunnen Verlag Gießen
www.brunnen-verlag.de
Umschlagfoto: Christus-Kirche in Melsungen, 1881/82
von Wilhelm Vilmar für die Renitente Gemeinde erbaut
Umschlaggestaltung: Ralf Simon
Druck: DIP, Witten
ISBN 3-7655-9490-3

Inhalt

3

Einleitung

Mit dem Motto aus der Apostelgeschichte des Lukas „Man muss Gott mehr gehorchen als den Menschen" (5,29) haben eine ganze Reihe von evangelischen Pfarrern im ehemaligen Kurhessen ihren Protest gegen die Pläne der preußischen Regierung zur Errichtung eines Gesamtkonsistoriums in Kassel begründet. Als das Gesamtkonsistorium durch „Allerhöchsten Erlaß des Königs" am 28. Juli 1873 dann tatsächlich errichtet worden war, haben ihm mehr als vierzig von ihnen den Gehorsam verweigert: Sie haben zugesandte Postsendungen nicht angenommen und sich von Mahnungen nicht beeindrucken lassen. Schließlich wurden sie ihres Amtes enthoben und nicht länger als Geistliche anerkannt. Mit einer kleinen Zahl von Gemeindegliedern, die ihnen die Treue hielt, haben sie zuerst nur eigene Gottesdienste gehalten, später auch eigene Gemeinden gebildet. Der ihnen zuerst von der Regierung und der Kirchenleitung, bald auch von der – nicht nur – evangelischen Öffentlichkeit gemachte Vorwurf, renitent zu sein, wurde von ihnen im weiteren Verlauf des Trennungsprozesses mit Stolz und Selbstbewusstsein als Selbstbezeichnung aufgenommen: Sie bildeten die *Renitente Kirche.*

Dieser Bruch in den Jahren 1873 und 1874 ist nicht überraschend gekommen, er hatte sich über einen Zeitraum von etwa vierzig Jahren langsam angebahnt. Für die Protagonisten war er sogar unvermeidlich. Der Entstehungsprozess lässt sich in seinen wesentlichen Etappen rekonstruieren. Dabei geht es zum Ersten um die Situation der Kirchen, ihre Verkündigung, ihre Anerkennung, ihre Selbsteinschätzung im Allgemeinen. Zum Zweiten ist auf besondere Entwicklungen, auf neuartige Problemstellungen, auf Konflikte und ihre Hintergründe zu achten. Schließlich geht es um Personen, die sich den Problemen stellten, sie reflektierten, mit mancherlei Beiträgen weiter trieben, um sie theologisch vertretbaren Lösungen entgegenzuführen.

Die Situation der Kirchen zu Beginn
des 19. Jahrhunderts

Die west- und mitteleuropäischen Kirchen waren zu Beginn des 19. Jahrhunderts durch eine schwere Krise gegangen. Die Französische Revolution von 1789 hatte alles, was mit christlicher Religion und Kirche zu tun hatte, verdächtigt, falsch, heuchlerisch und verderblich zu sein. Die seit der Christianisierung unerschütterte Überzeugung, der christliche Glaube stärke die Gerechtigkeit, schaffe Frieden, verleihe den Menschen die Kräfte, diese Ziele auch zu erreichen, schenke ihnen schließlich ein ewiges Leben, war teils direkt angegriffen, teils durch Verhöhnung lächerlich gemacht worden. Dadurch konnte man sowohl seine Mahnungen und seine Verheißungen, insbesondere aber seine Verknüpfungen von Diesseits und Jenseits für illusionär und irrelevant erklären. Leben, Streben, Hoffen der Menschen sollte sich nicht länger an religiös begründeten Vorstellungen orientieren, sondern an der Natur und an der menschlichen Vernunft. Die Französische Revolution von 1789 galt als der großartige Versuch, eine menschliche Gemeinschaft, in der Freiheit, Gleichheit, Brüderlichkeit herrschen sollten, ohne ein religiöses Fundament zu schaffen. Aber er endete in einem grauenvollen Massaker. Die Revolutionäre brachten sich selber um. Die Guillotine war Tag und Nacht in Betrieb.

Ein starker Mann musste kommen, mit eiserner Hand durchgreifen und wieder Ordnung schaffen: *Napoleon Bonaparte* (1769–1821). Aber er war nicht damit zufrieden, nur in Frankreich für geregelte Verhältnisse zu sorgen, er wollte in der ganzen damaligen Welt seine Vorstellungen von Ordnung verwirklichen. Da sich das mit friedlichen Mitteln nicht verwirklichen ließ, überzog er alle Nachbarn mit Krieg, besetzte ihr Gebiet, setzte neue, ihm treu ergebene Herrscher ein, gab ihnen seine Rechtsordnung, den *Code Napoleon*, ließ sie an französischer Kultur teilhaben. 1812 aber – nach einer vernichtenden Niederlage in den Weiten Russlands – war der Bann gebrochen. Das Reich Napoleons zerbrach, Europa lag am Boden, die alte Ordnung war zerstört, eine neue musste gefunden werden. Eine Konferenz der europäischen Staatsoberhäupter 1814–15 in Wien sollte sie finden: der *Wiener Kongress.*

6

Das Versprechen des Wiener Kongresses:
Die Staaten sollen wieder christlich werden und sich nach göttlichen Geboten richten

In Wien griff man unter dem Eindruck von Schrecken und Abscheu vor den Entartungen der Französischen Revolution mit Entschlossenheit wieder auf die bewährten christlichen Grundsätze zurück, um damit der neuen Ordnung ein von menschlichem Willen und von menschlicher Macht unabhängiges Fundament zu geben. Die Vertreter der drei Großmächte, *Franz I., Kaiser von Österreich, Alexander, Zar von Russland* und *Friedrich Wilhelm III., König von Preußen*, verabschiedeten auf Anregung des österreichischen Staatskanzlers *Klemens Fürst von Metternich* (1773–1859) folgende *Grundsatzerklärung*:

„Die drei Monarchen sind durch die Ereignisse der jüngst vergangenen Jahre zu der Ueberzeugung gelangt, daß nur die göttliche Vorsehung deren glücklichen Ausgang bewirkt haben kann. Sie haben nun beschloßen, von jetzt an sowol in der Verwaltung ihrer Länder, als auch in ihren Beziehungen zu einander sich allein von den Vorschriften der christlichen Religion, nemlich der Gerechtigkeit, der christlichen Liebe und des Friedens leiten zu laßen, Vorschriften, die weit entfernt davon, nur auf das Privatleben anwendbar zu sein, im Gegenteil direct die Entschlüsse und Maßregeln der Fürsten leiten müßen als die einzigen Mittel, die menschlichen Einrichtungen zu befestigen und den Unvollkommenheiten abzuhelfen. Die Monarchen sehen sich nur als Bevollmächtigte der göttlichen Vorsehung an, um die drei Zweige der selben Familie zu regieren und erkennen keinen anderen Souverän als Gott, Christus, das Lebenswort des Allerhöchsten. Sie empfehlen auch ihren Völkern als die einzigen Mittel, um den rechten Frieden zu genießen, daß sie sich täglich in den Grundsätzen der christlichen Religion bestärken. Endlich fordern sie alle übrigen christlichen Monarchen auf, diesem heiligen Bunde beizutreten." [1]

Die maßgebenden Aussagen der drei Großmächte lauteten:
- Das Chaos, das durch die Französische Revolution über Europa gekommen ist, soll als eine unvergessliche Lehre dienen und sich niemals wiederholen.
- Dafür braucht Europa eine neue Ordnung.

---

[1] Zitiert nach Wilhelm Hopf: Die deutsche Krisis des Jahres 1866, 3.

- Diese muss so beschaffen sein, dass sie auf Dauer – ja auf ewig – hält.
- Nur die christliche Religion kann dafür die tragenden Elemente liefern.
- Gott selbst wird dafür die Bürgschaft übernehmen.

Fazit: Die Staaten Europas sollten wieder *christlich* werden.

Die mit starken Worten ausgedrückte Botschaft, der christliche Glaube könne nicht nur die individuelle Moral der Menschen, sondern solle auch die Ethik der Völker bestimmen, konnte damals einer weitgehenden Zustimmung sicher sein. Sie drückte eine in den kriegerischen Auseinandersetzungen mit Napoleon und den Franzosen gewonnene allgemeine Überzeugung aus. Dass sich auch die Politik mit ihren hohen Zielen der Gerechtigkeit, der Liebe und des Friedens auf das Fundament der christlichen Religion stellen solle, beschrieb eine Hoffnung auf eine großartige Zukunft, die nicht nur die Monarchen hegten. Auch die Untertanen waren davon erfüllt. Die gerade mit unzähligen Verlusten an Menschen und Gütern bezahlten Befreiungskriege hatten eine schon lange nicht mehr für möglich gehaltene Weckung und Erneuerung des Glaubens bewirkt. Ohne Gottes machtvolles Eingreifen gegen den Kaiser der Franzosen – so der weitverbreitete Glaube – hätte dieser schlagkräftige und hochmütige Feind den endgültigen Sieg davon getragen. Es war also ein *heiliger Krieg* gewesen, den die Russen, Schweden, Österreicher und nicht zuletzt die Deutschen geführt und gewonnen hatten.

Die in Wien getroffene Entscheidung, sich am Geist und an den Vorschriften der christlichen Religion bei der Neuordnung Europas zu orientieren, konnte sich auch auf die *Romantik* und auf die *Restaurationsphilosophie* stützen, hatte allerdings auch Gegner, insbesondere unter den Anhängern der Aufklärung. Mit dem gerade begonnenen Jahrhundert schien eine hoffnungsvolle Wiedergeburt des christlichen Glaubens bevorzustehen.

Bei den evangelischen Christen drängte sich das 16. Jahrhundert mit den wirkungsmächtigen Ereignissen der Reformation in die Erinnerung. Ihre Höhepunkte wurden als willkommene Anlässe genutzt, um die eigene Zeit mit den Ereignissen vor dreihundert Jahren zu vergleichen und um neue Fingerzeige zu erhalten. Insbesondere *Martin Luther* (1483–1546) wurde immer wieder als ein eindrucksvolles

Vorbild herausgestellt. Allerdings ließ er sich nur schwer als Gewährsmann für eine streng restaurative Neuordnung heranziehen. Im Gegenteil, der junge Luther stand für die Forderung nach einer christlich begründeten Freiheit. Die ersten Lutherjubiläen dienten deshalb gerade den Gegnern der Wiener Beschlüsse als historische Bestätigung. Den Thesenanschlag vom 31. Oktober 1517 nahmen die Burschenschaften Mitte Oktober 1817 bei einem von ihnen veranstalteten Fest auf der Wartburg zum Anlass, mehr Freiheit zu fordern. Das *Wartburgfest* und andere aufrührerische Ereignisse boten Metternich den Anlass für eine restriktive, gegen die Burschenschaften gerichtete Gesetzgebung. Sie kulminierte in den *Karlsbader Beschlüssen* von 1819.

Der in Wien beschworene neue christliche Geist ließ sich 1817 auch dazu nutzen, um der Einheit der Kirchen näher zu kommen. Zwar erwies sich die Kluft zwischen der römisch-katholischen Papstkirche und den aus der Reformation hervorgegangenen Evangelischen Kirchen als viel zu breit, aber die Gegensätze zwischen Lutheranern und Reformierten ließen sich in einzelnen Ländern durch eine Union überbrücken. Der preußische König Friedrich Wilhelm III. (1797-1840), selbst reformiert, hatte als erster die Initiative ergriffen und mit bewegenden Worten für eine Union geworben. Kernpunkt seiner Überzeugung war:

(Eine wahrhaft religiöse Vereinigung) „der beiden, nur noch durch äußere Unterschiede getrennten protestantischen Kirchen ... entspricht den echten Absichten der Reformatoren, sie liegt im Geiste des Protestantismus."[2]

Der preußische König konnte sich bei dieser Zielsetzung nicht nur der Unterstützung bedeutender Theologen wie *Friedrich Schleiermachers* (1768-1834) sicher sein, sondern auch breiter Zustimmung im Volke. So wurde die preußische Union am Reformationsfest 1817 in vollen Kirchen feierlich eingeführt.

Auch in Nassau, in der bayerischen Rheinpfalz, in Baden und in Waldeck waren die Monarchen dem preußischen Beispiel gefolgt und hatten für die Union eine überwältigende Zustimmung gefunden.

---

[2] Siehe dazu Karl Kupisch: Deutschland im 19. und 20. Jahrhundert, 51-54. Das Zitat findet sich 53.

In Kurhessen hatte der Unionsgedanke ebenfalls zahlreiche Menschen erfasst. Ende Mai 1818 trat in Hanau eine Synode mit 55 reformierten und 21 lutherischen Pfarrern zusammen und beschloss die *Hanauer Union*. Der Landesherr, Kurfürst Wilhelm I., begrüßte die Vereinigung und genehmigte sie bereits Anfang Juli.[3]

In Oberhessen kam es nur zu Diskussionen; aber die *Theologische Fakultät* in *Marburg*, seit 1605 reformiert, berief von 1822 an auch wieder lutherische Professoren für die Theologie und nannte sich schlicht „*evangelisch*".

Luthers eindrucksvoller Auftritt 1521 in Worms mit seiner unerhörten Herausforderung von Kaiser und Papst, den bis dahin weithin unangefochten, den göttlichen Willen repräsentierenden Institutionen, bot restaurativer Politik keinen Anlass für Feierlichkeiten und wurde 1821 übergangen. Hingegen wurde die 1830 anstehende Dreihundertjahrfeier des Augsburger Bekenntnisses zum Anlass nachdrücklicher Lehren für die Gegenwart genommen. Dabei war es 1530 auf dem Reichstag in Augsburg ebenfalls um einen höchst revolutionären Anspruch gegangen: Die Anhänger Luthers unter den Fürsten – beispielsweise Landgraf Philipp der Großmütige (1504–1567) – hatten für ihren Glauben eine neben der altehrwürdigen Römisch-katholischen Kirche gleichberechtigte Anerkennung gefordert und erhalten. Das Augsburger Bekenntnis – am 25. Juni vorgetragen – wurde damit zur Gründungsurkunde der Evangelischen Kirche.

Aber das damalige Ereignis wurde für dezidiert antirevolutionäre Deutungen genutzt. So trug z. B. in Berlin am Jubiläumstag 1830 der Rektor der Universität, *Georg Wilhelm Friedrich Hegel* (1770-1831), einer der damals berühmten Philosophen, dessen Denken schwerpunktmäßig um das Ziel und die Triebkräfte der Weltgeschichte kreiste, zu diesem Anlass folgende Überlegungen vor:

„Die notwendige Folge einer religiösen Reformation ist die Umwandlung auch der bürgerlichen Gesetze und Ordnungen. Und so war das, was unser Luther unternommen hat, freilich eine große Umwälzung. Dadurch aber, daß zu Augsburg die bürgerlichen Obrigkeiten die Angelegenheiten betrieben, wurde es deutlich, daß sie nicht durch den Trieb der Masse, sondern den besonnenen Willen der öffentlichen Gewalten zustande gekommen, daß die Hoheit und Geltung des Gesetzes und der Regierungen nicht umgestürzt worden sei, son-

---

[3] Siehe dazu Carl Henß (Hg.): Die Hanauer Union, passim.

dern daß sich jetzt erst recht in einer gesetzmäßigen Ordnung des Gemeinwesens die Untertanen willig von ihnen leiten ließen."[4]

Daraus zog er eine ausgesprochen zufriedene Zwischenbilanz: „Uns ist durch Gottes gnädige Vorsehung das Glück zuteil geworden, daß die Grundsätze unseres Glaubens und die Gebote der bürgerlichen Sittlichkeit übereinstimmen. Vor drei Jahrhunderten sind Fürsten und Völker Deutschlands zuerst dahin gelangt; dann aber mußten erst sie selbst und ihre Nachkommen in langen, schweren Kriegesnöten für die alte furchtbare Schuld der Fälschung des christlichen Glaubens büßen und entsühnt werden, ehe sie sich das Gut endgültig sichern konnten, das wir nun als unser köstlichstes Erbteil von ihnen überkommen haben, die auf Freiheit gegründete Einigkeit zwischen der weltlichen Ordnung und dem Glauben, und zwar dem evangelischen..."[5]

Das in Wien von den Großmächten abgegebene Versprechen fand Hegel in der Realität bestätigt, allerdings unter dem Vorbehalt, nur der evangelische Glaube biete dafür die nötigen Voraussetzungen. Er hatte damit großen Teilen der Gebildeten in Deutschland aus dem Herzen gesprochen. Die allerdings von ihm gehegte Hoffnung, Deutschland könne für immer von revolutionären politischen Erschütterungen verschont bleiben, erfüllte sich nicht. Die am 27. Juli 1830 in Frankreich ausgebrochene Revolution griff im Herbst auch auf Deutschland über, und zwar ohne Unterschied auf evangelische und katholische Länder. Hass und Feindschaft bestimmten jetzt wieder das Verhältnis von Obrigkeit und Untertanen. Von einer auf Freiheit gegründeten Einigkeit konnte keine Rede sein. Der große Philosoph war ziemlich diskreditiert. Die Revolution brachte alle Fundamente, auch die des Glaubens, ins Wanken.

Einer, der dieses Problem bereits vor Ausbruch der Revolution angesprochen hatte, war der Theologe *August Vilmar* (1800-1868). Ebenfalls am 25. Juni 1830 anlässlich des Festaktes des Hersfelder Gymnasiums hatte er die Festrede zu halten und das 300 Jahre alte Augsburger Bekenntnis zu würdigen. In dem dort beschriebenen Glauben fand er für die von der Revolution schon erschütterte Gegenwart das dringend nötige feste Fundament:

„Es bauet die Zeit wieder, wie ehedem unserer Vorväter Zeit, den Glauben auf den tiefsten und festesten Grund, auf den des gesamten Lebens; es weiß die neue Zeit wieder, daß der Glaube will anerzogen und erlebt sein, und daß man

---

[4] Zitiert nach Heinrich Bornkamm: Luther im Spiegel der deutschen Geistesgeschichte, 154.

[5] Ebd., 155.

darum nicht frühe genug in die Herzen der Kinder das pflanzen könne, was ihre Seelen groß macht und reich und tief für ihr ganzes Dasein. Wir wissen es wieder ..., daß kein Glaube wirklicher Glaube sei, welcher nicht hervorgewachsen ist aus dem Gesamtleben der Menschheit, und daß darum ein Glaube, der nicht auf positivem Grunde ruhet, vergänglicher ist als der Schatten einer Wolke ... Ja, ein einiger, fester christlicher Glaube möge ausgehen von diesem Tage und beleben alle, die sich evangelische Christen nennen." [6]

Vilmar hatte sich mit seiner Rede so bekannt gemacht, dass er bald zu einer markanten Persönlichkeit Kurhessens werden sollte.

August Friedrich Christian Vilmar (1800-1868), Dr. phil., seit 1855 Professor der Theologie in Marburg.

---

[6]   Zitiert nach Wilhelm Hopf: August Vilmar. Ein Lebens- und Zeitbild I. 162f.

Schwierigkeiten bei der Einlösung des Versprechens von Wien

Die Monarchen der Großmächte hatten in Wien im Hinblick auf ihre Möglichkeiten in der Führung ihrer Staaten und in der Leitung ihres Volkes, in der Beeinflussung der Kultur und in der Wertschätzung der Religion ihr Versprechen gegeben. Damit hatten sie die Erwartung verknüpft, der Boden, auf dem revolutionäre Ideen und ihre Attraktivität gedeihen, sei für immer ausgetrocknet. Doch die Hoffnungen auf Freiheit, Gleichheit und Brüderlichkeit, deren Verwirklichung einst die Revolution in Frankreich verfolgt hatte, übten nach wie vor eine große Faszination aus. Sie wurde umso stärker, je mehr die alltägliche Realität hinter den erhabenen Erwartungen zurückblieb. Hierfür sollte ein bisher kaum beachteter Faktor eine besondere Bedeutung erlangen: die *Wirtschaft*. Darauf ist jetzt – wieder mit dem Schwerpunkt Kurhessen – etwas genauer einzugehen.

Naturkatastrophen und wirtschaftliche Not bedrängten das Volk

Bereits der Sommer des Jahres 1815, brachte durch den Ausbruch des Vulkans Tambora in Indonesien eine so geringe Ernte, dass für das laufende und das folgende Jahr eine Hungersnot nicht abzuwenden war. Hinzu kam, dass auch die in den ländlichen Gebieten Kurhessens verbreitete, in Heimarbeit betriebene Leinenweberei nicht mehr die früheren Erträge brachte. Das Ergebnis war eine sich ausbreitende und tiefgreifende Verarmung. Sie wurde unter dem Begriff *Pauperismus* vielfältig diskutiert.[7] Immer wieder gab es verregnete Sommer mit furchtbaren Überschwemmungen, Missernten, Hungersnöten. Zudem wurden die sich bietenden Möglichkeiten für eine positive wirtschaftliche Entwicklung, etwa durch industrielle Produktion oder freien Warenverkehr von der kurfürstlichen Regierung, die an über-

---

[7] Siehe dazu Martin Kukowski: Pauperismus in Kurhessen. passim

13

holten Zunftordnungen und behindernden Zollgesetzen festhielt, eingeschränkt, wenn nicht sogar blockiert. Besonders innerhalb der Kasseler und Hanauer Bürgerschaft, wo erste Initiativen für eine Industrialisierung entstanden waren, hatte sich schon bald Unverständnis gegenüber der restaurativen Wirtschaftspolitik des Kasseler Hofes breit gemacht, das sich bis zur Ablehnung und zur Opposition steigerte.[8]

Im Sommer 1830 wurde das Land wieder von zuviel Regen, Überschwemmungen und einer Missernte heimgesucht. Da die Regierung sich mit Hilfen sehr zurückhielt, förderte sie den Unmut und die Missstimmung unter der Bevölkerung, so dass die revolutionären Parolen aus Paris auch in Kurhessen auf ein breites Verständnis und weitgehende Zustimmung stießen. Im ganzen Lande kam es zu Unruhen und Aufständen. *Kurfürst Wilhelm II.* – seit 1821 auf dem Thron – sah sich gezwungen zu reagieren. Er griff ein altes, noch unerledigtes Projekt wieder auf, berief eine verfassunggebende Kommission und ließ in großer Eile eine *Verfassung* ausarbeiten.[9] Am 5. Januar 1831 setzte er sie in Kraft.[10] Als besonders fortschrittlich erhielt sie in der liberalen Presse hervorragende Kritiken. Die darauf fußende alltägliche parlamentarische Praxis aber sah anders aus.

Die Ständeversammlung bot den Bürgern die Möglichkeit, an der Regierung des Landes mitzuwirken. Einer der wenigen, die konkrete Sachprobleme anpackten, um für sie deutliche und tatsächliche Verbesserungen zu erreichen, war der von der Stadt Hersfeld als Deputierter gewählte August Vilmar. Er hatte vielbeachtete und wirksame Auftritte. Intensiv und engagiert kümmerte er sich um Bildungsfragen, um die Schulen – Volkschulen und Gymnasien – und um die Landesuniversität in Marburg, aber auch um Bibliotheken und Archive. Mit mehreren Eingaben und drastischen Zustandsschilderungen konnte er für die jeweiligen Einrichtungen eine verbesserte Finanzausstattung erreichen. Aber er legte auch allen Nachdruck auf die geistige und sittliche Bedeutung der Schule für Volk und Staat. Charakteristisch dafür ist eine Erklärung vom 13. Januar 1832:

---

[8]   Siehe zu Hanau. Alfred Tapp: Hanau im Vormärz und in der Revolution von 1848-1849, 46-63.

[9]   Den Entstehungsprozess hat Helmut Gembries: Verfassungsgeschichtliche Studien, detailliert beschrieben , 100-149.

[10]   Abgedruckt in: Franz/Murk (Hg.): Verfassungen in Hessen, 235-263.

„... von Volkswohlfahrt und Volksglück kann, zumal in unserer Zeit und unserem Staate, nur insofern die Rede sein, als materieller Wohlstand von intellektueller Bildung, von sittlichem Ernste, von religiösem Sinne begleitet wird, und alle äußern Vorteile, welche man dem Volke zuwenden möchte, werden das Streben desselben nicht befriedigen und seine Sehnsucht nicht stillen, wenn nicht in gleichem Maße das geistige Leben an Umfang, an Reife und Tiefe gewinnt. Es werden endlich alle Formen unserer Verfassung, auch die trefflichsten, Formen bleiben, nur zu leicht zerbrechliche Formen, wenn nicht der Geist eines gebildeten Volkes sie belebt; es hat unsere Verfassung die beste, die einzige Schutzwehr in der geistigen Bildung des Volkes, welche dasselbe gleich weit entfernt hält von stumpfer Gleichgültigkeit gegen Willkür und Härte, wie von unruhigem Treiben ohne Ziel und Zweck, von ungezügeltem Streben nach eingebildeten Vorteilen und von unverständigem Mißvergnügen mit den unvermeidlichen Bedrängnissen einer vielbewegten Zeit."[11]

Folgende Schwerpunkte setzte der Abgeordnete Vilmar für die *Volksbildung*:
* Sie muss zu den materiellen Verbesserungen unbedingt hinzukommen.
* Sie hat drei Dimensionen: eine intellektuelle, eine sittliche, eine religiöse.
* Sie schützt vor Gleichgültigkeit, ziel- und zweckloser Unruhe, vor eingebildeten Vorteilen.
* Sie führt auch dazu, unvermeidliche Bedrängnisse zu ertragen.

Fasst man die leitenden Gesichtspunkte zusammen, so geht es um eine – mit modernen Begriffen bezeichnete – Gesinnungsbildung, die eine in sich ruhende Identität ermöglicht. Grundlage dafür sollte weiterhin die religiöse, auf der Basis von Bibel, Katechismus und Gesangbuch ruhende Bildung sein.

August Vilmar gelang es auch, seine organisatorischen Vorstellungen für die Volksschule weitgehend zu verwirklichen:
* In Homberg und Schlüchtern wurden für die evangelischen Kandidaten Lehrer-Seminare errichtet.
* Katholische Seminaristen wurden in Fulda ausgebildet.
* Volksschullehrer erhielten ein festes Gehalt von 200 Talern pro Jahr.

Auch die *gymnasiale* Bildung konnte er nach seinen Vorstellungen

---

[11] Zitiert nach Wilhelm Hopf: August Vilmar I, 195.

verbessern. Mit seinen Reformvorstellungen für die Universität und für die Evangelische Kirche hingegen kam er nicht durch, worauf noch einzugehen ist.

Hatte er sich seit seiner parlamentarischen Tätigkeit als Kandidat für höhere und höchste Ämter in Kurhessen ins Gespräch gebracht, so schätzte er die Möglichkeiten eines Parlamentariers angesichts der von ihm häufig erlebten Enttäuschungen gering ein. Man bewegte sich auf einem sehr schwankenden Boden. Es gab keine Gewähr dafür, dass getroffene Beschlüsse auch wirklich umgesetzt wurden. Die liberale Mehrheit gefiel sich darin, zu dramatisieren, zu blockieren, Scheingefechte auszutragen.

Für seinen Verzicht auf eine Wiederwahl gibt Wilhelm Hopf, sein Biograph, noch zwei weitere Gründe an: Zum einen sei Vilmar durch eine lange Krankheit und einen schweren Tod seiner Frau Karoline am 27. Februar 1833 mit härteren Realitäten konfrontiert worden. Zum anderen habe er in der Bekanntschaft, später in der Freundschaft mit *Hans Dietrich Ludwig Hassenpflug* (1794-1862), der im April 1832 zum leitenden Minister berufen worden war, eine Persönlichkeit kennen gelernt, die in festem Glauben gegründet, mit scharfem Verstand ausgestattet, über eine rhetorische Schlagfertigkeit verfügend, eine zupackende konservative Politik betrieben habe, demgegenüber seine liberalen Gegenspieler sich nur als eitel gebärdet hätten.[12]

August Vilmar suchte deshalb nach einer Aufgabe, die es ihm ermöglichte, seine einmaligen intellektuellen Fähigkeiten, seine unerschöpfliche Arbeitskraft, seinen starken Glauben optimal einzusetzen. Sie fand sich im Frühjahr 1833 mit der Ernennung zum Direktor des neugestalteten Gymnasiums in Marburg. Neben seinem Hauptberuf trieb er wissenschaftliche Studien in der Germanistik mit einem 1844 erstmals erschienenen Monumentalwerk, der „Geschichte der deutschen Nationallitteratur", das noch zahlreiche Auflagen – auch über seinen Tod hinaus – erleben sollte. Auch theologischen Problemen und der hessischen Kirchengeschichte widmete er sich und wurde zu einem scharfsichtigen und kritischen Begleiter der politischen, gesellschaftlichen, kulturellen und – nicht zuletzt – kirchlichen Verhältnisse und ihrer Entwicklung. Dabei gelang es ihm, ein in sich geschlossenes theologisches System zu entwickeln, in dem die jüngere europäische

---

[12] Ebd., 232-235 und 241f.

16

Geschichte sowohl mit ihren Höhen wie mit ihren Tiefpunkten in ein verblüffendes Korrespondenzverhältnis zu biblischen Weissagungen gebracht wurde. Sie erlaubten Vilmar geradezu prophetische Voraussagen und ließen ihn schon bald zu einem vielbewunderten Schulhaupt werden.

Hochmut und Machtgier verwirrten die Herrschenden

In Ludwig Hassenpflug hatte August Vilmar einen ehrlichen, offenen, grundsatztreuen Politiker kennen gelernt. Von ihm erzählte man sich, er habe den amtierenden Kurfürsten, Wilhelm II., wegen der ganz Kurhessen, insbesondere aber die Residenzstadt Kassel in Aufruhr versetzenden Liebesaffäre mit der Gräfin Reichenbach auf höchst diskrete Weise, aber auch ohne Schonung zur Rede gestellt und inständig gebeten, die Beziehung aufzulösen. Der Kurfürst habe das zwar glattweg abgelehnt, aber wenig später 1831 seinen Sohn *Friedrich Wilhelm* zum Mitregenten ernannt, um sich selber von den Staatsgeschäften zurückziehen zu können.

Diese Mesalliance bildete einen traurigen Höhepunkt in einer Kette von moralischen und religiösen Verfehlungen der kurhessischen Regenten nach der Wiederherstellung ihres Staates 1814.

Der erste Kurfürst *Wilhelm I.* (1803-1821) – vorher Landgraf Wilhelm IX. 1785-1803) – hatte zwischen 1806 und 1813 zur Zeit des Königreichs Westfalen im Exil leben müssen. Bei seiner Rückkehr war der 70jährige von seinem Volk noch begeistert empfangen worden, hatte aber durch seine starrsinnige, restaurative Politik sich schon bald viele Sympathien verscherzt. Mit Hilfe des jungen aufstrebenden Frankfurter jüdischen Bankiers Meyer Amschel Rothschild (1744-1812) hatte er besonders während seiner Exilszeit sein Vermögen so kräftig vermehrt, dass er zu einem der reichsten Fürsten in einem der ärmsten deutschen Länder geworden war. Er galt als „sparsam, fast geizig, aber klug, fähig und autokratisch, schätzte Tüchtigkeit bei anderen, besonders in Gelddingen."[13]

Ein erster Versuch, 1815 für das Kurfürstentum Hessen eine Verfassung zu erarbeiten, war u. a. auch daran gescheitert, dass Wilhelm

---

[13] Amos Elon: Der erste Rothschild, 69-72. Das Zitat steht 70.

I. eine Trennung zwischen Privatvermögen und Staatsvermögen strikt abgelehnt hatte, weil er allein über den Staatsschatz verfügen wollte.

In den Hungersnöten 1815-16, als zahlreiche Bittgesuche um eine Unterstützung nach Kassel an den Landesvater gerichtet wurden, zeigte er sich als nicht besonders hilfsbereit. Sein Biograph Philipp Losch hat seinen Umgang mit Geld wie folgt beschrieben:

„Wilhelm bildete sich besonders viel auf seine Finanzpolitik ein, die aber gerade die schärfste Kritik herausgefordert hat. Er wußte seine Gelder gut zu verwalten, aber er verstand sie nur zu thesaurieren, nicht nutzbringend, im Interesse seines Landes anzulegen, das vielmehr seine Knauserei oft bitter und schwer empfand. Was andere Geiz nannten, das nannte er ‚weise Staatsökonomie'." [14]

Zusammenfassend würdigte Losch Wilhelm I. folgendermaßen:

„Er wollte der Vater seines unmündigen Volkes sein und ist es mit allen ihm anhaftenden Fehlern und Schwächen auch gewesen. Diese Fehler und Schwächen waren ebenso wie seine Vorzüge im wesentlichen die eines vergangenen Zeitalters, in dem er immer noch lebte, als für die übrige Welt längst eine neue angebrochen war. Mit allen Kräften, die ihm im Kampfe eines langen Lebens geblieben, hatte er dem neuen Zeitgeist mit vollem Bewußtsein sich entgegengestemmt, hatte um sein geliebtes Hessenland eine Mauer zu bauen gesucht, um die Gefahren zu bannen, die er von den neuen Ideen befürchtete." [15]

Ziemlich überraschend musste man sich nach dem teilweisen Thronverzicht Wilhelms II. 1831 mit dem neuen – formal nur Mitregenten – Kurfürsten *Friedrich Wilhelm* vertraut machen. Aber das galt auch für den neuen Regenten selbst. Er verfolgte das Ziel, die Zugeständnisse, die durch die Verfassung dem liberalen Bürgertum gemacht worden waren, Zug um Zug wieder zurückzunehmen. Damit war ein permanenter Konflikt mit der Ständeversammlung programmiert. Für den Kurfürsten ging es – wie schon bei seinem Großvater – um nichts weniger als darum, alle Macht in seine Hand zu bekommen. Diese Politik konnte nur zu einer immer schärfer sich ausprägenden Polarisierung führen. Das Bürgertum und die gebildeten Stände verweigerten ihm beinahe selbstverständlich die Gefolgschaft. Unterstützung fand er bei seinen Ministern, unter denen seit 1832 Ludwig Hassenpflug allmählich zur bestimmenden Gestalt geworden war und der bis 1837,

---

[14] Philipp Losch: Kurfürst Wilhelm I. Landgraf von Hessen, 371.
[15] Ebd., 373.

als es zum Bruch mit dem Kurfürsten kam, die Richtlinien in Kassel bestimmte. Schon bald sprach man von der Ära Hassenpflug. In der Hauptstadt hatte sich ein Kreis von Gesinnungsgenossen gebildet. Zu ihnen gehörten die Brüder Grimm, Schwäger Hassenpflugs, aber auch – wie schon erwähnt – der Hersfelder Abgeordnete August Vilmar. Er hat – auch nach seiner Berufung zum Marburger Gymnasialdirektor – diese Verbindung weiter gepflegt. Der Kreis hat in Kassel Anlass zu vielerlei Verdächtigungen gegeben. „Mucker" und „Mystiker" wurden seine Mitglieder genannt. Sie verfolgten ernsthaft neben einer streng konservativen Politik eine religiöse Erneuerung unter den Gebildeten und gründeten dazu 1833 den „Evangelischen Missionsverein". Dessen weiteres Ziel, in China christliche Mission zu treiben,[16] kann in diesem Zusammenhang nicht weiter erörtert zu werden. Wichtig ist allerdings die genauere Skizzierung des Kasseler Kreises. Er lässt sich vergleichen mit einer in Preußen sehr einflussreichen Gruppierung, dem „christlich-germanischen Kreis". Beiden lag die Pflege „eines sozialen Patriarchalismus"[17] besonders am Herzen.

Der Kasseler Kreis trat in den 1830er und 1840er Jahren als eine Art „Denkfabrik" auf und wehrte zahlreiche Vorstöße zur Liberalisierung nicht nur der Politik, sondern auch von Gesellschaft und Kultur, nicht zuletzt von Theologie und Frömmigkeit ab. August Vilmar, der mehr und mehr die Stellung eines „Chefdenkers" übernahm, hat zwischen 1837 und 1846 in 16 *Schulreden über Fragen der Zeit*, dafür ausführliche und tiefgehende Begründungen geliefert, insbesondere strenge Maßstäbe für eine von ihm geforderte christliche Kultur und überzeugungstreue Kirche erarbeitet.[18]

Friedrich Wilhelm verfolgte zwar eine Stärkung seiner Rechte gegenüber der Ständeversammlung und nahm die gewährte Unterstützung gerne an, er hatte aber kein Interesse an einer durchgehenden völlig rückwärtsgewandten Restauration. Insofern war ihm der „Evangelische Missionsverein" zu aufdringlich; er wollte sich von ihm nicht zu einem vorbildlich christlichen Regenten machen lassen.

---

[16] Siehe dazu: Günter Bezzenberger: Mission in China.

[17] Siehe dazu Friedrich Wilhelm Schluckebier: Die sozialethischen Anschauungen August Vilmars, 145-148.

[18] Marburg 1846 in 1., 1852 in 2. Aufl. herausgekommen.

Sein Charakter war widersprüchlich; Einerseits orientierte er sich, was autokratisches Wesen und Umgang mit Geld anging, an seinem Großvater Wilhelm I., andererseits lag ihm aber auch daran, Konzessionen mit dem Zeitgeist einzugehen, was es ihm ermöglichte, die Revolution von 1848-49 zu überstehen. Persönlich galt er als jähzornig, nachtragend, nicht sehr religiös, berief allerdings auch Minister, die ihm – wie z.B. Hassenpflug – nicht nur nach dem Munde redeten.[19]

Versucht man abschließend eine zusammenfassende Charakteristik der kurhessischen Regenten, so ergibt sich für alle drei: Sie folgten mit ihrer Politik ihren eigenen zeitgemäßen Vorstellungen und unterschieden sich dabei nicht von anderen Monarchen. An dem hochgestellten Versprechen des Wiener Kongresses orientierten sie sich nicht. Dem Idealbild, das im Kasseler Kreis von einem christlichen Herrscher entworfen wurde, wollten sie auch gar nicht nahe kommen. Für August Vilmar war dies der Nachweis, dass für eine christliche Obrigkeit die Voraussetzungen verloren gegangen waren. So konnte er 1840 darüber voller Bitterkeit sagen:

„ ... das phantastische, inhaltsleere Wesen, was man seit einem Jahrhundert den ‚Staat' nennt und (sich) an die Stelle der christlichen Landesherren zu stellen erfrecht ... " [20]

Für sein ausgeprägt christliches Staatsverständnis musste diese Erkenntnis erhebliche Folgen haben. Damit forderte er den *Liberalismus* und seine Anhänger auch durch sein pessimistisches Menschenbild rücksichtslos heraus.

---

[19] Philipp Losch: Der letzte deutsche Kurfürst Friedrich Wilhelm von Hessen. passim
[20] August Vilmar: Schulreden, 2. Aufl., 63.

Friedrich Wilhelm (1802-1875) 1831-1847 Mitregent, von 1847 bis zu seiner Absetzung durch die preußische Regierung 1866 Kurfürst von Hessen

Die hochgespannten Erwartungen
des Liberalismus

Für seine restaurativen Ziele stützte sich der Wiener Kongress auf das die Bibel durchgehend prägende pessimistische Bild vom Menschen: „Das Dichten des menschlichen Herzens ist böse von Jugend auf" (1.Mose 8,21 u. ö.). Daraus folgte: Alle Menschen sind Sünder und bedürfen der Erlösung durch das Blut Jesu Christi. Diese negative Anthropologie stieß bei den Liberalen auf Kritik und Ablehnung. Ihnen galten die anfangs von der Französischen Revolution mit großem Pathos verkündeten Ziele „Freiheit", „Gleichheit", „Brüderlichkeit" für die gesamte Menschheit weiterhin als erstrebenswert. Insbesondere unter den Gebildeten hatte sich diese Überzeugung durchgesetzt. Ihnen hatte die Aufklärung im Gegensatz zur Bibel ein ausgesprochen positives Menschenbild vermittelt. Dabei wurde nicht übersehen, dass die Menschen auch Fehler haben, dass sie versagen und dass sie nicht vollkommen sind. Aber durch eigene Bemühungen, durch Bildung, durch Willensanstrengungen können sie besser werden und sich weiter entwickeln. Die Anlagen, die sie dafür mitbringen, sah man in ihrer Vernunft und ihrem guten Willen. Damit sind die grundlegenden Überzeugungen der Liberalen mit groben Strichen skizziert. Zum Streit kam es über das Verhältnis von Vernunft und Offenbarung: Setzt die Offenbarung der Vernunft Grenzen, oder hat sich die Offenbarung auch der kritischen Prüfung durch die Vernunft zu stellen?

Die Kraft der menschlichen Vernunft

Die enge Beziehung zwischen Aufklärung, Vernunft und gutem Willen hatte der bedeutende, in Königsberg lehrende Philosoph *Immanuel Kant* (1724-1804) in einer kleinen, durch beispielhafte Klarheit überzeugenden Schrift mit dem Titel „Was ist Aufklärung?" herausgestellt. Er hatte auf die gestellte Frage eine knappe, thesenhafte Antwort gegeben:

„Aufklärung ist der Ausgang des Menschen aus seiner selbstverschuldeten Unmündigkeit. Unmündigkeit ist das Unvermögen, sich seines Verstandes ohne Leitung eines anderen zu bedienen. Selbstverschuldet ist diese Unmündigkeit, wenn die Ursache derselben nicht am Mangel des Verstandes, sondern der Entschließung und des Mutes liegt, sich seiner ohne Leitung eines anderen zu bedienen ... Habe Mut, dich deines eigenen Verstandes zu bedienen! ist also der Wahlspruch der Aufklärung.

Faulheit und Feigheit sind die Ursachen, warum ein so großer Teil der Menschen, nachdem sie die Natur längst von fremder Leitung freigesprochen ..., dennoch gerne zeitlebens unmündig bleiben; und warum es anderen so leicht wird, sich zu deren Vormündern aufzuwerfen. Es ist so bequem, unmündig zu sein. Habe ich ein Buch, das für mich Verstand hat, einen Seelsorger, der für mich Gewissen hat, einen Arzt, der für mich die Diät beurteilt, u. s. w.: so brauche ich mich ja nicht selbst zu bemühen. Ich habe nicht nötig zu denken, wenn ich nur bezahlen kann; andere werden das verdrießliche Geschäft schon für mich übernehmen. Daß der bei weitem größte Teil der Menschen ... den Schritt zu Mündigkeit, außerdem daß er beschwerlich ist, auch für sehr gefährlich halte, dafür sorgen schon jene Vormünder, die die Oberaufsicht über sie gütigst auf sich genommen haben ... " [21]

Diese letzte Aufforderung spitzte er dann noch einmal beinahe provokativ zu:

„Zu dieser Aufklärung aber wird nichts erfordert als Freiheit; und zwar die unschädlichste von allem, was nur Freiheit heißen mag, nämlich die: von seiner Vernunft in allen Stücken öffentlichen Gebrauch zu machen." [22]

Diese eingängigen Parolen – 1784, also noch vor der Großen Revolution in Frankreich veröffentlicht – hatten viele Menschen mit Begeisterung gelesen, und sie hatten sie sich zu Herzen genommen. Kant hatte aber nicht nur um Freiheit des Denkens und des Redens geworben, was schon auf Skepsis und Einwände stoßen musste, er hatte auch die gesellschaftliche Ordnung in Frage gestellt. Er war davon ausgegangen, dass *jeder* über Verstand oder Vernunft verfüge, unabhängig von seiner gesellschaftlichen Herkunft. Das von der Französischen Revolution dann an die zweite Stelle gerückte Ziel, die Gleichheit, hatte er damit, ohne es deutlich auszusprechen, auch gefordert. Sie aber musste auf den entschlossenen Widerstand derer stoßen, die im Staat und in der Kirche das Sagen und das Entscheiden hatten. Die an eine monarchische Familie gebundene Herrschaft wäre zugunsten

---

[21] Zitiert nach Kirchen- und Theologiegeschichte in Quellen IV/1, 146.

[22] Ebd. 146.

der Mitsprache anderer – wenn auch zunächst nur gebildeter, einsichtiger, verantwortungsvoller Zeitgenossen – in Frage gestellt und – mindestens in der Theorie – relativiert worden.

Am ehesten zur Herrschaft kam die menschliche Vernunft in den damals aufblühenden Naturwissenschaften, in der entstehenden Technik und in der Wirtschaft. Dort sollten liberales Denken, Planen und Handeln auch bald dominieren. Dabei kam es unter der Hand noch zu einer nachhaltig wirkenden mentalen Veränderung. Die *Zukunft* kristallisierte sich als die fortan bestimmende Zeitdimension heraus. Es ging um *Perspektiven*, kaum noch um Retrospektiven. Mit der Zielrichtung Zukunft entstand eine Faszination gegenüber allem Neuen, im Vollsinn des Wortes eine Neu-Gier.

Dieser radikale Wechsel der Blickwinkel brachte die bisherigen Herrschaftsstrukturen abermals ins Wanken. Die konservativen Kräfte, die sich religiös absicherten, gerieten in die Defensive und suchten nach einem wirksamen Abwehrsystem. Im Staat gelang es nur noch zeitweise. In den übrigen Lebensbereichen führte diese neue Sichtweise zu heftigen und langwierigen Kämpfen und Streitereien. Nur auf die Kirche, auf die Volksschule und auf das Militär behielt der restaurative Staat einen weithin uneingeschränkten Einfluss, und um diese Institutionen errichtete er auch starke Barrieren.

Mit der Freisetzung der menschlichen Vernunft und ihrer Einsetzung als grundlegender und einziger Entscheidungsinstanz gerieten alle bisher anerkannten Autoritäten in Legitimationszwänge. Das führte zu ganz neuen und tiefgreifenden Fragen:

• Steht die menschliche Vernunft nicht unter dem Einfluss des Zeitgeistes, ist sie damit nicht den Schwankungen und Verstiegenheiten der Zeit unterworfen?
• Ist sie insbesondere nicht ausgesprochen egoistisch ausgerichtet?
• Gerät unter diesen Voraussetzungen dann nicht alles Denken, Planen, Handeln, ja auch der Glaube ins Rutschen auf ein ungewisses, ins Chaos führendes Ziel hin?

Diese Einwände hatten ihr Recht und forderten überzeugende Lösungen. Um sie zu finden, holten manche Philosophen weit aus und nahmen die ganze Weltgeschichte in den Blick. Drei seien kurz vorgestellt:

1. Der schottische Moralphilosoph *Adam Smith* (1723-1790) erklärte: der persönliche Egoismus müsse für das Gemeinwohl nicht schädlich sein; im übrigen setzte er sein Vertrauen auf eine „unsichtbare Hand".[23]

2. *Georg Wilhelm Friedrich Hegel* meinte, in der Weltgeschichte einen erkennbaren Sinn gefunden zu haben: Sie werde durch „den Weltgeist" mit Hilfe der Dialektik zu einem guten Ziel geführt. In seiner Philosophie sah er auch die Theologie aufgehoben. Ein Kenner Hegels, *Werner Becker*, formuliert ihre Bedeutung so: „Das historische Erscheinen der Hegelschen Philosophie ... wird zum Zweck der Weltgeschichte."[24]

3. Auf Hegels dialektische Methode und das von ihm propagierte Ziel der Weltgeschichte stützte sich auch sein Schüler *Karl Marx* (1808-1883). Abweichend von seinem Lehrmeister bildeten für ihn Revolutionen gerade deswegen die Knotenpunkte der Weltgeschichte, weil dabei alte, verbrauchte Mächte von neuen, zukunftsfähigen Kräften verdrängt und abgelöst würden. Die christliche Religion mit ihren rückwärtsgewandten Lehren und Dogmen stehe dieser notwendigen Erneuerung nur behindernd im Wege.

Die Entwürfe der beiden Deutschen machten aus der Not verlorengegangener fester Fundamente geradezu eine Tugend. Das Beständige sei gerade im dynamischen Prozess zu sehen. Der Schotte setzte sein Vertrauen auf eine im Notfall – unerwartete – Rettung. Man konnte darüber nun heftige Diskussionen führen und trefflich streiten, Kritik üben, Verbesserungen im Detail vorschlagen. So geschah es über viele Jahre. Im Grunde musste man daran glauben; denn keiner der Lösungsvorschläge hatte bisher die Prüfung in der Praxis bestanden. Darauf ist noch einmal einzugehen.

In der Überzeugung, jeder Mensch verfüge über Vernunft, die ihm ein von ihm selbst verantwortetes kompetentes Urteil über Gut und Böse ermögliche, wurde auch die Forderung auf Mitsprache in Staat und Kirche erhoben. Sie ist nun aufzugreifen.

---

[23] Siehe dazu Horst Claus Recktenwald: Klassiker des ökonomischen Denkens 1, 134-155, bes. 141.

[24] Klassiker des philosophischen Denkens 2, 108-153, das Zitat 150.

Die Forderung nach Mitbestimmung:
die kurhessische Verfassung von 1831

Die von Kant und seinen Anhängern erhobene Forderung nach Herrschaft der Vernunft wurde nicht nur in philosophischen Diskursen erörtert, sie fand auch eine ganz konkrete Zuspitzung: Der freie und mündige Bürger könne auch an der Regierung des Landes mitbeteiligt werden. Das Prinzip der Mitwirkung der Bürgerschaft kollidierte aber mit dem 1815 aufs Neue festgeschriebenen monarchischen Prinzip: der Souveränität der Fürsten. Aber dieses Dilemma hatte der Wiener Kongress selbst verursacht, als er die Staaten des Deutschen Bundes aufforderte, Verfassungen zu erarbeiten. Auch in Kurhessen hatte es 1815 und 1816 dazu schon einen Anlauf gegeben. Es war aber nicht gelungen, die beiden Prinzipien auszutarieren. Damals ein weiterer Grund für Kurfürst Wilhelm I., von den Projekt Abstand zu nehmen.[25]

Die 1830 unter dem Druck der Revolution schnell erarbeitete und von den Liberalen hochgelobte Verfassungsurkunde für den Kurstaat Hessen begann mit einer Präambel voll kurfürstlichen Wohlwollens:[26]

„Von Gottes Gnaden Wir Wilhelm der IIte (2.), Kurfürst von Hessen ... haben durchdrungen von den hohen Regenten-Pflichten, Uns stets bemüht, die Wohlfahrt Unserer verschiedenen Landesteile sowie aller Klassen Unserer geliebten Untertanen zu befördern, und sind daher mit aufrichtiger Bereitwilligkeit den Bitten und Wünschen Unseres Volkes entgegengekommen, welches in einer landständischen Mitwirkung zu den inneren Staatsangelegenheiten von allgemeiner Wichtigkeit die kräftigste Gewährleistung Unserer Landesväterlichen Gesinnungen und eine dauernde Sicherstellung seines Glücks erblickt ... (Wir) erteilen nunmehr in vollem Einverständnis mit den Ständen, deren Einsicht und treue Anhänglichkeit Wir hierbei erprobt haben, die gegenwärtige Verfassungs-Urkunde mit dem herzlichen Wunsche, daß dieselbe als festes Denkmal der Eintracht zwischen Fürst und Untertanen noch in späteren Jahrhunderten bestehen und deren Inhalt sowohl die Staatsregierung in ihrer wohltätigen Wirksamkeit unterstützen, als dem Volke die Bewahrung seiner bürgerlichen Freiheiten versichern, und dem gesamten Vaterlande eine lange segensreiche Zukunft verbürgen möge." [27]

---

[25] Der Text des Verfassungsentwurfes in: Franz/Murk: Verfassungen in Hessen, 227-235. Die Gründe für das Scheitern hat zuletzt Hellmut Seier: Das Kurfürstentum Hessen 1803-1866, 43-47, dargelegt.

[26] Ebd., 235-263.

[27] Ebd., 235f.

Die Verfassung versuchte, beiden Prinzipien gerecht zu werden. Helmut Gembries hat darauf hingewiesen, dass der Marburger Jurist *Sylvester Jordan* (1792-1861), der allgemein als der liberale Protagonist und als Vater der Verfassung gilt, im Verfassungsausschuss immer wieder auf Einwände des vom Kurfürsten entsandten monarchistischen Juristen *Karl Michael von Eggena* (1789-1840) stieß und mit ihm Formelkompromisse schließen musste.[28] Für die parlamentarische Praxis hätte es von beiden Seiten viel guten Willens bedurft. Stattdessen kam es zu heftigen Auseinandersetzungen. Einerseits strebte, nachdem sich die revolutionäre Situation wieder beruhigt hatte, Friedrich Wilhelm immer deutlicher nach der Wiederherstellung der ursprünglichen Machtfülle. Andererseits suchte die liberale Mehrheit in der Ständeversammlung mit Hinweis auf die Verfassung, ihre Möglichkeiten insbesondere dort, wo der Wortlaut nicht völlig eindeutig war, exzessiv auszunutzen. So war eine konstruktive Zusammenarbeit immer durch prinzipielle Konflikte, aber auch durch kleinliche Rechthabereien und unsinnige Eitelkeiten bedroht.[29] Die Auseinandersetzungen arteten immer mehr in bösartige Machtkämpfe aus. Parlamentsauflösungen und Neuwahlen waren die Folge.

Diese ungute Entwicklung von den überschwänglichen Erwartungen zu den zähen Grabenkämpfen, die sich später in der Redensart von den „kurhessischen Verhältnissen"[30] niederschlug, galt nicht nur für die Situation im Staate, sie griff auch auf die Kirche über. In der kurhessischen Verfassung hatte sich am Status der Kirchen auf den ersten Blick nichts geändert. Im „Abschnitt X. Von den Kirchen, den Unterrichtsanstalten und den milden Stiftungen" (§§ 132-136) wurden ihnen die bisherigen Rechte und Pflichten bestätigt. Eine komplizierte Regelung war für die Katholische Kirche in ihrer Doppelbindung einesteils an den Papst in Rom, andererseits an den Kurfürsten in Kassel, nötig (§135). Demgegenüber schien das Verhältnis zur Evangelischen Kirche einfacher.

---

28 Helmut Gembries: Verfassungsgeschichtliche Studien, 141.
29 Siehe dazu Hellmut Seier: Das Kurfürstentum Hessen, 66-70.
30 Siehe dazu Philipp Losch: Geschichte des Kurfürstentums Hessen, 317-348.

„§ 134. Die unmittelbare und mittelbare Ausübung der Kirchengewalt über die evangelischen Glaubensparteien verbleibt, wie bisher, dem Landesherrn. Doch muß bei dem Übertritt desselben zu einer anderen, als evangelischen Kirche die alsdann zur Beruhigung der Gewissen gereichende Beschränkung dieser Gewalt mit den Landständen ohne Aufschub näher festgestellt werden. Überhaupt aber wird in liturgischen Sachen der evangelischen Kirchen keine Neuerung ohne Zustimmung einer Synode stattfinden, welche von der Staatsregierung berufen wird." [31]

Sofort ist ein Widerspruch zwischen dem Eingangs- und dem Schlusssatz zu erkennen. Eine Synode musste die unmittelbare und mittelbare Ausübung der landesherrlichen Kirchengewalt einschränken. Dass die Berufung in die Synode allein der Regierung vorbehalten war, konnte diese Einschränkung nicht aufheben.

Die nur vage angedeutete Möglichkeit, eine Synode zu berufen, übte einen faszinierenden Reiz aus. Hochgeschraubte Erwartungen wurden damit verbunden. Durch sie könne z. B. eine kirchliche Erneuerung gefördert und intensiviert werden. Voller Begeisterung äußerten sich einzelne Pfarrer und kirchlich engagierte Laien. Drei sollen etwas genauer vorgestellt werden:

1. Eine Gruppe von – wie Hopf schreibt – „„erweckten' Pfarrern" bat den Kurfürsten in einem Schreiben um eine baldige Errichtung. Mit dem Erlassen der Verfassung habe der Landesherr sich schon einen Lorbeer erworben, mit der Synode gewinne er einen zweiten:

„... ergreifen Sie auch den andern und geben Sie den Bitten eines Volkes nach, das in der geheiligten Person seines Fürsten einen Wiederhersteller wie des echt bürgerlichen, so auch des echt kirchlichen und religiösen Lebens zu erblicken wünscht". [32]

2. Der zum „Kasseler Kreis" gehörende Jurist *Johann Wilhelm Bickell* (1796-1848) verfasste zusammen mit dem Marburger Theologieprofessor *Hermann Hupfeld* (1796-1866) noch im Jahre 1831 eine kleine Schrift mit dem Titel „Über die Reform der protestantischen Kirchenverfassung in besonderer Beziehung auf Kurhessen". Bickell versprach sich durch die aktive Mitwirkung des Kirchenvolkes eine Er-

---

[31] Franz/Murk: Verfassungen in Hessen, 258.
[32] Wilhelm Hopf: August Vilmar I., 205f.

weckung der Gemeinden, wie sie ihm aus reformierten Gegenden des Rheinlandes, Cleve, Mark und Berg, aber auch aus Schottland bekannt war.

3. Auch August Vilmar griff die Anregungen der Bickell-Hupfeldschen Schrift auf und stellte in der Ständeversammlung den Antrag, die Synode möglichst bald zu konstituieren. Mit Stolz konnte er seinem Bruder Wilhelm (1804-1884) brieflich auch ein positives Ergebnis mitteilen:

> „(Er habe) es durchgesetzt, daß einstimmig nicht nur Bickell und Hupfeld Dank votieret, sondern auch die baldige Zusammenberufung einer Generalsynode der evangelischen Geistlichkeit der Staatsregierung empfohlen worden ist. Zurück können wir nun nicht, wohl aber vorwärts."[33]

Bedenken äußerte August Vilmar nur im Hinblick darauf, dass er in naher Zukunft als der zu berufende Referent im Innenministerium die organisatorischen Vorbereitungen zu treffen und eine entsprechende Gesetzesvorlage werde erarbeiten müssen.[34]

Dazu ist es aber nicht gekommen. Die nötigen Veränderungen der Evangelischen Kirche wurden nicht auf den Weg gebracht. Somit blieben die Konsistorien, die von der Synode eigentlich abgelöst werden sollten, als kirchenleitende Institutionen weiterhin erhalten. Die Hoffnungen blieben aber lebendig und sollten noch zu heftigen Auseinandersetzungen führen. Die Frage nach einem zeitgemäßen christlichen Glauben meldete sich in diesem Zusammenhang immer stärker.

Die Hoffnung der Liberalen auf eine zeitgemäße, nur an der Bibel orientierte Religion: der Bekenntnisstreit von 1839

Die großen Erwartungen an die Synode waren noch völlig unkonkret. Alle Fragen nach Grundlagen, Zielen, Kompetenzen, nach dem Verhältnis zu anderen Institutionen – etwa dem Summepiskopus – waren noch offen. Dafür Vorschläge zu erarbeiten, wurde am 29. Dezember 1831 eine „Oberkirchenkommission" gebildet. Sie legte auch ein de-

---

[33] Ebd., 206.

[34] Beschrieben von Wilhelm Hopf: August Vilmar I, 206f.

tailliertes Ergebnis vor, aber die im Mai 1832 neu ins Amt gekommene Regierung Hassenpflug nahm alles nur zu den Akten.[35] Es gab die Befürchtung, dass wie in der Ständeversammlung auch in der Synode Streit, Rivalitäten, Eifersüchteleien die Szene beherrschen würden. War das Verhältnis von Landesherr und Ständeversammlung durch die Verfassung nicht geregelt und schon gar nicht verbessert worden, so konnte auch für die Kirche durch eine Synode keine Förderung erwartet werden. Die Gegensätze zwischen liberalen Hoffnungen und konservativen Befürchtungen müssten auch hier in voller Härte aufeinander prallen. Dabei könnten auch die Grundlagen der Evangelischen Kirche: Bibel und Bekenntnisse, in den Streit einbezogen und zur Disposition gestellt werden. Dafür gab es warnende Beispiele:

1. In Kassel hatten Theologen, die von den dort herrschenden liberalen Überzeugungen abwichen, einen schweren Stand. Der Pfarrer *Lorenz Friedrich Lange* (1799-1852) galt als das Haupt der sogenannten „Mucker und Mystiker", die sich 1833 im bereits erwähnten „Evangelischen Missionsverein in Kurhessen" gesammelt hatten. Damit erregte er so heftige Antipathien, dass ihm 1835 die Scheiben eingeworfen wurden und er von der Polizei geschützt werden musste. Als aus seiner Gemeinde, der Brüderkirche, eine Weigerung, kirchliche Amtshandlungen (Kasualien) von ihm vornehmen zu lassen, die Unterschrift von mehr als hundert Familienvätern trug, war seines Bleibens nicht länger. Das Konsistorium versetzte ihn nach Eschwege. [36]

Ein ähnliches Schicksal widerfuhr einem weiteren Kasseler Pfarrer, *Emil Rausch* (1807-1884). Mit seinen erwecklichen Predigten in der Unterneustadt hatte auch er ausgesprochen polarisierend gewirkt. Auch ihm blieb eine Versetzung – diesmal nach Rengshausen im Knüll – nicht erspart.[37]

2.) Verschärfend wirkte in dieser ohnehin schon aufgeladenen Situation in Kassel damals ein theologisches Buch. Der am Tübinger Stift als Repetent tätige Theologe *David Friedrich Strauß* (1808-1874)

---

[35]   Dazu Heinrich Heppe: Die Verfassung der evangelischen Kirche, 50-75.

[36]   Dazu: Philipp Losch: Geschichte des Kurfürstentums Hessen, 210f. W. Hopf: August Vilmar I, 238f.

[37]   Über ihn siehe auch Rudolf Schlunck: Die 43 renitenten Pfarrer, 47-52.

30

veröffentlichte 1835/36 ein in seiner Gelehrsamkeit imponierendes, aber auch mit der gewohnten Frömmigkeit rabiat brechendes zweibändiges Werk: „Das Leben Jesu kritisch bearbeitet."[38] Der Verfasser, ein begabter Hegel-Schüler, ging mit aller methodischen Strenge an die Frage, wer Jesus eigentlich gewesen sei. Mit den Mitteln des analysierenden Historikers löste er diese selbstgestellte Aufgabe. Der historische Jesus sei nicht der Heiland, der die Sünden vergab und Wunder tat, sondern ein Prediger des von ihm nahe geglaubten Weltendes gewesen. Erst eine spätere Zeit – das Urchristentum – habe ihn zum Kristallisationspunkt für viele menschliche Wünsche und Hoffnungen benutzt. So sei er zum Messias, zum Opfer, nicht zuletzt zu Gott geworden. Alles, was ihn aus den Menschen heraushebe, seien für einen kritischen Historiker nur Mythen.

Ein solcher Umgang mit der Bibel, der nicht die Erhabenheit des Wortes Gottes anerkannte und nicht die Gottesfurcht der Menschen förderte, sondern die religiöse Bedeutung ignorierte oder gar ironisierte, war bis dahin unerhört gewesen. Strauß lieferte den Beweis dafür, dass die Theologie die Bibel dazu missbrauchen konnte, um den Glauben der Menschen zu zerstören. Dieses Schlüsselerlebnis lehrte, dass auch der evangelische Glaube nicht nur auf der Bibel ruhen könne, sondern noch andere Stützen benötige. Das führte in Kurhessen 1839 zum sogenannten Symbolstreit.

3. Den äußeren Anlass bildete eine Verpflichtung auf die kirchlichen Bekenntnisse, die die Theologen bei ihrer Ordination zu übernehmen hatten. Sie war 1838 in einem *Revers* noch einmal veröffentlicht worden und lautete:

„Insonderheit gelobe und verspreche ich hiermit: im Bewußtsein der Heiligkeit meines Berufes, – daß ich als Lehrer und Diener des Evangeliums in Christo der mir anvertrauten Gemeinde, den Mündigen und Unmündigen, die christliche Lehre nach Inhalt der heiligen Schrift und mit gewissenhafter Berücksichtigung der Bekenntnisschriften der evangelischen Kirche ohne Menschenfurcht und Menschengefälligkeit verkündigen will."[39]

---

[38] Zu Strauß und seinem Werk siehe insbesondere Emanuel Hirsch: Geschichte der neuern evangelischen Theologie V, 492-518.

[39] Zitiert nach Wilhelm Ebert: Geschichte der evangelischen Kirche, 264.

Dass die Formulierung „mit gewissenhafter Berücksichtigung",
mehrdeutig war, erkannte als erster Johann Wilhelm Bickell. In einer
kleinen Schrift „Ueber die Verpflichtung der evangelischen Geistlichen auf die symbolischen Schriften"[40] stellte er bohrende Fragen:

„Soll es gestattet seyn, daß in dem eignen Schooße der Kirche die verschieden-
sten Ansichten über den christlichen Glauben herrschen, daß es dem subjecti-
ven Ermessen des Geistlichen, welcher die reine Lehre des Evangeliums zu
verkündigen hat, oder der Gemeinde, bei der er angestellt ist, überlassen bleibt,
zu bestimmen, was als Lehre der evangelischen Kirche vorzutragen sey; soll
man grade in unserer Zeit, wo es so sehr Noth thut, daß die evangelische Kirche ihre Einheit bewahre, den Vorwurf der katholischen nicht ernstlich zu beseitigen suchen, daß es der dermaligen evangelischen Kirche an einem gemeinschaftlichen Glauben fehle?"[41]

Bickell forderte, „gewissenhafte Berücksichtigung" müsse wie folgt
verstanden werden:
• Die Bekenntnisse sind wie gültige Gesetzesnormen für die Ver-
  kündigung verbindlich.
• Sie bilden das unerschütterliche Fundament für den christlichen
  Glauben und die Kirche.
• Dadurch bleiben die Evangelische und die Katholische Kirche mit-
  einander verbunden.

Mit diesem Anspruch forderte das Mitglied im Missionsverein viel-
fältigen Widerspruch heraus. In einer großen Zahl von Schriften gab
es scharfe Kritik, aber auch große Zustimmung.
  Völlig ablehnend äußerte sich dazu der Marburger Anwalt *Heinrich Henkel* (1802-1873) in einem ebenfalls schmalen Bändchen.[42]
Bickells Forderungen wies er als völlig überholt und überzogen zurück. Er hatte eine ganz andere Vorstellung von einem evangelischen
Christen:

„Ein Protestant ist, der gegen alle Unvernunft und gegen alle Tirannei in Glau-
benssachen protestiert, der sich das Evangelium weder durch den Papst, noch
durch sonst jemand, wäre es auch der Doktor Luther, versperren läßt und der
es lieset nicht mit verschlossenen, sondern mit offenen Augen, nicht mit Be-

---

[40] Bickell erwähnte Strauß, wenn auch nur in Klammern, 35.
[41] Ueber die Verpflichtung der evangelischen Geistlichen auf die Symbolischen Schriften,
     13.
[42] Siehe Philipp Losch: Lebensbilder aus Kurhessen-Waldeck, 2. Bd., 204-207.

gier nach Unvernünftigem und Finsterm, sondern mit Verlangen nach Vernünftigem und Hellem, und der es so versteht, wie es ihm sein unverfälschtes, für Wahrheit offenes Herz, sein ungetrübter, nicht lichtscheuer Blick verstehen heißt, nicht aber wie es ihm Concilien oder Synoden oder Pfaffen befehlen." [43]

Zur Evangelischen Kirche bemerkte er kurz und bündig:
„Das ist gerade ihr Grundprinzip, daß in ihr keine erzwungene Gleichförmigkeit gilt. Sie ist auf Freiheit gebaut und wer ihr diese nehmen will, der tödtet sie." [44]

Henkel vertrat einen klaren, von der Aufklärung geprägten Standpunkt, wie er im liberalen Bürgertum allgemein verbreitet war. Eine in der Tendenz ähnliche, aber sich auf das philosophische System Hegels stützende Stellungnahme legte der Marburger Philosoph, *Karl Theodor Bayrhoffer* (1812-1888) in drei kleinen Schriften vor. Auch ihm ging es um die geistige Freiheit, hier konkret um die Gewissensfreiheit, als einer Grundkonstante der auf Luther zurückgehenden Evangelischen Kirche. So formulierte er folgenden Standpunkt:
„Da nun aber das Gewissen in diesem oder jenem Punct oder Pünctchen der symbolischen Bücher sich nicht wiederfindet, so kann dieses eben nur dem Gewissen überlassen bleiben, was Jeder für sich zu verantworten hat ... Glaubt nun ein Geistlicher, diese oder jene Lehre des Symbols so oder anders fassen zu müssen, glaubt er hier oder dort eine andere Auslegung des Evangeliums seinem Gewissen schuldig zu sein, so kann dieses nur seiner eignen Rechtfertigung vor Gott überlassen bleiben." [45]

Beide betonten, alleinige Grundlage jeder Verkündigung in der Evangelischen Kirche müsse die Bibel sein, und sie stimmten darin überein, der Pfarrer müsse die Freiheit haben, es seinem Gewissen zu überlassen, was er in seiner Gemeinde lehre. Über das Evangelium hinaus dürfe es keine weiteren Vorschriften geben. Dabei beriefen sie sich auf Luther und sahen in seinem Kampf gegen das Papsttum eine Parallele zur gegenwärtigen Auseinandersetzung. In einer weiteren 1839 publizierten Schrift „Die neue und die alte Kirche oder der Phönix und die Asche" beschrieb Henkel seinen Glauben folgendermaßen:

---

[43] Heinrich Henkel: Einige Worte wider die Feinde der Vernunft, 9f.

[44] Ebd., 9.

[45] Kritische Beleuchtung der Schrift des ... Dr. J.W. Bickell, 37f.

33

„Dieser helle Glaube soll nicht von uns genommen werden, sondern wir wollen festhalten an jener Zuversicht in Gott, an jener heitern Ruhe des Herzens, die aus der Verehrung alles Wahren, Schönen und Guten, aus dem Bewußtsein rechtschaffender Gesinnungen und Handlungen fließt, denn das sind die Schätze, die der Rost und die Motten nicht fressen, und die uns in alle Welten folgen, die unsere Augen noch sehen mögen."[46]

Zum Schluss forderte er in einer eindrucksvollen – an die Entscheidung zwischen dem Propheten Elia und den Baalspriestern (vgl. 1. Kön. 18) erinnernden – Szene aus dem Alten Testament seine Gegner kaltschnäuzig heraus:

„Und nun du kleine unduldsame Heerde ... du willst uns ausstoßen, wenn wir uns nicht zu dir bekehren? Wohlan, wir wollen uns und euch reinigen, wandert aus oder baut euch eine kleine Kapelle, und dienet darin Gott auf eure finstere Weise, denn unsere Kirchen sind doch viel zu groß und hell für euch ... Wenn ihr euch aber überzeugen wollt, daß ihr nur ein kleines Kirchlein brauchet, so schicket Einen von euch, und wir wollen dann hinausgehn auf einen großen Raum und wollen alles Volk herbeirufen. Ich trete mit dem Evangelium auf die eine, Euer Mann mit den symbolischen Büchern auf die andere Seite, dann wollen wir sehn, wo die meisten hingehn. Wahrlich ich sage euch, die neue protestantische Kirche nach der Wiedergeburt des Geistes wird glänzend wie der Phönix aus der Asche steigen, euer Kirchlein aber wird einem altverfallenen Häuslein gleichen!"[47]

Henkel setzte seine Hoffnungen nicht mehr nur auf eine Synode, sondern auf einen echten Volksentscheid. Sein Vorschlag, gerade auch auf dem Hintergrund des „Gottesurteils auf dem Karmel", lief auf die Ausgrenzung seiner Gegner hinaus.

Diesen Vorschlag nahm auf der anderen Seite August Vilmar auf. Auch er verfasste Ende August 1839 eine Streitschrift „Das Verhältnis der evangelischen Kirche in Kurhessen zu ihren neuesten Gegnern" mit der Empfehlung, sie sollten für sich eine neue und eigene Kirche nach ihren Vorstellungen gründen. Auch er betrieb eine Scheidung innerhalb der Evangelischen Kirche. In seiner Schrift selbst übernahm er die Strategie seines Freundes Bickell: zunächst mit formaljuristischen Argumenten die unbedingte Geltung der Bekenntnisse für die evangelische Kirche zu behaupten. So konnte er im

---

[46] Obergerichtsanwalt Henkel: Die neue und die alte Kirche, 19.
[47] Obergerichtsanwalt Henkel: Die neue und die alte Kirche, 19f.

Vorfeld bereits die Einwände von Kritikern wie Henkel und Bayrhoffer abwehren, ohne sich überhaupt mit der Materie, dem schwierigen Problemkomplex des Verhältnisses von Bibel und Bekenntnis, beschäftigen zu müssen. Dafür orientierte sich der kirchengeschichtlich versierte Marburger Gymnasialdirektor an einem berühmten Juristen der Alten Kirche: *Tertullian* (ca. 160-220) aus Karthago. Dieser hatte sich in einem hitzigen Streit mit Gnostikern angelegt und ihnen aus formalen Gründen jedes Recht auf Gehör verweigert. Es handelte sich bei ihnen um Leute, die immer auf der Suche waren und dabei die Botschaft von der Errettung der Menschen durch das Blut Christi durch mancherlei philosophische, esoterische, aus den Mysterienreligionen stammende Elemente, erweiterten, ergänzten, aber auch relativierten. Mit ihnen hatte Tertullian kurzen Prozess gemacht und ihre Lehren schlicht für unvereinbar mit dem christlichen Glauben erklärt:

„Was ... hat Athen mit Jerusalem zu schaffen, was die Akademie mit der Kirche, was die Häretiker mit den Christen? Unsere Lehre stammt aus der ‚Säulenhalle‘ Salomos, welcher selbst gelehrt hatte, daß der Herr in Herzenseinfalt zu suchen sei (Vergl. Weisheit ... 1,1) ... Hüte man sich vor solchen, die ein stoisches, platonisches und dialektisches (aristotelisches) Christentum erfunden haben! Wir bedürfen seit Christus Jesus des Forschens nicht länger, noch des Untersuchens, seit wir das Evangelium besitzen. So wir glauben, verlangen wir über den Glauben hinaus nichts mehr. Denn das ist unser oberster Glaubensartikel: daß da nichts sei, was wir über den Glauben hinaus noch zu glauben hätten."[48]

August Vilmar war bereits 1830 bei den Vorbereitungen für seine Jubiläumsrede zum 300jährigen Jubiläum des Augsburger Bekenntnisses auf Tertullian und seine wegweisenden Erkenntnisse gestoßen.[49] Dort hatte er lesen können, das *Apostolische Glaubensbekenntnis* müsse als feste Grundlage, als juristische Norm angesehen werden. In ihm sei das biblische Zeugnis so korrekt zusammengefasst, dass dagegen mit einzelnen biblischen Texten keine Einwände mehr vorgetragen werden könnten.

---

[48] Zitiert nach Kirchen- und Theologiegeschichte in Quellen I: Alte Kirche, 67.

[49] Einen Hinweis auf die Bedeutung Tertullians für Vilmars Rede von 1830 gibt Wilhelm Maurer: Aufklärung, Idealismus und Restauration, 224, Anm. 91. Siehe auch Wilhelm Hopf: August Vilmar II, 279. Im Nachlass August Vilmars im StA. Marburg, Bestand 340a, findet sich eine umfangreiche Mappe zu Tertullian.

Unter dem maßgeblichen Einfluss Tertullians[50] hatte die Alte Kirche in der Zeit ihrer rechtlichen Ungesichertheit – also vor Kaiser Konstantins (306-339) Wende zum Christentum hin – ein dreifaches Fundament für ihre Lehre herausgearbeitet:

- den Kanon der Bibel,
- das Bekenntnis der Apostel,
- das kirchliche Amt des Bischofs.

Diese Trias bildete auch für die weitere theologische Arbeit August Vilmars und seiner Freunde die unverrückbare Grundlage und wurde von ihm systematisch ausgebaut.

Als Fazit aus dem Symbolstreit ergaben sich für die Evangelische Kirche in Kurhessen folgende Erkenntnisse.

- Alle Mitglieder bildeten nach außen noch eine – scheinbare – Einheit.
- Die Kennzeichen der Einheit bildeten die Bibel und Luther.
- Es gab aber intern starke unterschiedliche Strömungen und gegensätzliche Positionen.
- Die Gegensätze bildeten Bindung ans Bekenntnis oder Freiheit des Gewissens.
- Die Gegensätze wurden polemisch zugespitzt, die Vertreter der jeweils entgegengesetzten Position verketzert.

Auch nachdem der aktuelle Bekenntnisstreit abgeflaut war, gab es in der Evangelischen Kirche zwei Parteien,

- eine traditionsbewusste, dem Zeitgeist skeptisch gegenüberstehende Mehrheit,
- eine den Einklang mit der Zeit suchende, liberalen Ideen gegenüber offene Minderheit.

Beide beriefen sich auf theologische und historische Argumente des Protestantismus und waren sich so ihrer Sache und ihrer gut begründeten Ziele sicher. Sie vertraten aber auch selbstgewiss die Überzeugung, die Gegner ständen nicht mehr auf dem Boden des evangeli-

---

[50] Eine nach wie vor hervorragende Charakteristik Tertullians bietet Hans von Campenhausen: Lateinische Kirchenväter, 12-36. August Vilmar konnte in ihm einen echten Geistesverwandten sehen.

schen Christentums, sollten am besten von selbst die Konsequenz ziehen und austreten, oder – als letzte Möglichkeit – sie müssten exkommuniziert werden. Diese harte Frontstellung führte dazu, dass jede Gruppe die ihr zu Gebote stehenden Mittel nutzte, um die Gegner zu verunglimpfen, dagegen die eigenen Ziele mit Verve, aber auch skrupellos zu verfolgen. Zeitungen, Zeitschriften, Reden, Predigten, nicht zuletzt die Schulen dienten als Instrumente einseitiger, indoktrinierender Beeinflussung. Dabei gerieten die Liberalen mehr und mehr in erhebliche Legitimationszwänge, ihnen wurde immer wieder unterstellt, ihr Glaube sei grundlos und deshalb im letzten schierer Unglaube. August Vilmar hatte sich inzwischen zu dieser Überzeugung durchgerungen. Den Hintergründen für sein hartes und kompromissloses Urteil ist nun etwas detaillierter nachzugehen.

Die Frage nach den Glaubensquellen der Liberalen

Heinrich Henkels im Symbolstreit geäußerte Vision von einem Volksentscheid wirkt auf heutige Leser naiv. Seine Hoffnung, eine große Mehrheit hinter sich zu bringen, so dass die großen Kirchen sich wieder füllen würden, war sicher unbegründet. Er konnte nur das städtische Bürgertum in Kassel, Marburg, Hanau im Blick haben. Dort hielt sich das Interesse für den Streit um die Gültigkeit von Bekenntnissen aber in engen Grenzen. Aufgeklärte, zeitgemäße Religion stand bei der großen Mehrheit deutlich hinter Fragen nach wissenschaftlichen Erkenntnissen, technischem Fortschritt, und wirtschaftlichem Aufschwung. Auf einer von Henkel in Kassel Mitte August 1839 organisierten „Erste(n) protestantische(n) Versammlung wider die Feinde des Lichts" unterschrieben nicht mehr als 350 Teilnehmer eine Petition an den Kurfürsten, er möge eine Synode einberufen. Sie sollte die weitere Gültigkeit der Bekenntnisse feststellen.[51] Vordringlich ging es ihnen um den Zusammenhalt und das Zusammenspiel von Religion und allgemeinem Bewußtsein, von Theologie und Philosophie, wie es Hegel gesehen, beschrieben und auch in seiner Festrede

---

[51] Dazu siehe Wilhelm Hopf: August Vilmar I, 392f.; Philipp Losch: Geschichte, 212f.; Wilhelm Ebert: Geschichte der evangelischen Kirche, 267f.

1830 gefeiert hatte. Er hatte damals folgende abschließende Bilanz gezogen:

„Dieser Einigkeit verdanken wir den erfreulichen Erfolg, daß alle heilsamen und nutzbringenden Fortschritte, zu denen der menschliche Geist durch die Notwendigkeit der Sache geführt worden ist, um die Freiheit weiter auszubauen, die Gesetze zu bessern, alle bürgerlichen Verhältnisse behaglicher und angemessener auszugestalten, ohne innere Unruhen und Gewalttaten unter der Leitung und auf Grund der Einsicht des rechten Sinnes der Regierenden selbst in friedlicher Entwicklung durchgeführt werden konnten."[52]

Nach Hegels Tod 1831 zerfiel sein philosophisches System. Unter seinen Schülern bildete sich mit den so genannten Junghegelianern eine Gruppe, die der Harmonie von christlicher Religion und Philosophie kritisch gegenüber stand und im Gegensatz zu ihrem Lehrer sogar eine totale Unvereinbarkeit herausstellte. Für *Bruno Bauer* (1809-1882), *Arnold Ruge* (1802-1880) und *Karl Marx* (1818-1883) hatte *Ludwig Feuerbach* (1804-1872) das Geheimnis der Religion endgültig gelüftet: Gott ist eine Projektion des Menschen. Theologie ist im Grunde Anthropologie. Diese Religionstheorie wurde in einer Zeitschrift, die von Ruge herausgegeben, 1838-1841 unter dem Titel „Hallische Jahrbücher", 1841-1843 als „Deutsche Jahrbücher" erschienen war, heftig diskutiert. 1844 gab es dann noch ein von Ruge und Marx ediertes Heft „Deutsch-französische Jahrbücher". Bauer rechnete mit Hegel 1841 in einer Schrift mit dem ironisch gemeinten Titel „Die Posaune des jüngsten Gerichts wider Hegel den Atheisten und Antichristen" ab. Darin schrieb er:

„Das ist nach Hegel die Versöhnung der Vernunft mit der Religion, daß man einsieht, es gebe keinen Gott und das Ich habe es in der Religion immer nur mit sich zu tun, während es ... meint, es habe es mit einem lebendigen, persönlichen Gott zu tun. Das realisierte Selbstbewußtsein ist jenes Kunststück, daß das Ich sich einerseits wie in einem Spiegel verdoppelt und endlich nachher, wenn es sein Spiegelbild Jahrtausende lang für Gott gehalten hat, dahinterkommt, daß jenes Bild im Spiegel es selber sei. Der Zorn und die strafende Gerechtigkeit Gottes ist demnach nichts anderes, als daß das Ich selbst die Faust ballt und im Schein des Ich sei, mit welchem bis dahin dasselbe verhandelt ... habe."[53]

---

[52] Zitat nach Heinrich Bornkamm: Luther im Spiegel, 155.
[53] Zitat nach Karl Löwith: Von Hegel zu Nietzsche, 368f.

Arnold Ruge sah das Verhältnis zwischen christlicher Religion und Philosophie nicht in einem völligen Entweder-Oder, sondern er bestimmte es als ein Nacheinander. Für die Humanität, seinen Leitbegriff, könne das Christentum schon mit guten Voraussetzungen dienen, diese lägen aber in der Vergangenheit, für die Gegenwart bringe es nur noch wenig Nützliches und Brauchbares:

> „Das Papsttum und die Lutherische Dogmatik verderben die Idee des Christentums. Die Religiosität der Reformation, der ethische Enthusiasmus der Revolution, der Ernst der Aufklärung, die Philosophie und der Sozialismus sind hingegen wirkliche Fortbildungen des christlichen Humanitätsprinzips."[54]

Im Unterschied zu den erwähnten Philosophen fanden sich unter den Theologen für Hegels spekulatives Denken und seine alles zusammenfassende Synthese weiterhin überzeugte Anhänger. Als ein besonders prominenter Vertreter erwies sich der von den Liberalen hochverehrte Heidelberger *Richard Rothe* (1799-1867). Er vertrat von 1837 an eine konsequent aus Hegels Philosophie entwickelte Theorie: Das Reich Gottes, die großartige Vision, die von der Christenheit seit ihren Anfängen als Abschluss der Geschichte mal mehr, mal weniger intensiv erwartet wurde, werde in der Neuzeit stärker durch den Staat als durch die Kirche vorangetrieben. *Erdmann Schott* hat Rothes spekulative Vorstellungen in knapper Form so beschrieben:

> „Das Ziel der Tätigkeit des Erlösers ist das Reich Gottes, das wesentlich beides, religiöse und sittliche Gemeinschaft ist. Nun ist das vollendete Gottesreich Ergebnis einer geschichtlichen Entwicklung, an deren Anfang notwendig die Kirche steht. ,Beginnen muß die vom Erlöser ausgehende neue Gemeinschaft ihre Entwicklung unter der Form der Kirche', aber eben nur beginnen. Die Kirche war ein vorübergehender Notbehelf in einer tief ins Heidentum versunkenen Welt. Aber als die einseitig religiöse Form des menschlichen Lebens muß sie sich selbst als Durchgangsstufe zu der vollkommenen sittlichen und religiösen Gemeinschaft verstehen oder, wie R(othe) in Anlehnung an Hegel sagt, zum christlichen Staat. Mit der Reformation ist nach R(othe) die Zeit der Kirche zu Ende gegangen. Was sich seitdem vollzieht und vollziehen soll, ist die Aussiedlung des christlichen Lebens aus der Kirche in den Staat, wobei allerdings ein Minimum an Kirche bis zum Jüngsten Tage bleiben wird. Entkirchlichung ist also nach R(othe) nicht Entchristlichung, sondern im Gegenteil Vollendung des Gottesreichs durch Verchristlichung der Kulturmenschheit."[55]

---

[54] Ebd., 366.
[55] Artikel „Rothe Richard", in: RGG, 3. Aufl., V., 1199.

Aus dieser spekulativen Zukunftsschau Rothes ergaben sich folgende Schwerpunkte:

- Die herkömmliche, traditionelle christliche Religion verliert stetig an Bedeutung.
- Die Sittlichkeit der Zukunft wird immer weniger auf christlichen Fundamenten gründen.
- Die besonderen Institutionen des christlichen Glaubens – Kirche und Bekenntnis – haben keine Zukunft. Die Bibel dient nur noch als Schatz von Weisheiten, Redensarten, Illustrationen.
- Was gut und wertvoll am Christentum ist, bereichert die Philosophie und den Staat.
- Was überholt, unverständlich, widervernünftig ist, mag der Kirche erhalten bleiben.

Eine solch grauenhafte Schreckensvision musste – nach seinen bitteren Erfahrungen im Symbolstreit – einen aufrechten Christen wie August Vilmar in seinem Denken und Fühlen, Reden und Handeln aufs Neue in einen heiligen Zorn versetzen.[56] Keine dreißig Jahre nach dem hehren Versprechen von Wien erhob sich ein Geist, der eine geradezu satanische Travestie erwarten ließ. Staat und Kirche, Kunst und Kultur, Sittlichkeit und Recht drohte ein schlimmes Ende. Hiergegen war konsequenter Widerstand zu organisieren. Darin sah Vilmar eine ihm von Gott aufgetragene Pflicht, ja einen prophetischen Auftrag.

Die Unvermeidbarkeit einer großen Scheidung

Der Direktor des Marburger Gymnasiums nahm sich der skizzierten Aufgabe mit großer Intensität an und focht gegen liberale Ideen, Vorschläge und Hoffnungen einen heftigen Kampf aus. Darüber geben seine *Schulreden*, die er in den Jahren 1837 bis 1849 gehalten und die er 1846 in erster, 1852 in zweiter Auflage publiziert hat, eine informative und aufschlussreiche Auskunft. In ihnen hat er sich zweimal

---

[56] F. W. Schluckebier: Die sozialethischen Anschauungen August Vilmars, 148-152, bietet einen Vergleich zwischen beiden, er bleibt aber auf einer neutralen Sachebene, ohne auf die Provokationen, die Rothes Spekulationen bei Vilmar auslösten, einzugehen.

im Jahr anlässlich der Verabschiedung von Schülern mit aktuellen Problemen dezidiert auseinandergesetzt. Sie boten ihm die Gelegenheit, seine Überzeugungen, die er später vielfältig und scharfkantig vertrat und mit denen er hitzige Kontroversen auslöste, erstmals vorzutragen. Zur allgemeinen Charakteristik gehörte es, dass der Redner einerseits klare Standpunkte einnahm, sie konsequent, z. T. auch polemisch vertrat und nicht minder deutlich die Erwartung aussprach, seine Überlegungen seien inhaltlich so überzeugend, dass seine Schüler gar nicht anders könnten, als sie zu übernehmen und dafür immer und überall einzutreten. Dazu wurden sie von ihm geradezu verpflichtet. Das verlangte auch sein göttlicher Auftrag, den er 1838 knapp so formulierte:

„Wir sind ... zu Wächtern gesetzt über Euch; aus meinem Mund spricht der Herr zu uns."[57]

1839, als in Kurhessen der Symbolstreit tobte, nahm er die Schulabgänger bei der Behandlung eines auf den ersten Blick verblüffenden Themas „Vom Amt der Schüler" wie folgt in die Pflicht:

„Das Amt der Schüler aber bestehet nicht allein in der Erhaltung der Schule, sondern auch in *Erbauung und Sicherung der christlichen Kirche* ... Eure Bestimmung ist es, ihr mögt einen besonderen Beruf wählen, welchen ihr wollt, euere christliche Erkenntnis nicht bloß zu *eigener* Erleuchtung, zum *eigenen* Heile, zur *eigenen* Seligkeit zu besitzen, sondern auch zur Erleuchtung, zur Bekehrung und zum Heile eurer Brüder; euere Bestimmung ist es, dereinst nicht bloß im engen Kreiße des eigenen häuslichen Lebens Zeugnis abzulegen von dem Gekreuzigten, sondern dieses Zeugnis abzulegen vor der Welt, und oft und laut vor vielen hundert, vielleicht vor vielen tausend Ohren zu zeugen und zu bekennen, daß Jesus Christus der Herr ist zur Ehre Gottes des Vaters. Dieser Bestimmung sollt ihr schon jetzt nicht allein eingedenk sein, sondern derselben auch nachkommen; sie, so viel an euch ist, schon jetzt erfüllen. Ihr wißt, und es kann euch und soll euch mit nichten verborgen bleiben, daß es draußen in der Welt eben in unseren Tagen anders ist, als hier; Christus ist nicht allein vergeßen, er wird gelästert; oder er wird Herr! Herr! genannt mit gleisnerischem Munde, während das Herz niemals die Sünde erkannt hat, also auch immerdar fern geblieben ist von dem, der die Sünden abgethan hat durch sein Blut am Kreuze vergoßen; die Weisheit der Welt, die von gestern und heute ist, gilt mehr als die Tiefe des Reichtums der göttlichen Weisheit, die von Ewigkeit war und in Ewigkeit sein wird; der Geist der Zeit erhebt sich wider den Geist Gottes, und ist übermächtig in vielen tausend Seelen. Habt ihr

57 August Vilmar: Schulreden, 2. Aufl., 38.

41

nun erkannt und geglaubt, daß Jesus wahrhaftig ist Christus, der Sohn des lebendigen Gottes, so ist es euer Amt und euer Recht, nach Maßgabe euerer bis
dahin erlangten Kenntnis und Erfahrung Zeugnis zu geben wider die Welt und
ihre Weisheit; Christum laut und standhaft zu bekennen, wo man ihn lästert;
den Geist der Zeit zu bekämpfen durch den Geist Gottes, und das Gewebe der
Heuchelei und Lüge zu zerschneiden mit dem scharfen Schwerte des evangelischen Glaubens."[58]

Neben dem schon bekannten schroff dualistischen Weltbild, das er als
festen Hintergrund herausstellte, kam es ihm besonders darauf an, in
seiner „Gelehrtenschule" die Schüler für die harte Auseinandersetzung der gegensätzlichen Weltanschauungen zu Zeugen, Bekennern,
Verteidigern der Kirche zu erziehen und zu formen. Über den Streit,
seine Härte, seine Heimtücke, aber auch über die Verheißungen, um
die es gehe, hat sich August Vilmar in jeder Rede geäußert. Als er –
1847 – einmal nur künftige Theologen zu verabschieden hatte, hat er
dezidiert zum Thema „Von der Zukunft der Kirche" Stellung genommen. Darin finden sich folgende Erkenntnisse:

„Ja, eine neue Zeit ist angebrochen; eine Zeit, wie sie in den 1800 Jahren der
Christenheit noch nicht vorhanden gewesen; Aufgaben sind uns gestellt und
Arbeiten angewiesen, wie sie seit dem Tage, da der Herr Christus aufgefahren
ist zum Himmel und der letzte Apostel in Ephesus seine Augen schloß ... der
Christenheit nicht wieder gestellt und gegeben worden sind. Und wenn drüben
die Haufen und Rotten und Horden in ihrer widerchristlichen Verblendung laut
rufen und jubeln von der neuen Zeit, und von der Zukunft und von dem Fortschritt, so wollen wir auch von dem Feinde etwas lernen; wir wollen zwar
nicht *mit ihm*, wol aber *gleich* ihm laut rufen und jubelnd verkündigen: ja es ist
eine neue Zeit vorhanden, eine große Zukunft liegt vor uns, ein unermeßlicher
Fortschritt ist uns geboten. Aber *unser* ist die neue Zeit, *unser* die Zukunft, *unser* der Fortschritt, unser, die wir glauben. Denn es ist gekommen *nicht die Zeit
eines neuen Glaubens*, wie die Haufen schreien, sondern eine *neue Zeit des
Glaubens*."[59]

Vilmar sah eine Erweckungsbewegung aufkommen und durch das
Land gehen. Aber sie würde nur eine Minderheit erreichen. Die Gegner würden stark und einflussreich bleiben. Entsprechend tiefgreifend
werde sich die Kirche der Zukunft verändern, wie er in der gleichen
Rede ausführte:

---

[58] August Vilmar: Schulreden, 2..Aufl. 44-46.
[59] Ebd., 286f.

„Es könnte wol in der evangelischen Kirche noch zu eurer Zeit dahin kommen, daß Viele, die eigentlich nicht an Christus glauben, und die nur ihre kirchlichen Cirkel ... von den wilden Rotten nicht gestört haben wollen, in der Angst ihres Herzens, weil sie sich zu schwach fühlen, und in ihrem Unglauben auch wirklich zu schwach sind, weltliche Hülfe anrufen zum vermeintlichen Schutz der äußern Kirche und weltliche Zucht anwenden, wo doch allein die geistliche gilt. Da merket und wißet denn, daß in der allernächsten Zukunft schon die äußere Kirche gar nichts mehr gelten und nichts mehr sein wird, wenn sie nicht zugleich eine innere ist, und daß die weltliche Hülfe und Zucht nur das Uebel ärger machen d.h. zum offenen Ausbruch und zum weltkundigen Aergernis bringen wird. Eine bloß von weltlicher Macht geschützte Kirche und durch weltliche Zucht regierte Kirche ist die allergewisseste Beute des Widerchrists. Ihr müßt, mit uns, geistliches Regiment, geistliche Ordnung und geistliche Zucht lernen, und statt mit dem Stabe der Herrschaft einherzugehen, mit dem Hirtenstabe weiden und am Pilgerstecken wandeln, die weichen Kleider ausziehen und ein härenes Gewand anlegen. Das ist ein Gericht, welches über uns in nächster Zukunft ergehen wird."[60]

Vilmar stellte in diesem Zusammenhang als Vorbild für die Kirche der Zukunft die Katholische Kirche heraus. Damit provozierte er allerdings die große Mehrheit der Gebildeten:

„Die katholische Kirche hat wenigstens zum Theil schon ein solches Gericht überstanden, und niemand wird sagen können, daß sie es nicht verstanden und benutzt habe: die großen Säcularisationen in Folge der Revolutionen in Frankreich und Spanien und des Reichsdeputationshauptschlußes in Deutschland. Jetzt sitzen nicht mehr die Freiherrn von N. und Grafen von NN. und Fürsten von NNN. in ihren Domkapiteln und auf ihren Bischofssitzen, ohne andern Beruf als den der 8, 16 oder 32 Ahnen, wie ehedem, oft zu Schmach und Schanden, wol aber zu äußerlichen Ehren der Kirche. Und seitdem die katholische Kirche also das Pilgergewand angezogen, ist sie innerlich wahrhaftiger, ist sie strenger, ist sie beßer geworden. Die evangelische Kirche hat nun von Anfang an zwar keinen Ueberfluß gehabt an Macht und Pracht und weltlichen Gütern, wol aber an weltlichen Gedanken. Diese müßen wir, wenn auch mit zeitlichen Schmerzen, von uns thun, und, freilich wieder mit neuen zeitlichen Schmerzen, kirchliche Ordnung und kirchliche Zucht lernen."[61]

Die Katholische Kirche wurde hier von August Vilmar nicht unter dogmatischen Gesichtspunkten gesehen, sondern als ein Beispiel da-

---

[60] Ebd., 296f.

[61] Ebd., 297f.

für, wie sie sich nach schweren Prüfungen in Situationen, die er auch auf die Evangelische Kirche noch zukommen sah, verhalten und bewährt hatte. Die Frage, ob er sich am Verständnis von Kirche, wie es der katholische Theologe *Johann Adam Möhler* (1796-1838) entwikkelt und in seiner 1832 erschienen „Symbolik" veröffentlicht hatte, orientierte, lässt sich für die Schulreden noch nicht positiv beantworten.[62] In seiner Rede „Von der Zukunft der Kirche" legte er einen ausgesprochen eigenständigen Entwurf dafür vor. Zwar bediente er sich auch des Begriffs „Mysterion", wie in der katholischen Theologie üblich, doch was er dazu inhaltlich sagte, wich von katholischen Vorstellungen deutlich ab. Er griff auf die Bibel zurück und hier auf das „Buch mit den sieben Siegeln", wie es in der Offenbarung des Johannes in den Kapiteln fünf bis acht zu finden ist. Dazu wagte er folgende Erklärung:

„Das erste Siegel, welches ihr (der Christenheit) geöffnet wurde, war die Erkenntnis Gottes des Vaters, die sie während der ersten drei Jahrhunderte in den heißen Kämpfen mit der eindringenden heidnischen Vielgötterei, mit den Parteien und Secten der Gnostiker, als lebendiges und unverlierbares Eigentum gewann; – damit war die christliche Gemeinde befähigt und gestärkt, daß ihr im nächsten Jahrhundert nach einander das zweite und dritte Siegel, die Wahrheit von der Gottheit des Sohnes und des Geistes eröffnet werden, und sie die Zeugnisse dieser Erlebnisse – dieses Erfaßens des tiefsten Grundes der göttlichen Barmherzigkeit, die nicht einem Andern und Fremden, sondern sich selbst, den eigenen Sohn, dahingegeben hatte – nach dem Kampfe gegen die Arianer auf die christliche Nachwelt vererben konnte. Dann folgte schnell die jetzt erst möglich gewordene vollständige und bewußte Erkenntnis des Herrn Jesu Christi als wahren Gottes und wahren Menschen zugleich; und um dieselbe Zeit wurde auch der Christenheit die Tiefe der Sünde und der Gnade, das Geheimnis der Buße und Bekehrung, der Weg der Erlösung und die Ordnung des Heiles aufgeschlossen. Zur Erschöpfung dieser lebendigsten, höchsten zugleich und tiefsten Wahrheiten von der Erlösung und Heilsordnung, der Buße und Rechtfertigung gab der Herr jedoch ein volles Jahrtausend, denn was der Kirchenvater Augustinus im 5. Jahrhundert begann, das wurde erst in der Reformation des 16. Jahrhunderts vollendet.-
Und wir selbst stehen am Schluße dieser Periode des Lebens der Christenwelt. Eben darum aber stehen wir auch zugleich an dem Anfang einer neuen Zeit. Viel haben wir erlebt in achtzehn Jahrhunderten, aber noch nicht *alles*; allerdings ist noch ein Fortschritt der christlichen Erkenntnis und Erfahrung *mög-*

---

[62] Siehe dazu Friedrich Wilhelm Kantzenbach: Zur Problematik der Theologie Vilmars, in: „Gestalten und Typen des Neuluthertums", 90-121, insbes. 108-121.

lich – nötig – gewis; allerdings genügt das, was bisher, was zuletzt noch in der Reformation Luthers dargeboten, erworben und errungen worden noch nicht vollständig; noch ist das sechste Siegel zu lösen: *das von der Kirche.*"[63]

Diese Vision von Kirche ließ sich nur auf dem Hintergrund der protestantischen Kirchengeschichte entwickeln. Charakteristisch dafür waren folgende Schwerpunkte:

Die Öffnung des ersten Siegels: die Erkenntnis Gottes als Vater im Kampf gegen die Gnostiker verdankte die Christenheit u. a. Tertullian, der aber – möglicherweise weil er im Alter der Kirche den Rücken gekehrt und sich den Montanisten, einer ketzerischen Gemeinschaft, angeschlossen hatte – ungenannt blieb. Wenn der Marburger Gymnasialdirektor sich daran machte, ein biblisches Geheimnis, das des sechsten Siegels, zu enthüllen, ließ sich die Frage nach seiner Vollmacht gar nicht umgehen. Auf sie war er bereits 1842 aussagekräftig eingegangen, als er das Thema „Von der falschen Prophetie unserer Tage" behandelte und zu folgendem Ergebnis gekommen war:

„Es bedarf keiner Ausführung, daß unsere Zeit zu denjenigen im Laufe der Jahrhunderte wiederkehrenden Perioden gehört, in welchen die sogenannte Culturwelt sich von der Betrachtung der Vergangenheit, von der Geschichte ab- und der Betrachtung der Zukunft zuwendet. Allein die Zukunft hat Wert und Bedeutung; allein für die Zukunft wird gedacht, gesprochen, gehandelt, gelebt: was noch gar nie dagewesen, nie erhört, nie gesehen, das soll wirklich werden, – der Menschengeist soll aus seiner vieltausendjährigen Verpuppung endlich als glänzender Tagfalter hervorkriechen, soll das in früheren Perioden nur dürftig Begonnene, unbewust Versuchte mit reichem vollem Bewustsein vollenden – das sind die üblichen Formeln und Losungsworte unserer Zeit. Die aber, welche diese Formeln und Losungsworte erfunden und die Ausdeutung *dieser* Zukunft übernommen haben, das sind – nun, das sind eben die Männer ihrer Zeit, Geister, welche die Zeit begriffen haben und auf der Höhe derselben stehen, sie sind die Weisheitslehrer des Jahrhunderts. So sagen sie, so sagen viel Tausende mit ihnen. Wir aber sagen, es sind falsche Propheten ... In dieser Sprache und in demselben Geiste, welcher aus den Propheten geredet hat, wiederholen wir: es sind allesamt falsche Propheten, die da predigen lose und thörichte Gesichte und lose Predigt, damit sie das Volk zum Lande hinaus predigen; es sind allesamt falsche Propheten, so gut wie Hananja, welchem der Herr durch Jeremia verkündigte: Ich will dich vom Erdboden hinwegnehmen;

---

[63] Ebd., 289f.

45

dieß Jahr sollst du sterben. Also starb Hananja desselbigen Jahres."[64] (Vgl. Jeremia 28)

An späterer Stelle bekräftigte August Vilmar die scharfe Verurteilung noch einmal wie folgt:

„Wir aber, die wir nicht von heute und gestern stammen, auch nicht an den trügerischen Maßstab der zukunftslosen weltlichen Geschichte, nach welchen wir uns zu richten hätten, allein gewiesen sind, wir urteilen noch strenger, als das strengste weltliche Gericht sprechen könnte; wir urteilen: es ist dieß alles falsche Prophetie, welche den schwersten Gewitterschlägen in der politischen Atmosphäre vorangehet, und die strengsten Strafgerichte, die Zerstörung unseres Daseins, verkündigt. Laßen wir uns warnen, laßen wir uns zur unerbittlichsten Strenge des Urteils bestimmen, um so mehr, da wir nicht allein das Wort Gottes, sondern dessen, fast noch in den Kreiß unserer eigenen Erfahrung fallende Erfüllung vor Augen haben. Auch der französischen Revolution giengen solche falschen Propheten, gleich eilfertig, gleich träumend, gleich schreiend, wie die unsrigen, voran."[65]

Mit dem Gegensatzpaar „falsche Prophetie" gegen „wahre, gottgesandte Prophetie" konnte der Streit innerhalb der Evangelischen Kirche zu einem harten Entweder-Oder zugespitzt werden. Mit Berufung auf den Geist der Prophetie ließ sich jede abweichende Position apodiktisch als falsch und als Auflehnung gegen Gott, seinen Willen und seine Pläne, anprangern und konnten Andersdenkende verketzert werden. Dass ihnen nur die Wahl zwischen radikaler Umkehr oder Ausschluss aus der Gemeinschaft blieb, ist als Schluss aus den zitierten Äußerungen unabweisbar. Deshalb wiederholte August Vilmar 1840 sein bereits 1839 im Symbolstreit gefälltes hartes und schneidendes Urteil:

„Es soll unbedingt festgestellt werden, daß die Gegner der Kirche wie deren seit dem letzten Jahrhundert ganze Scharen sich uns gegenüber gestellt haben, nicht etwa Vertreter abweichender unschuldiger Meinungen und Ansichten, sondern Widersacher, Zerstörer und Heilsräuber sind, die innerhalb der Kirche auf keine Milde und keine Duldung Anspruch machen können."[66]

Die Evangelische Kirche stehe vor einem großartigen Aufbruch zu neuer Bedeutung, aber sie müsse zu ihren festen und unzerstörbaren

---

[64] Ebd., 146-148.
[65] Ebd., 152f.
[66] Ebd., 87f.

Fundamenten zurückfinden. Wer sich diesem Ziel verweigere, werde unnachsichtig aus ihrer Gemeinschaft hinausgeworfen. Kriterium dafür bildete das überlieferte, unverkürzte, wortwörtlich verstandene Bekenntnis. 1845 in einer Rede mit dem Titel „Dein Volk ist mein Volk, und dein Gott ist mein Gott" formulierte August Vilmar seine Sicht der Zukunft folgendermaßen:

„Und wenn wir diesen wahren, lebendigen dreieinigen Gott bekennen wollen, so werden und müßen wir auch bekennen den wahrhaftigen, lebendigen Christus, nicht aber den aller Eigentümlichkeit, aller erlösenden Kraft, aller lebendigen, geschweige denn aller ewigen göttlichen Persönlichkeit entkleideten Christus. Einen solchen haben freilich viele schon längst, als ein Gebilde ihrer Phantasie oder vielmehr als ein Erzeugnis ihres verkehrten Willens, sich geschaffen und dem Scheine nach bekannt; aber auch eben darum, weil sie wol wißen und sich gestehen, daß dieß nicht der rechte und ganze Christus ist, scheuen sie sich auch ihn „Christus" zu nennen, und nennen ihn vorsichtiger Weise nur „Jesus". Auch unserer Tage haben diese Erscheinungen, und zwar in zunehmender Stärke, Schärfe und Bestimtheit wieder gezeigt – wie denn alles in unserer Zeit auf eine große und endliche Scheidung hinzuweisen scheint." [67]

Die Realisierung dieser mit Nachdruck angekündigten *Scheidung* sah Vilmar mit der Revolution von 1848/49 hereinbrechen.

---

[67] Ebd., 211.

Die Revolution von 1848/49
als Alarmsignal für ein neues Zeitalter

Der Verlauf der Revolution in Kurhessen

1. Die kurhessische Revolution begann in Hanau; sie richtete sich frontal gegen den Kurfürsten.[68] Als am 26. Februar 1848 aus Paris der Rücktritt des Bürgerkönigs Louis-Philippe und wenig später der Ausbruch einer neuen Revolution in Frankreich gemeldet wurde, kam es auch in Deutschland zu zahlreichen Volksversammlungen. In Hanau tagten sie in Permanenz und äußerten ihre Kritik mit solchem Nachdruck, dass die Polizei nicht wagte, dagegen vorzugehen. Schließlich wurden die Forderungen der Bürgerschaft am 29. Februar in vier Punkten zusammengefasst:

1) Entlassung des Ministeriums und Berufung von Ministern, die die Gewähr für durchgreifende Veränderungen bieten,
2) Auflösung der Landstände und Einberufung einer neuen Ständeversammlung, Neuwahlen, ohne Beschränkung ‚freier Wahlbewegung‘,
3) sofortige Pressefreiheit,
4) Amnestie und völlige Rehabilitation für alle ‚Fälle politischer Natur‘ seit 1830 und schließlich der Unterdrückung der Deutschkatholiken.

Die Eingabe schließt: ‚Wir verharren ehrfurchtsvoll euer Königliche Hoheit untertänige Bürger der Stadt Hanau‘.[69]

Eine Delegation von drei Männern reiste am 1. März nach Kassel, um die Forderungen dem Kurfürsten vorzutragen. Dieser verlegte sich vorerst noch aufs Taktieren und stimmte nur einigen wenigen Punkten zu. Tief enttäuscht trat in Hanau am 9. März eine „Volkskommission" zusammen und debattierte u. a. den Anschluss an das Großherzogtum Hessen und schlug den in Darmstadt residierenden Großherzog Ludwig II. zum König von Hessen vor. Mit diesen Drohungen und einem

---

[68] Übersichtlich und detailliert dargestellt von Alfred Tapp: Hanau im Vormärz, 255-282.
[69] Ebd., 257.

unter tumultuarischen Rahmenbedingungen formulierten „Acht-Punkte-Programm" schickte man abermals eine Delegation nach Kassel:

„Die Volks-Kommission in Hanau an den Kurfürsten von Hessen, königl. Hoheit. Durch die Proklamation Eurer königl. Hoheit vom 7.d. sind die Wünsche des Volkes nicht erfüllt und seine Bitten unvollständig gewährt worden. – Das Volk ist mißtrauisch gegen Euere königl. Hoheit selbst, und sieht in der unvollständigen Gewährung seiner Bitten eine Unaufrichtigkeit. Das Volk hat in der unvollständigen Gewährung seiner Bitten nichts gesehen, als die dringende Aufforderung, sich noch enger zusammenzuschaaren und eine noch festere Haltung Euerer königl. Hoheit gegenüber einzunehmen.

Das Volk, welches wir meinen, ist nicht der vage Begriff mehr von ehedem, nein es sind Alle – Alle! Ja, königl. Hoheit, Alle! Auch das Militär hat sich für einstimmig erklärt!

Das Volk verlangt, was ihm gebührt. Es spricht den Willen aus, daß seine Zukunft besser seyn solle, als seine Vergangenheit, und dieser Wille ist unwiderstehlich. – Das Volk hat sich eine Kommission erwählt, und diese verlangt nun für es und Namens seiner:

1. Besetzung aller Ministerien, soweit diese nicht neuerdings geschehen ist, mit Männern, welche das Vertrauen des Volkes genießen.

2. Auflösung der wieder einberufenen Ständeversammlung und alsbaldige Berufung neu zu erwählender Stände.

3. Bewilligung vollständiger Preßfreiheit auf Grund der hierzu im § 95 der Verfassungsurkunde gewährten Zuständigkeit.

4. Vollständige Amnestie für alle seit dem Jahre 1830 begangenen politischen Vergehen.

5. Gewährung vollständiger Religions- und Gewissensfreiheit und deren Ausübung.

6. Hinwirkung bei dem deutschen Bund auf Bildung einer deutschen Volkskammer. Zurücknahme aller den Genuß verfassungsmäßiger

Rechte, ganz insbesondere das Petitions-, Einigungs- und Versammlungsrecht beschränkenden Beschlüsse.

7. Die bestimmte Zusage, daß die bereits durch die Proklamation vom 7. d. zugesicherten und in Beziehung auf die ausgesprochenen Desiderien weiter erforderlichen Gesetzentwürfe der nächsten Ständeversammlung vorgelegt werden.

8. Entschließung Eurer königl. Hoheit, binnen drei Tagen von heute an, deren Verstreichen ohne Antwort als Ablehnung angesehen werden soll.

Jetzt ist die Stunde gekommen, wo Sie zu zeigen haben, königl. Hoheit, wie Sie es mit dem Volke meinen. Zögern Sie nicht einen Augenblick, zu gewähren, vollständig zu gewähren! Besonnene Männer, königl. Hoheit, sagen Ihnen hier, daß die Aufregung einen furchtbaren Charakter angenommen hat.

Bewaffneter Zugang aus den Nachbarstädten ist bereits vorhanden, schon wird man mit dem Gedanken einer Lostrennung vertraut, und kennt recht wohl das Gewicht der vollendeten Tatsachen. Königl. Hoheit! gewähren Sie! Lenke Gott Ihr Herz.

Hanau, den 9. März 1848.   Die Volkskommission" [70]

Es folgten 23 Unterschriften, darunter auch die des Oberbürgermeisters Eberhard.

Folgende Beobachtungen drängen sich auf:
* Die scharfe und beleidigende Sprache wies auf eine hoch aufgeladene Stimmung hin.
* Die knappe Fristsetzung musste den Landesherrn zusätzlich empören.
* Der Landesherr konnte sich des auf ihn vereidigten Militärs nicht mehr sicher sein.
* Mit allem Nachdruck beanspruchte das Volk, seine Bedeutung selber zu bestimmen.

---

[70] Alfred Tapp: Hanau im Vormärz, 267f.

- Es forderte ein Recht (mindestens) auf Beteiligung an der Regierung.
- Der Kurfürst sollte Einschränkungen seiner Souveränität akzeptieren.
- Die dafür maßgebenden theoretischen Grundlagen wurden nicht genannt.
- Religion wurde (nur) als Religions- und Gewissens*freiheit* thematisiert.

Nach menschlichem Ermessen, insbesondere im Hinblick auf die bisherige Politik, konnte als Antwort auf das Ultimatum, als das sich das „Acht-Punkte-Programm" aus Hanau in Wahrheit erwies, nur ein klares und konsequentes Nein des Kurfürsten erwartet werden. Aber das genaue Gegenteil trat ein. Der Kurfürst stimmte – wenn auch mit großem Widerwillen[71] – mit Ausnahme des zweiten Punktes zu und ernannte mit *Bernhard Eberhard* (1795-1860), dem Hanauer Oberbürgermeister, sogar einen Rädelsführer zum neuen Innen- und Premierminister. Am 12. März, einem Sonntag, wurde dieses Ergebnis in einer großen Feier und mit einem Dankgottesdienst auf dem Marktplatz gebührend gefeiert. Damit hatte innerhalb von zwei Wochen die Revolution mit der Installation einer neuen Regierung, dem so genannten „Märzministerium", einen vollständigen Sieg errungen. Die legitime Regierung wurde derart gedemütigt, dass sie auf jeglichen Widerstand verzichtete. Was waren die Gründe?

1. Die *Hanauer* Vorstöße kamen zu einem für den Regenten höchst ungünstigen Zeitpunkt. Friedrich Wilhelm hatte nach dem Tod seines Vaters, Wilhelms II., Ende 1847, wodurch er alleiniger Kurfürst geworden war, verstärkt versucht, die durch die Verfassung von 1831 festgelegten Einschränkungen der monarchischen Souveränität sukzessive rückgängig zu machen. Damit hatte er verständlicherweise die Ständeversammlung herausgefordert. Er geriet in eine schwache Position, als der Justizminister Johann Wilhelm Bickell plötzlich starb, der Premierminister Friedrich Scheffer (1800-1879) sich aus Gesundheitsgründen von seinem Amt zurückziehen musste und die übrigen

---

[71] Siehe dazu Philipp Losch: Der letzte deutsche Kurfürst, 69-76.

51

Minister ebenfalls zurücktraten. Auf Bundesgenossen konnte er sich ebensowenig verlassen wie auf das Heer – etwa den preußischen König, der selber von der Revolution in Berlin bedroht war. Der Kurfürst war „völlig vereinsamt"[72], als er mit den Hanauer Forderungen konfrontiert wurde. Er rettete zwar in dieser ihn bedrängenden Situation seinen Thron, musste dafür aber einen sehr hohen Preis entrichten: Sein Autoritäts- und Gesichtsverlust war in Deutschland beispiellos und sollte auch nicht ohne Folgen bleiben. Darauf ist noch einmal gründlich einzugehen.

2. In *Kassel* gingen die revolutionären Aktionen weiter. Bekannt geworden ist nach 1831 eine weitere sogenannte „Garde-du-Corps-Nacht", als sich Soldaten aus der Garde in der Nacht vom 9. auf den 10. April 1848 mit zivilen Demonstranten ein Handgemenge und eine kräftige Prügelei lieferten. Man sah im Einlenken des Kurfürsten gegenüber den Hanauern nur ein taktisches Manöver. Denn er erschwerte den neuen Ministern die Arbeit so sehr, dass es immer wieder Rücktritte gab. Wie sich bald zeigen sollte, hatte das Volk mit seiner Skepsis recht.

3. Aus *Marburg* gab es detaillierte Berichte u. a. von August Vilmar. Er selbst wurde mehrmals in tumultuarische Vorgänge verwickelt, hat sie aber – mindestens teilweise – auch durch profiliert antirevolutionäre Stellungnahmen selbst provoziert. So gründete er am 22. März eine Zeitschrift „Der Hessische Volksfreund". Hier hat er immer wieder dezidiert gegen die Revolution, gegen die Republik, gegen den Kommunismus gerichtete Kommentare veröffentlicht, so dass die Revolutionäre ihn nicht nur publizistisch hart angriffen, sondern auch sein Haus belagerten, ihm mehrmals „eine Katzenmusik" boten, wobei üblicherweise die Fensterscheiben eingeworfen wurden. Anfang Juni hat es sogar Versuche gegeben, sein Haus zu stürmen. Aber dank einer guten Verbarrikadierung konnte er die Angriffe abwehren. Für alle Fälle hatte er sich mit einem Gewehr und einem Hirschfänger bewaffnet. Mit ihnen hätte er sich, wie er glaubhaft versicherte, auch verteidigt. Aber der Ernstfall blieb ihm erspart.[73]

---

[72] Siehe dazu Philipp Losch. Geschichte des Kurfürstentums Hessen, 232-245.
[73] Detailliert dargestellt von Wilhelm Hopf: August Vilmar. II., 5-23.

Hinter den Attacken standen mit Karl Theodor Bayrhoffer und Heinrich Henkel Männer, die ihm seit dem Symbolstreit als religiöse Gegner bestens vertraut waren. Nun erkannte er in ihrer Parteinahme für die Republik und in ihren handgreiflichen Angriffen auf Leib und Leben auch politische Feinde, die großen Einfluss auf die Massen hatten und ihn nutzten. Auch die Forderung nach Bildung von Synoden wurde wieder laut. Diesmal nicht für die Kirche, sondern für die Volksschule. Der in Kassel tätige und hochgeachtete Pädagoge *Heinrich Gräfe* (1802-1868) hatte die Anregung dazu gegeben. Für jeden Landkreis wurde eine Kreisschulsynode gebildet, für das Kurfürstentum eine Landesschulsynode. Dort sollten alle Grundsatzfragen der Schule erörtert werden. Dabei kam auch die Forderung der Trennung von Kirche und Schule auf die Tagesordnung.[74]

Beruhigten sich auch bereits im Sommer 1848 die Zustände wieder, so hinterließ die Revolution doch auch bleibende Spuren:

* Mit den Menschenrechten blieb die *Religionsfreiheit* weiterhin geltendes Recht.
* Mit der Einführung der *Zivilehe* verlor die kirchliche Trauung an Bedeutung.

Ansonsten suchten ab 1849 die Monarchen, nachdem sie alle die existenzielle Bedrohung überstanden hatten, ihr Heil wieder in einer restaurativen und reaktionären Politik. Aber weder sie noch die Untertanen konnten so tun, als sei nichts gewesen. Mit der Revolution, die sich langsam und mehr oder weniger deutlich angekündigt hatte, wurden grundsätzliche Fragen aufgeworfen, die zu tiefen Reflexionen bei den wachen und intelligenten Zeitgenossen führten. So schuf Karl Marx mit dem „*Historischen Materialismus*" eine Theorie der Weltgeschichte, die ihre Höhe- und Wendepunkte gerade in Revolutionen gehabt habe und auch weiterhin haben werde. Aber auch für Denker, die auf dem Boden des christlichen Glaubens standen, musste die Revolution eine beispiellose Herausforderung bedeuten. Darauf ist jetzt der Blick zu richten.

---

[74] Siehe dazu Helmut Gembries: Verfasssungsgeschichtliche Studien, 227-255.

Deutungen der Revolution und ihre religiösen Konsequenzen

Die Revolution von 1848 bedeutete einen tiefen Einschnitt in Kultur, Gesellschaft, Politik. Aber auch Religion und Kirche wurden durch sie herausgefordert. Die Französische Revolution von 1789 – zwei Generationen vorher – hatte insbesondere in der Katholischen Kirche den Hauptfeind von Freiheit, Gleichheit, Brüderlichkeit gesehen und bekämpft. Im Verlauf ihrer kumulierenden Exzesse hatte sie den christlichen Glauben generell verdächtigt, die mögliche Humanisierung der Menschen zu verhindern. Hegels dagegen geäußerte Meinung, im Einflussbereich des evangelischen Christentums in Deutschland sei die bürgerliche Gesellschaft so gut aufgehoben, dass es nicht zu Revolutionen kommen müsse, hatte sich schon 1830 als Irrtum erwiesen. Die Folgen waren evident geworden: Auch das evangelische Deutschland war reif für Revolutionen. Es blieb die Frage, was aus ihnen gelernt werden könne. Diese Frage wurde vielfältig beantwortet. Drei Antworten sollen beispielhaft vorgestellt werden.

I. In Kurhessen konnte ein Mann wie *August Vilmar* sich voll bestätigt sehen. Er hatte diese Entwicklung frühzeitig erkannt und darüber auch laut und deutlich geredet. 1848 hatte er miterlebt, sogar miterlitten, was Revolutionen wollen, dürfen und können. Diese Erlebnisse und Erfahrungen ließen ihn nicht mehr los. Er wurde aktiv, ging in die Öffentlichkeit und schrieb für seine Zeitschrift, den „Hessischen Volksfreund", zahlreiche tiefgründige Beiträge, in denen er sich unter politischen, theologischen, historischen Gesichtspunkten mit der Revolution beschäftigte. Im Revolutionsjahr selbst stellte er sich die Frage: „Wer hat die Ereignisse unserer Zeit vorausgesehen?" Darin rechnete er einmal mehr mit den Liberalen jeglicher Schattierung gnadenlos ab. Die einen hätten im Vorfeld der Revolution nur „Gespenster", die man nicht ernst nehmen müsse, gesehen, die anderen sich damit getröstet, es werde nicht so schlimm kommen, man werde die Entwicklung in die richtige Richtung steuern können. Solche Positionen hielt er für gründlich widerlegt:

„Diese Gattung Menschen, von beiden Arten, hat sich in der Natur der Menschen geirrt ... Sie meinen oder haben wenigstens gemeint, die große Masse der Menschen sei der so genannten vernünftigen Ueberlegung fähig und der verständigen Ueberzeugung zugänglich, und durch diese Mittel ohne große

Mühe zu regieren, wie das der Einzelne in ruhigen Stunden allerdings ist, und wie sie selbst sich fühlten. Aber niemand bilde sich ein, daß er die Menschheit im Ganzen, daß er ein ganzes Volk bloß dadurch lenken und regieren könne, daß er Menschheit und Volk belehrt, ihnen zuredet und sie überzeugt; auf die Dauer wird die Menschheit nur von demjenigen regiert, der ihren *Willen* zu bewegen und zu binden versteht. Und das geschieht nur auf zweierlei Wegen: durch die *Leidenschaft*, welche aus der untern und finstern Tiefe des Herzens aufsteigt auf der einen, und durch *Gottes Wort* auf der andern Seite. Zwischen diesen zwei Dingen hat der, welcher die Menschen lenken will, zu wählen. Entweder er macht sich zum Träger der menschlichen Leidenschaften, das heißt, er trägt all das Gelüste, allen Zorn, allen Haß, wovon die Menschheit zu gewissen Zeiten bewegt wird, alle sogenannten Zeitmeinungen und Zeitansichten auf das Vollständigste im eigenen Herzen und läßt sie ungehindert und mit recht scharfem Ausdrucke spielen – dann ist er, wie einst Napoleon oder vor ihm Robespierre, ein geborener Volksführer und Regent, der das Volk zu allem, zur wilden Wut und zur augenblicklichen Stille und zum stummen Gehorsam bringen kann ... Oder er trägt Gottes Wort, nicht als eine gute Lehre und schöne Rede, sondern als ein lebendiges und leibhaftiges Wesen in sich, wie das einst bei denjenigen Männern der Fall war, welche unsre Vorväter zum Christentum bekehrten. Diese letztern waren eben damals auch voll der wildesten Wanderlust und Kriegsleidenschaft, aber die höhere Macht des göttlichen Wortes hat ihnen dazumal die ganze Ordnung der Sitten und des Staates gegeben, in der wir eintausend Jahre lang gelebt haben. Und in ungefähr ähnlicher Weise hat auch vor dreihundert Jahren Luther das wilde Wesen des fünfzehnten und sechzehnten Jahrhunderts durch die Verkündigung des göttlichen Wortes an die Zucht und an den Frieden des Evangeliums gebunden." [75]

Nach diesen prinzipiellen, auf die Geschichte gestützten Überlegungen zog er für die Gegenwart des Jahres 1848 einen verblüffenden und provokativen Schluss:

„Während die obersten Staatslenker in Sicherheit, die sich auf eine bloß äußerliche Macht stützte, eingewiegt, die ganze Zukunft zu vergeßen schienen, andere Klassen der höheren Gesellschaft zwar die kommenden Schrecken ahneten, aber gegen die einbrechende Sündflut, die wie sie hofften, erst *nach* ihnen kommen sollte, durch Lebensgenuß betäubten, während die Politiker ... nur kleine Theilchen des kommenden Unheils sahen und sich über den Umfang und die Tiefe der Flut auf das Vollständigste und Kläglichste täuschten, haben nur zwei Parteien auf den beiden einander gegenüberstehenden Standpunkten, die *Radicalen* (Umstürzer) und *die aus dem Worte Gottes Belehrten*, die Zukunft, die nunmehr schon in ihren Haupterscheinungen Gegenwart ge-

---

[75] Zitiert nach „Zur neuesten Culturgeschichte" I., 93-95.

worden ist, richtig erkannt und vorausgesagt. Und eben diese beiden Richtungen haben auch, so scheint es, fast allein den Mut behalten." [76]

Folgende Schwerpunkte verdienen es, herausgestellt zu werden:
- Die im Staat Verantwortlichen stützten sich nur auf ihre äußere Macht.
- Die Liberalen setzten ihr Vertrauen nur auf die Vernunft der Menschen.
- Die eigentlichen Triebkräfte der Menschen sind aber ihre Leidenschaften.
- Die Revolution hatte eine gleiche Bedeutung wie einst die biblische Sintflut.
- Nur die vom Worte Gottes Belehrten können die richtigen Lehren für die Zukunft ziehen.

Es war August Vilmar klar, dass, wenn man diese Erkenntnisse beachtete, eine neue Ordnung entstehen werde. Für den *Staat* hatte er damals noch die Hoffnung, die Frankfurter Nationalversammlung werde die offenbar gewordenen Gefahren sehen und die entsprechenden Grundlagen legen. In der Demokratie, der Republik, dem Kommunismus sah er aber nur schlimme Bedrohungen.

1) Eine *Volksherrschaft* (Demokratie) würde Demagogen die Gelegenheit bieten, mit den Leidenschaften des Volkes zu spielen und sie aufzupeitschen. Auch eine konstitutionelle Monarchie mit einem machtvollen Parlament sei vor dieser Gefahr nicht sicher. Seine schlechten kurhessischen Erfahrungen von 1831 bestärkten ihn in dieser pessimistischen Sicht.

2) Noch verheerender müsse es in einer *Republik* zugehen. Beide stünden im deutlichen Gegensatz zu Gottes Geboten, insbesondere zum vierten: „Du sollst Vater und Mutter ehren", denn hierzu habe schon für Luther gerade auch der „Landesvater" gehört.

3) Das denkbar schlimmste Übel stelle aber der *Kommunismus* dar, der den Menschen einrede, Egoismus, Neid und Habgier seien keine

---

[76] Ebd., 96

verwerflichen Neigungen. Deshalb stehe er in geradem Gegensatz zu den zehn Geboten mit ihrem „Du sollst nicht begehren" (9. und 10.).

August Vilmar war zu der unerschütterlichen Überzeugung gelangt, die Revolution und jede revolutionäre Gesinnung sei gegen Gott gerichtet, und nach ihrem Sieg werde der christliche Glaube gnadenlos verfolgt, ja er könne gar nicht verschont bleiben. Einen ersten Schritt auf dem Wege zu kirchenfeindlicher Glaubenslosigkeit sah er in den Menschenrechten. Mit dem überall in Deutschland eingeführten Grundrecht der Religionsfreiheit werde defizitärer Glaube, Irrglaube und Unglaube mit rechtem und starkem Glauben auf eine Stufe gestellt und das von den Staaten 1815 gegebene Versprechen, ihre Untertanen beim christlichen Glauben zu halten, aufgegeben.[77]

Daraus zog der Marburger Gymnasialdirektor zwei gewichtige Schlüsse:

1. Der Staat könne sich fortan nur mehr auf äußere Gewalt, aber nicht mehr auf ein geistig religiöses Fundament stützen. Die Staatsräson beruhe allein auf der Macht, auf ihrer Verteidigung und auf ihrer Vergrößerung. Ihre Ziele würden allein mit dem Opportunitätsprinzip legitimiert.

2. Für die Evangelische Kirche habe dies zur Folge, alle Anstrengungen zu unternehmen, um – wie die Katholische Kirche – vom Staat unabhängig zu werden. Sie müsse sich nach ihren eigenen Grundsätzen organisieren, leben und wirken.

In seiner ersten, im Revolutionsjahr 1848 gehaltenen Schulrede, in der er nur andeutungsweise auf die in Marburg tobenden Tumulte einging, trug er unter dem Thema „Wie die Gegenwart auf Christum und seine Kirche hinweist" folgende, auf die Hegelschüler kritisch eingehende, wegweisende Gedanken vor:

„Lange Zeit hat man, und zwar in sehr verschiedenem, ja entgegengesetztem Sinne, die Irrlehre gepredigt, als ob die Kirche und die weltlichen Ordnungen ineinander aufgehen, als ob die Kirche und das was man ‚den Staat' nennt, ineinander fließen müßten. Die Einen verkündigten laut und ungescheut den völligen Untergang der Kirche im Staat: die Anthropologie, sagten sie, ist die Religion – Gottes Wille ist abgetan und des Menschen Wille herrscht allein;

---

[77] Dazu siehe die informative Darstellung von Friedrich Wilhelm Schluckebier, Die sozialethischen Ansichten August Vilmars, 105-116, sowie von Ulrich Asendorf, Die europäische Krise und das Amt der Kirche, 62-73.

oder: die Politik ist die Religion – es gibt keine Sünden mehr, als die, gewisse politische Ansichten zu haben, die Staatsverfaßung ist das, was aller Menschen Herzen allein bewegt, vollständig ausfüllt und unbedingt zufrieden stellt. Die andern verlangten neben dem kirchlichen Bekenntnis und gleichsam zum Schutz für dasselbe ein ebenso bestimmtes und ausgeprägtes politisches Bekenntnis für gewisse, doch immer nur weltliche und zeitliche Einrichtungen und Zustände, und neben dem politischen Bekenntnis, gleichsam wieder zum Schutz für dieses ein entschiedenes kirchliches Bekenntnis. Beide erwarteten, gleich kurzsichtig und gleich engherzig, den Umsturz der Kirche, den gänzlichen Untergang des Christentums, die einen in wilder dämonischer Freude, die andern in unchristlicher, kleinmütiger Angst. Mochte man auch noch so laut verkündigen und zeugen, daß Christentum und Kirche auf gar keinen weltlichen und zeitlichen Interessen beruhe, und daß Sünde und Sündengefühl, daß das Bedürfnis der Erlösung und der ewigen Seligkeit, daß das Bedürfnis des Glaubens an den Herrn Jesum als den Hohenpriester und den König des Friedens unabhängig von den zeitlichen Bedürfnissen und von allen nur irgend möglichen, wünschenswerten und erreichbaren politischen Zuständen fortbestehen werde; ... mochte man dieß alles und noch vieles Andere lehren, verkündigen und bezeugen, man fand kein Gehör. Bei den Einen galten diese Lehren und Zeugnisse für abgelebt, reactionär, romantisch, jesuitisch, und wie die Schmeichelwörter der allerjüngsten Weisheit sonst noch lauteten, bei den Andern für politisch gefährlich, verdächtig, wo nicht geradezu revolutionär. Dieser Weg der Vergangenheit ist gleichfalls gerichtet durch die Ereignisse der Gegenwart. Mag es auch vorerst noch so wenig verstanden werden, es geht das Begehren durch alle Lande: Trennung der Kirche vom Staat, und ehe wir nicht in diesem Begehren widerchristliche und gottesläugnerische Triebfedern sehen, wollen wir gern darin das Zeugnis annehmen, daß die Existenz und die Freiheit der Kirche inmitten der polischen Bewegungen dieser Zeit und von deren Führern selbst anerkannt werde."[78]

August Vilmar unterstützte mit allem Nachdruck die Forderung der Trennung von Kirche und Staat. Die Kirche erhielte damit eine neue Freiheit, der Welt Gottes Willen, sein Handeln und seine Pläne zu verkündigen, insbesondere aber sein bisheriges Wirken in der Geschichte zu deuten: Hinter der Dramatik der jüngsten Zeit verberge sich eine geheimnisvolle Dramaturgie Gottes. Sie müsse entdeckt und entschlüsselt werden. Dafür bot er in der selben Rede auch ein markantes Beispiel.

   „ ... das haben die Ereignisse der Gegenwart viel lauter und eindringender als die Ereignisse von Jahrhunderten vor uns gelehrt und gewiesen: ein Regieren

---

[78] August Vilmar: Schulreden, 2. Aufl., 304-306.

der Welt allein durch menschliche Klugheit ist unmöglich ... Ein Windstoß stieß alle ihre Berechnungen, soweit sie menschlich und weltlich waren, um, als wären sie niemals vorhanden gewesen. Die Lehre, welche die Welt vor drei und dreißig Jahren durch den Sturz Napoleons empfangen hatte, ... war noch nicht genug, es mußte eine zweite Lehre kommen. Damals, als der stolze Korsikaner fiel, rief die Welt mit seltener Einmütigkeit: das hat Gott gethan. Heute wird dieser Ruf nicht vernommen, sondern gerade im Gegenteil: das haben wir gethan, Das aber soll und wird die Glaubigen nicht einen Augenblick irren, und wenn ich auch nur mit einem Einzigen zusammenstimmen sollte, so verkündige ich dennoch: das hat Gott gethan; und: Hütet euch, die ihr jetzt verkündigt, das haben wir gethan, daß ihr nicht in den selben Fehler fallet, durch den die untergegangen sind, die vor Euch waren ... Aber nicht allein, *daß* dies Gott gethan hat, verkündigen wir, sondern auch *warum* er es gethan hat. Darum, daß die Welt inne werde, die Regierung der Welt sei ein unergründliches Geheimnis, hoch über alle menschlichen Berechnungen und Gedanken; darum, daß die Welt Demut lerne und Bescheidenheit und Ernst; ... darum, daß die welche die Geschicke der Welt in ihre Hände nehmen und in ihren Händen tragen, die Könige wie die Völker, die Einzelnen wie die großen Massen, inne werden, daß sie dienen, dem, der die Erde und die Welt geschaffen hat ... Aber noch mehr! Darum hat dieß Gott gethan, damit die Menschen sich vorbereiten, der sichtbaren Manifestation dieser seiner Weltregierung und Weltherrschaft, die wir das Weltgericht nennen, zu harren, daß sie sich schicken und rüsten, Den zu empfangen, den Er gesetzt hat zu einem Richter aller Lebendigen und aller Todten, und der da kommen wird vom Himmel, wie er gefahren ist gen Himmel, der kommen wird mit großer Kraft."[79]

August Vilmar setzte in dieser Rede Schwerpunkte, die für ihn noch eine herausragende Bedeutung erhalten sollten:

- Er identifizierte die mit der Revolution 1848 beginnende Epoche als eine apokalyptische, als endzeitliche, in der Bibel vorhergesagte Entscheidungszeit.
- Da er die eingetretenen revolutionären Ereignisse vorhergesehen und vorhergesagt hatte, sah er sich als charismatischer Führer der wahren Christen.
- Damit gewannen seine Vorschläge für die Kirche die Bedeutung von prophetisch übermittelten göttlichen Anweisungen.

---

[79] Ebd. 308f.

In dieser, am 12. April 1848 gehaltenen Rede[80] trug er vor, was nach der Trennung vom Staat als grundlegende Aufgabe auf die Evangelische Kirche zukomme:

„Es ist die Zeit gekommen, in welcher sich die Kirche in ihrer Individualität geltend machen und immer fester ausprägen, ihr Wesen, das des Geistes Gottes ist, immer bestimmter und reicher entfalten, ihre Gestalt, welche die des Leibes Christi ist, immer reiner entwickeln *kann* und *soll*. Es ist die Zeit gekommen, in welcher das Amt der Kirche, das Amt der Predigt und des Sacraments, der Sündenvergebung und Versöhnung als ein von allen weltlichen Dingen gereinigtes, wahrhaft christliches Amt, als ein Amt Gottes des Herrn und Jesu Christi des Heilandes zur Erscheinung kommen, und die Seelen, die aufrichtig suchen, mit reinem Troste des Evangeliums erquicken *kann* und *soll;* freie Seelen kann und soll und wird dieses rechte geistliche Amt nicht in einen äußerlichen Gehorsam des Gesetztes hinein zwingen, sondern, wie ich selbst oft von dieser Stätte aus verkündigt habe, gewinnen durch weltgewinnende Liebe dessen, der die Welt überwunden hat durch seinen Tod am Kreuze; *sammeln* durch die einigende, Völker sammelnde und schaffende Kraft des heiligen Geistes zu einer einigen, fest an und ineinander geschloßenen Gemeinschaft, die sich als lebendige Glieder Eines Leibes fühlen, Christi ihres Hauptes, ihres Bruders, ihres Herrn. Die Kirche kann und soll und wird sich gestalten, wie es noch nicht gewesen ist seit achtzehnhundert Jahren, um fertig zu sein und gerüstet auf die Ankunft des himmlischen Bräutigams."[81]

Die neue Epoche, die nun für die Kirche anbrechen werde, werde ihr Fundament im *Amt der Kirche* haben. Diese Grunderkenntnis hat August Vilmar später in vielfacher Hinsicht wiederholt, vertieft, verfestigt, ausdifferenziert, propagiert. Darauf ist noch detailliert einzugehen. Zunächst sind aber noch zwei weitere Deutungen der Revolution des Jahres 1848 vorzustellen.

II. In Hamburg hatte der Pfarramtskandidat *Johann Hinrich Wichern* (1808-1881), der keine Pfarrstelle hatte finden können, 1833 mit vielfältiger Hilfe einer großen Zahl von Gönnern eine Heimstätte für verwahrloste Kinder gegründet: *das Rauhe Haus*. Diese diakonische Einrichtung sollte sich primär der ärmeren Bevölkerung annehmen. Ihre Kinder erhielten Unterricht im Lesen, Schreiben, Rechnen, um bessere Zukunftsaussichten zu haben. Aber sie sollten auch in einer

---

[80] Wilhelm Hopf: August Vilmar II., 10 und 58.

[81] Schulreden, 2. Aufl., 306f.

60

familiären und christlichen Gemeinschaft aufwachsen. Wichern hatte dabei den praktischen Auswirkungen des Glaubens einen besonderen Wert zugemessen. Angesichts der deutlichen Ausbreitung von Glaubenslosigkeit, der Hilflosigkeit der Kirche, schließlich der kräftigen Propagierung von sozialistischen und kommunistischen Parolen in den ärmeren Schichten sollte das Rauhe Haus ein Stützpunkt für eine neue Christianisierung des gesamten deutschen Volkes sein. Für dieses Programm hatte er die werbewirksame Parole *Innere Mission* gefunden und verbreitete sie allenthalben.

Auch für ihn hatte sich die Revolution schon lange vorher angekündigt. 1845 hatte er bereits in dem von ihm herausgegebenen „Fliegenden Blättern" folgende Zeitdiagnose gegeben:

> „Die Zeiterscheinungen mahnen überdies, daß der Tag des Herrn so fern nicht mehr sein wird, wo auch die Widerstrebenden von einer innern Mission werden reden müssen, nachdem der wirkliche Abfall vom Christentum, der sich längst vorbereitet hat, noch offenkundiger auch unter uns wird hervorgetreten sein.[82]

Die im Frühjahr 1848 dann ausgebrochene Revolution trug für ihn ebenfalls apokalyptische Zeichen. Im Herbst auf dem Wittenberger Kirchentag fand er dafür ein eindrucksvolles Bild:

> „ ... der wilde Orkan und das vulkanische Beben (hätten) Europa zu erschüttern (begonnen) und auch Deutschland in das Meer der Revolution (hinabgestürzt) und Seuchen, Aufruhr und Krieg die Gerichte Gottes (verkündet) ... "[83]

Wie August Vilmar sah er in diesen bösen Erscheinungen auch den Anbruch einer neuen Epoche für die Kirche. Auch er griff auf frühere Zeiten zurück und sah eine Wiederholung ihrer Abläufe:

> „*Die Evangelisierung des Volkes* ... ist durch providentielle Fügung dem Zeitabschnitt vorbehalten, der mit der Mitte des 19. Jahrhunderts beginnt; *das Zeitalter der innern Mission*, welche an den einstigen Anfang der äußeren Mission in der germanischen Welt wieder angeknüpft hat, *bricht an*, oder will man den Namen der innern Mission nicht ..., so nenne man die Tätigkeit anders, diese wird aber nie etwas anderes sein und werden, als *eine Mission an die Getauften, unter welchen gegenwärtig das Heidentum, ja zum Teil ein über das immerhin fromme Heidentum noch hinausgehender Zustand hervortritt.*"[84]

---

[82] Zitiert nach Martin Gerhardt: Johann Hinrich Wichern. Ein Lebensbild. II, 77.

[83] Zitiert nach Kirchen- und Theologiegeschichte in Quellen IV, 1: Neuzeit 1. Teil, 237.

[84] Zitiert nach Martin Gerhardt: Johann Hinrich Wichern, II., 85.

In den Kräften, die auf die Revolution hingearbeitet hatten, sah Wichern aber nicht nur negative, der Kirche feindliche und die Religion bekämpfende Tendenzen. Er sah auch positive Ansatzpunkte. So verwarf er zwar den Kommunismus, über den Sozialismus aber traf er ein ganz anderes Urteil:

> „Es gibt einen christlichen Sozialismus, von dem der französische nur eine Karikatur ist ... " [85]

Diese Feststellung bildete die Grundlage für seine intensiven Versuche, die unteren Schichten, die Armen und die Proletarier, wieder für die Kirche zurückzugewinnen. Darin müsse die Kirche eine ihrer Hauptaufgaben sehen. Zur Lösung dieses schwierigen Problems machte er mehrere Vorschläge, u. a. den folgenden:

> „Die lebendige Predigt vom allgemeinen Priestertum muß die sämtlichen Zuhörer aus der bisherigen Untätigkeit gegen die Proletarier und die Armen wekken, muß die Hörer der Predigt in ebenso viele Prediger des Wortes verwandeln, wenigstens zu verwandeln bestrebt sein; in ihr muß eine treibende Kraft des göttlichen Geistes sich mitteilen, welche den Kirchkindern, wie das Herz zur Fürbitte gegen den Herrn, so auch den Mund und die Hand zum Wort und zur Tat der rettenden Liebe öffnet. Der Hausvater muß in seiner Familie, unter Gesellen, Lehrburschen, Dienstboten wieder zum Hauspriester, und das Gemeindeglied wieder zu einer Quelle des Lebens unter den ersterbenden oder erstorbenen Gliedern der Gemeinde, zu denen vor allem die Proletarier gehören, herangebildet werden."[86]

Mit dieser Strategie griff er in deutlicher Weise auf Martin Luther zurück. Die Vorstellung, alle Christenmenschen bildeten ein allgemeines Priestertum, so dass ein besonderer, durch Weihen herausgehobener Priesterstand nicht nötig sei, hatte Luther erstmals 1520 in seiner Schrift „An den christlichen Adel, von des christlichen Standes Besserung" ausgesprochen. Der Hausvater als Hauspriester war eine Grundvoraussetzung seines „Kleinen Katechismus" von 1529.

Wicherns Programm zur Evangelisierung des Volkes sollte mithilfe von Vereinen, deren Gründung durch § 162 der Paulskirchenverfassung von 1849 gewährleistet war, in Gang kommen. Die Innere Mission hat fortan immer großen Wert darauf gelegt, von der so genannten Amtskirche unabhängig zu sein. Sie hat damit einen Weg beschritten, durch den sie mit der Unabhängigkeit von der Kirche auch

---

[85] Ebd., 80.
[86] Ebd., 87.

die Freiheit vom Staat erreichte, ohne in die harten Konflikte, die bald das Verhältnis von Staat und Evangelischer Kirche belasteten, verwickelt zu werden. Wichern selbst hat auf vielen Reisen für sein Programm geworben. Mit seiner Stegreifrede auf dem Wittenberger Kirchentag am 21. September 1848 war es ihm gelungen, die Innere Mission allenthalben bekannt zu machen. Seine abschließenden Sätze brachten seine Absichten eindrucksvoll zum Ausdruck: „Die Liebe gehört mir wie der Glaube. Die rettende Liebe muß ihr das Werkzeug, womit sie die Tatsache des Glaubens erweiset, werden. Diese Liebe muß in der Kirche als die helle Gottesfackel flammen, die kund macht, daß Christus eine Gestalt in seinem Volk gewonnen hat. Wie der ganze Christus im lebendigen Gottesworte sich offenbart, so muß er auch in den Gottestaten sich predigen, und die höchste, reinste, kirchlichste dieser Taten ist die rettende Liebe. Wird in diesem Sinne das Wort der innern Mission aufgenommen, so bricht in unserer Kirche jener Tag ihrer neuen Zukunft an"[87]

Johann Hinrich Wicherns und August Vilmars Einschätzungen der Revolution waren deckungsgleich, sie kamen aber zu ganz unterschiedlichen Handlungsstrategien. Wicherns Vorschläge zielten auf eine großstädtische Gesellschaft und fanden deshalb auch die Zustimmung von Liberalen.

Ganz anders fiel die Reaktion der Katholischen Kirche auf die revolutionären Umbrüche aus.

III. Die katholische Position war nach den bösartigen Angriffen der Französischen Revolution gleichfalls klar antirevolutionär. 1846, kurz nach seinem Amtsantritt, hatte *Papst Pius IX.* (1846-1878) in einer Enzyklika „Qui pluribus" mit religions- und kirchenkritischen Äußerungen zeitgenössischer Philosophen abgerechnet:

„(Ihr wißt, daß die Feinde des christlichen Namens lehren,) die hochheiligen Geheimnisse unserer Religion seien Erdichtungen und Erfindungen der Menschen und die Lehre der katholischen Kirche widerstreite dem Wohl und den Vorteilen der menschlichen Gesellschaft, und daß sie sich nicht einmal fürchten, sich selbst von Christus und Gott loszusagen. Und um leichter die Völker betrügen und vor allem Unvorsichtige und Unerfahrene täuschen und mit sich in Irrtümer fortreißen zu können, geben sie vor, ihnen allein seien die Wege zum Glück bekannt, und zögern nicht, sich den Namen ‚Philosophen' anzumaßen, gleich als ob die Philosophie, die ganz damit beschäftigt ist, die Wahrheit

---

[87] Zitiert nach Martin Gerhardt: Johann Hinrich Wichern, II., 110.

der Natur aufzuspüren, das verwerfen müßte, was Gott, der höchste und gnädigste Urheber der ganzen Natur selbst, in einzigartiger Wohltätigkeit und Barmherzigkeit den Menschen kundzutun sich herabgelassen hat, damit sie das wahre Glück und Heil erlangten.

Mit einer in der Tat verkehrten und äußerst trügerischen Art des Beweisens berufen sie sich sodann unaufhörlich auf die Kraft und Vorzüglichkeit der menschlichen Vernunft, heben sie gegen den heiligsten Glauben an Christus hervor und schwatzen aufs dreisteste, dieser widerspreche der menschlichen Vernunft. Es kann sicherlich nichts Unsinnigeres, nichts Gottloseres, nichts, was mit der Vernunft selbst in größerem Widerspruch stünde, ersonnen und erdacht werden als dies. Denn wenn auch der Glaube über der Vernunft steht, so kann dennoch niemals eine wahre Unstimmigkeit oder eine Gegensätzlichkeit zwischen ihnen angetroffen werden; denn beide stammen von ein und derselben Quelle der unveränderlichen und ewigen Wahrheit, dem unendlich guten und großen Gott, und leisten sich so wechselseitig Hilfe, daß die rechte Vernunft die Wahrheit des Glaubens beweist, schützt und verteidigt, der Glaube aber die Vernunft von allen Irrtümern befreit und sie durch die Erkenntnis der göttlichen Dinge wunderbarerweise erleuchtet, stärkt und vollendet.

Und mit sicherlich nicht geringerem Trug, Ehrwürdige Brüder, heben diese Feinde der göttlichen Offenbarung den menschlichen Fortschritt mit höchstem Lob hervor und wollen ihn in einem höchst leichtfertigen und frevlerischem Unterfangen in die katholische Religion einführen, als ob eben diese Religion nicht Gottes, sondern der Menschen Werk oder eine philosophische Erfindung wäre, die nach menschlichen Maßstäben vervollkommnet werden könnte.

Auf diese so erbärmlich Daherfaselnden trifft freilich haargenau zu, was Tertullian den Philosophen seiner Zeit zurecht zum Vorwurf machte, ‚die ein stoisches, platonisches und dialektisches Christentum vorgetragen haben‘. Und da freilich unsere heiligste Religion nicht von der menschlichen Vernunft erfunden, sondern von Gott den Menschen gnädigst geoffenbart worden ist, so sieht jeder leicht ein, daß die Religion selbst ihre ganze Kraft aus der Autorität ebendieses Gottes, der redet, empfängt und niemals von der menschlichen Vernunft hergeleitet oder vervollkommnet werden kann."[88]

Papst Pius IX. hat hier zwar die Revolution nicht direkt angesprochen, doch hat er sehr genau die geistigen und religiösen Vorgänge und Zielsetzungen beschrieben, die nach seiner Beurteilung, beinahe zwangsläufig zu Revolutionen führen müssen:

- Die christliche Religion abzulehnen, sowie Gott und Christus zu verwerfen;
- die christliche Offenbarung als Feind der Vernunft zu betrachten;

---

88 Zitiert nach Heinrich Denzinger: Kompendium der Glaubensbekenntnisse, 768f.

- die Meinung, ohne Religion die Menschen zu Wohl und Glück führen zu können;
- die Hoffnung, der Fortschritt werde zur Vervollkommnung der Religion beitragen.

Demgegenüber beharrte der Papst auf der überlieferten christlichen Tradition, nahm die von den Kritikern der christlichen Lehre vorgenommene Unvereinbarkeit seinerseits auf, sah in ihnen aber nur „Feinde des christlichen Namens" und baute eine konsistente Gegenposition auf. Als sich 1848 eine weitere Revolution ankündigte, hatte sich damit die katholische Kirche klar positioniert und ihre Lehre definiert. Katholisch war, wer folgende Kriterien erfüllte:
- Vernunft und Offenbarung nicht als Gegensätze, sondern als zusammengehörig ansah;
- Gott als die gemeinsame Quelle für beide anerkannte;
- nur in der Kirche Orientierung und Hilfe für die Menschen suchte.

Ohne es deutlich ausgesprochen zu haben, erhob der Papst hier die Forderung, allein die (Katholische) Kirche sei für den christlichen Glauben zuständig. Staaten etwa könnten nur christlich sein, wenn sie sich den Bedingungen der Katholischen Kirche fügten. Für ihre von Gott gewollte einzigartige Stellung zog er noch ein gewichtigeres Argument heran: Die Einheit und Gewissheit der kirchlichen Lehre und Verkündigung hätten im einzigartigen Petrusamt ein unverbrüchliches, über die Jahrhunderte bewährtes Fundament:

„Und hieraus wird ganz deutlich, in welch großem Irrtum sich auch jene befinden, die, die Vernunft mißbrauchend und die Worte Gottes als menschliches Werk erachtend, aus eigener Willkür jenes zu erklären und blindlings auszulegen wagen, während doch Gott selbst eine lebende Autorität einsetzte, die den wahren und rechtmäßigen Sinn seiner himmlischen Offenbarung lehren, festlegen und alle Streitfragen im Bereich des Glaubens und der Sitten mit unfehlbarem Urteil entscheiden sollte, damit die Gläubigen nicht durch jeden Windstoß der Lehre in der Verworfenheit der Menschen der Arglist des Irrtums in die Arme getrieben würden.

Diese lebendige und unfehlbare Autorität waltet nur in jener Kirche, die von Christus, dem Herrn, das Haupt, den Fürsten und Hirten der ganzen Kirche, dessen Glaube, wie er verhieß, niemals wanken werde, gebaut wurde und immer ihre rechtmäßigen Bischöfe hat, die ihren Ursprung ohne Unterbrechung von Petrus selbst herleiten, auf seinem Stuhle sitzen und auch Erben und Bürgen seiner Lehre, Würde, Ehre und Vollmacht sind.

Und weil, wo Petrus, dort die Kirche (ist), und Petrus durch den Römischen

Bischof spricht und immer in seinen Nachfolgern lebt, das Richteramt ausübt und den Suchenden die Wahrheit des Glaubens verbürgt, deshalb sind die göttlichen Worte ganz in dem Sinne anzunehmen, den diese römische Kathedra des seligsten Petrus behauptete und behauptet, die als Mutter und Lehrerin aller Kirchen den von Christus, dem Herrn, überlieferten Glauben immer unversehrt und unverletzt bewahrt und ihn die Gläubigen gelehrt hat, indem sie allen den Weg des Heiles und die Lehre der unverfälschten Wahrheit zeigte.“[89]

Pius IX. erklärte mit dieser Argumentation nicht nur die philosophischen Verächter zu Feinden des christlichen Glaubens. Auch wer den Papst nicht anerkannte, wurde ihnen zugerechnet. Das führte zu heftigen Protesten nicht nur von christlichen Staaten und von nichtkatholischen Kirchen, sondern sogar von zahlreichen katholischen Theologen. Die von Pius IX. zu Anfang seines Pontifikates beschriebene Bedeutung seines Amtes sorgte deshalb noch für kräftige Auseinadersetzungen in der Katholischen Kirche. Der Papst freilich hatte sich mit dem Anspruch, unfehlbarer Lehrer zu sein, die Voraussetzung geschaffen, in Lehrfragen ganz ungewohnte Wege zu gehen und etwa neue Dogmen zu verkünden. So gab er der im Volke weitverbreiteten und tiefverwurzelten Marienfrömmigkeit mit dem *Dogma von der unbefleckten Empfängnis Mariens* 1854 eine lehramtliche Bestätigung. Die 1846 beinahe beiläufige Erwähnung der Unfehlbarkeit konnte er als Dogma sogar noch erleben und feiern. Sie musste 1870 aber gegen den harten Widerspruch auch eines großen Teils der katholischen Fachtheologen durchgesetzt werden.

Die Dogmatisierung Marias war ein klares Indiz für die Parteinahme des Papstes: Die bäuerlichen und kleinbürgerlichen Schichten und ihre Frömmigkeit lagen ihm besonders am Herzen.

Mit dem päpstlichen Lehrschreiben, nur die Kirche habe die Kompetenz zu lehren, was christlich sei, hatten die Katholiken eine hilfreiche Klarstellung erhalten und konnten deshalb den Staat ohne religiöse Aura betrachten. Die Revolution von 1848 bedeutete für sie damit keine solche Herausforderung wie für die Evangelischen. Sie sahen mit größerer Gelassenheit auf die Möglichkeiten, die sich ihnen boten und nutzten sie so gut, dass Klaus Schatz im Hinblick auf das Bistum Limburg sogar von einem „kirchliche(n) Emanzipationsprozeß“ sprechen kann.

---

[89] Ebd., 771f.

Es ging dabei für Katholiken u. a. um folgende Möglichkeiten:
- Sie konnten das Recht, Vereine zu gründen, optimal nutzen.
- Die Religionsfreiheit erlaubte ihnen, die Bevormundung durch den Staat zu lockern.
- Eine eigene Presse wurde geschaffen und ausgebaut.
- Der katholische Glaube bildete die Grundlage für eine politische Parteienbildung.
- Neue Orden (z. B. „Die Dernbacher Schwestern") wurden gegründet.[90]

Diese katholische Klarstellung hat auch auf die Evangelische Kirche Auswirkungen gehabt. Zum einen wurde sie – insbesondere von den Liberalen – heftig kritisiert und attackiert, zum andern hat sie aber auch als modellhaft gewirkt: in der Herausstellung des geistlichen Amtes als Fundament der Evangelischen Kirche. Das ist im folgenden Kapitel zu entfalten.

Das geistliche Amt als das zukünftige Fundament der Evangelischen Kirche

In allen Ländern Deutschlands war durch die Revolution 1848/49 und mit der Einführung der Religionsfreiheit in die jeweilige neu erlassene Verfassung die Frage nach der Zukunft des landesherrlichen Kirchenregiments aufgebrochen und wurde heftig diskutiert. Konnte der Monarch eines Staates, in dem gläubige Christen, seien sie evangelisch oder katholisch, und die Anhänger aller möglichen Sekten, Juden, Freidenker, indifferente Agnostiker, Atheisten, mit gleichen Rechten ausgestattet waren und der ihre Überzeugungen in gleicher Weise und in Äquidistanz respektieren musste, weiterhin der Oberbischof der Evangelischen Kirche sein? Das führte zu schier unlösbaren Problemen. Für die Katholische Kirche brachte diese offensichtliche Unvereinbarkeit – wie oben gezeigt – eine plötzliche und große Freiheit. Ihre Bischöfe konnten nun uneingeschränkt die Leitung ihrer Diözesen übernehmen. Für die Evangelische Kirche begann eine Epo-

---

[90] Klaus Schatz: Geschichte des Bistums Limburg, 128-157.

che der Ungesichertheit, der Hilf- und Orientierungslosigkeit. Allenthalben gab es Versuche, die verschiedenen Evangelischen Landeskirchen in ein engeres Verhältnis zueinander zu bringen. Der in Wittenberg vom 21. bis 23. September 1848 tagende Kirchentag sollte zu diesem Ziel führen. Das gelang aber nicht, weil die beharrenden Kräfte sich allzu sehr an ihre Herkunftsländer gebunden fühlten. Seinen einzigen Höhepunkt hatte er – wie oben erwähnt – in Johann Hinrich Wicherns eindrucksvoller Stegreifrede.

In Kurhessen setzte die neue Regierung unter Bernhard Eberhard Kommissionen ein, die für die Zukunft planen sollten. Neben einer Kommission für die Schulen unter Heinrich Gräfe berief sie auch eine für die Evangelische Kirche. Aus Theologen – Professoren und Pfarrern –, sowie Juristen – Konsistorialräten und Regierungsbeamten – zusammengesetzt, griff sie die naheliegende Leitidee auf, diese Aufgabe einer Synode – gemäß § 134 der Verfassung – zuzuweisen. Zu regeln war die Berufung der Mitglieder, was alten Streit neu beleben musste und diese Möglichkeit frühzeitig blockierte.[91]

Unter der Pfarrerschaft breitete sich Unruhe aus, und es kam zu ersten Konferenzen. Dies ließ auch August Vilmar initiativ werden. Er setzte sich dafür ein, die Trennung der Kirche vom Staat aktiv zu verfolgen und auch die Zustimmung des Kurfürsten dafür zu erbitten. Für die revolutionäre und nachrevolutionäre Zeit sah er aber nicht in der Etablierung frei gewählter Synoden, sondern nur im geistlichen Amt das einzig denkbare feste Fundament für die Kirche. Diesen Vorschlag stellte er im Februar 1849 auf einer Konferenz in Jesberg – in der Mitte zwischen Kassel und Marburg gelegen – zur Diskussion.

Im vorhergehenden Herbst hatte er sich durch *Friedrich Christian Elvers* (1797-1858), einen Oberappellationsrat und Gesinnungsgenossen, seine Einschätzung der Situation juristisch bestätigen lassen. Zum Problem der Leitung in der selbständig werdenden Kirche vertrat er folgende Meinung:

„Die Zeit der *Lehre* ist vorüber, und die Zeit der *Tat*, der Gemeinschaft im *Haben* ist angebrochen; das müssen wir fest im Auge behalten ... Hiernächst käme es dann an die Grundartikel der Kirchenverfassung; und hier halte ich es wieder entschieden mit dem episkopalen Prinzip gegenüber dem fließenden, am Ende demokratischen, der unbeschränkten Synodal-Institution, so weit es das *Regiment* der Kirche betrifft. Eigentliche Bischöfe, wie ich sie mir denke,

---

[91] Die Mitglieder der Kommission in: Wilhelm Hopf: August Vilmar, II., 55.

werden wir zwar für den Augenblick nicht haben, denn dazu gehört eine allgemeine Erweckung der Gesamtheit ..., wohl aber läßt sich das Kirchenregiment den Kollegien (Konsistorien) aus den Händen nehmen und es einem Einzelnen, dermalen bei uns dem Superintendenten, ... in die Hände legen ... "[92]

Hinsichtlich der Bekenntnisgrundlage schlug er mit allem Nachdruck
vor, zum ursprünglich lutherischen Bekenntnis (vor der Konkordienformel 1588) zurückzukehren. Dabei sah er auch auf sich persönlich
möglicherweise eine Aufgabe zukommen:

„Persönlich könnte ich durch eine solche Prozedur auf eine Spitze getrieben
werden, die mir selbst nicht gefallen würde, die aber Notwendigkeit werden
dürfte."[93]

In der Vorbereitungszeit auf die Jesberger Konferenz beschrieb August Vilmar in einem Brief an seinen Bruder Wilhelm noch einmal die
geistige Situation und die Weltlage aus seiner Sicht:

„Hinausgedrängt, gewaltsam beinahe, auf eine Spitze, auf der ich die entsetzli-
chen Abgründe rings umher wohl, nur zu wohl sehe. Der Himmel allein steht
noch fest und auf Erden das Kreuz auf Golgatha. Unter mir aber sind nicht allein Abgründe, sondern Schlünde, die in steter Bewegung sind, sich jeden Augenblick öffnen und schließen, so daß einem schwindlig wird. Verlaß ist auf
die Menschen nun und nimmermehr, folglich tragen sie auch keine Verantwortung, d.h. sie nehmen unsereinem kein Sandkörnchen davon ab." [94]

Dieses Horrorszenario bildete den Hintergrund für die totale Wende,
die er kommen sah und auf die sich die Kirche einstellen müsse. Er
fügte dann – seinen Bruder geradezu beschwörend – folgende Passage
an:

„Du glaubst, wie ich, an den Herrn Christus, den lebendigen Gottessohn, das
Licht aus dem Lichte, den wahren Gott aus dem wahren Gott – wahrhaftig,
nicht den Worten nach. *Seine* Zeit ist gekommen, und es soll sich jetzt im Leben der Kirche zeigen, wer wahrhaftig an Ihn glaubt und an den Beruf, den er
allein erteilen kann. Durch Dein Zeugnis gewinne auch Deine Amtsbrüder. Ich
binde Dir das auf die Seele ... Du bekommst von mir auch nur die Fundamente meiner Ansicht – doch nein, nicht meiner Ansicht, sondern meiner tiefsten und festesten, schon lange Jahre feststehenden Überzeugung."[95]

---

[92] Zitiert nach Wilhelm Hopf: August Vilmar II, 60.

[93] Ebd., 60.

[94] Ebd., 63.

[95] Ebd., 67.

August Vilmar sprach hier einmal mehr als vollmächtiger Prophet. Er fühlte sich berufen, in dieser unruhigen, nirgendwo mehr einen Halt findenden Welt und in der in heftigem Fluss befindlichen Zeit der Kirche ein festes Fundament zu geben. In Jesberg sollte genau für dieses Problem eine Lösung gefunden werden. Und wieder nahm er im Brief an seinen Bruder Wilhelm die beschwörenden Worte, deren er sich in Jesberg bedienen werde, schon einmal vorweg:

> „Ich muß Euch Geistlichen zurufen: Habt nur Vertrauen zu Eurem eigenen geistlichen Amte! Das ist das Einzige, was in der jetzigen argen Zeit der Not und Zerstörung noch göttliches, ewiges Mandat hat. Ihr, und niemand anders, seid es, die ihr das Kirchenregiment in die Hand nehmen müßt ... Wir anderen haben kein Mandat, weder zur ‚Synode‘ zu wählen noch da zu ordnen – eine Synode, vom jetzigen Landesherrn durch seine jetzigen Behörden oder durch sonst willkürlich gesetzte berufen, kann nur zerstören. Ihr in Eurem Amte, Eure Häupter (Superintendenten und Inspektoren, aber nicht die Konsistorien), Ihr allein könnt pflanzen und bauen! Gewinnt Ihr aber jetzt kein Vertrauen zu Eurem göttlichen Amte auch in Beziehung auf die Ordnung der Kirche, dann wird die Kirche dahin fahren, wo Heulen und Zähneklappen ist. Hoffet ja von niemandem etwas als von demselben dreieinigen Gott, in dessen Namen Ihr bindet und löset, nichts vom Landesherrn, nichts von Synoden, es sei denn, daß Ihr selbst die letzteren bestellet.“[96]

Mit diesen Vorsätzen kam August Vilmar nach Jesberg. Zur Konferenz am 14. Februar 1849 waren – nach Wilhelm Hopf – 87 Geistliche erschienen, davon 60 aus Kurhessen und 50 bis 60 „Nichtgeistliche". Zu ihnen schien sich Vilmar offenbar auch zu zählen, wie das dezidierte Gegenüber „Ihr Pfarrer" – „Wir" (Laien) zeigte. Abschließender Höhepunkt war die mit großer Mehrheit zustande gekommene Verabschiedung einer von ihm formulierten und begründeten Resolution:

> „Die Versammlung möge aussprechen, daß
>
> 1) in Erwägung des wahren Wohles der Kirche und des Staates der landesherrliche Episkopat, d. h. die *unmittelbare* Ausübung der landesherrlichen Kirchengewalt über die evangelischen Kirchenparteien, mit den erlassenen Gesetzen (vom 29. Oktober v. J. und des Artikels V der Grundrechte des deutschen Volkes) fernerhin nicht mehr vereinbar sei, daß

---

[96] Ebd., 66f.

2) also die betreffenden Worte des § 134 der kurhessischen Verfassungsurkunde vom 5. Januar 1831 („*unmittelbare* Ausübung der Kirchengewalt" etc.) nach Maßgabe dieses Antrages abgeändert werden, daß

3) die landesherrliche Kirchengewalt an die Superintendenten und Inspektoren, als die berufenen Vertreter der hessischen Geistlichkeit, übertragen werden möge, und daß

4) die Ausführung dieses Antrags in dem oben erwähnten Memoriale an den Landesherrn, an das Ministerium des Innern und an die Landstände angebahnt werden möge."[97]

Das mit der Resolution in Auftrag gegebene Memorandum wurde noch im Februar von Friedrich Christian Elvers und August Vilmar zu einer Bittschrift an den Kurfürsten und die Landstände formuliert. Es umfasste zwanzig Seiten.[98] Die Spitzensätze lauteten:

„Se. Königl. Hoheit unser allergnädigster Landesherr und Kurfürst wolle geruhen, im Einverständnisse mit der hohen Ständeversammlung allergnädigst zu beschließen wie folgt:

1) der § 132 sowie der § 134 der Verfassungsurkunde sind infolge des Religionsgesetzes vom 29. Oktober 1848 über die deutschen Grundrechte als weggefallen zu betrachten;

2) die in denselben erwähnte unmittelbare und mittelbare Ausübung der Kirchengewalt über die evangelischen Kirchenparteien geht einstweilen auf die gegenwärtigen in Kurhessen im Amte stehenden evangelischen Superintendenten und Inspektoren in der Art über, daß jeder Einzelne die Kirchengewalt in dem ihm zur Verwaltung überwiesenen Bezirke ausübt, alle insgesamt aber sie in der evangelischen Gesamtkirche des Landes als solcher ausüben;

3) die erwähnten Superintendenten und Inspektoren sind aber verpflichtet, nach den über die Berufung der Synoden in Althessen seit-

---

[97] Ebd., 71.

[98] Abgedruckt bei Wilhelm Wibbeling: Um die Freiheit des geistlichen Kirchenregiments, 107-126.

71

her bestandenen Grundsätzen zunächst jeder in seinem Bezirke eine Diözesansynode zur Vorbereitung sowie zur Wahl von Abgeordneten auf die Landessynode, demnächst alle insgesamt eine solche Landessynode zu berufen, auf welcher die Ausübung der Kirchengewalt definitiv geordnet und zugleich diejenigen Männer erwählt werden, welche zum Behufe der weiteren Auseinandersetzung der evangelischen Kirche des Landes mit dem Staate namens der ersteren die erforderlichen Verhandlungen mit der Staatsregierung zu führen haben;

4) bis zur erfolgten Übertragung der Ausübung der Kirchengewalt an die Superintendenten und Inspektoren hat die Staatsregierung sich jeden wichtigeren Aktes der Kirchenregierung insbesondere der Besetzung der höheren Kirchenämter zu enthalten;

5) mit der Zurückgabe der Ausübung der Kirchengewalt an die Superintendenten und Inspektoren erlischt von selbst der den landesherrlichen Konsistorien verliehene Auftrag."[99]

Diese Eingabe – ziemlich genau ein Jahr nach den ruppigen Forderungen aus Hanau – war in einem verständlichen und ganz der juristischen Argumentation vertrauenden Ton abgefasst.

Aber die Forderung nach kirchlicher Selbstbestimmung hatte genauso revolutionäre Ziele wie die Hanauer nach politischer Mitbestimmung. Allerdings gab es einen gravierenden Unterschied. Im März 1848 herrschte eine revolutionäre Stimmung, und die Volksmassen drohten mit Aufstand. Hinter dem „allerunterthänigsten Memorandum" vom März 1849 standen nicht einmal 150 Männer, davon 60% Pfarrer. Die Eingabe erreichte den Kurfürsten zu einer Zeit, da er mit allem Nachdruck dabei war, die im Vorjahr gemachten Zugeständnisse zurückzunehmen. Die Voraussetzungen, auf die die Jesberger Bitten stießen, waren also denkbar ungünstig.

Die Diskussionen über die Stellung der Kirche fanden im wesentlichen in der Kirche und im Pfarrerstand statt. August Vilmar nutzte zwar die ihm zur Verfügung stehenden publizistischen Möglichkeiten, um den von ihm initiierten Vorstoß zur Beendigung des landesherrlichen Kirchenregimentes im Lande bekannt zu machen und um

---

[99] Zitiert nach Wilhelm Hopf: August Vilmar II, 72f.

eine breite Unterstützung der Eingabe zu werben, aber viel erreichte er nicht. Es bildete sich auch eine gegnerische und Vilmar kritisch beobachtende Gruppe unter den Pfarrern.[100]

In diesem Zusammenhang veröffentlichte er in seiner Zeitschrift „Der hessische Volksfreund" einem Aufsatz zum Thema „Was soll die hessische Kirche in diesen Tagen nicht tun?" und dazu als Gegenstück Überlegungen zur Frage „Was soll die hessische Kirche in diesen Tagen thun?" Dabei kam er auch – recht beiläufig – auf die hessische Kirchengeschichte zu sprechen und hat sie wie folgt charakterisiert:

> „Das geistliche Amt empfange das Kirchenregiment der evangelischen Kirche: es empfange dasselbe zumal und vorzugsweise im hessischen Lande, wo es noch unverkümmert da stehet, wie vor dreihundert, ja wie vor tausend Jahren."[101]

Das Echo auf die umwälzenden Vorschläge zur Kirchenreform aber ließ zu wünschen übrig. Andere wichtigere Probleme der Tagespolitik drängten sich vor. Das Verhältnis des Kurfürsten zur Märzregierung hatte sich mehr und mehr verschlechtert. Es war nur noch eine Frage der Zeit, wann Friedrich Wilhelm das Kabinett Eberhard entlassen würde, um wieder an die vorrevolutionären Verhältnisse anknüpfen und sie weiterführen zu können.[102] Für diese Pläne sollte gerade August Vilmar noch eine wichtige Rolle spielen.

Abschließend ist aber noch einmal Vilmars tiefpessimistische Sicht der politischen, kulturellen, religiösen Verhältnisse in den Blick zu nehmen. Sie boten ihm den Unter- und Hintergrund für die einzig noch denkbare Lösungsmöglichkeit: eine stabile Kirche mit dem geistlichen Amt als direkt von Gott eingesetztem und belastbarem Pfeiler. In dem schon erwähnten Aufsatz „Was soll die evangelische Kirche in unseren Tagen thun?" hat er seine Vorstellungen griffig dargestellt und da er sie im „Hessischen Volksfreund" erscheinen ließ, darf man mit einer stattlichen Lesergemeinde rechnen. Dabei ging es ihm um Folgendes:

---

[100] Siehe dazu Wilhelm Ebert: Die Geschichte der evangelischen Kirche, 279-289.

[101] Abgedruckt in: August Vilmar: Culturgeschichte, II,71.

[102] Philipp Losch: Geschichte des Kurfürstentums Hessen, beschreibt die Forderungen der Jesberger Konferenz, 298f, während Hellmut Seier: Das Kurfürstentum Hessen 1803-1945 sie stillschweigend übergeht.

„So lange und so weit wir in der Welt uns umschauen, bleibt es freilich, auch in beßern Zeiten als die unsrigen, bei der allgemeinsten Ratlosigkeit, und es muß dieselbe zur Trostlosigkeit, zur Verzweiflung werden bei denen, welche mit unbetrogenem Auge in der Welt alle bisherigen Auctoritäten, alle bisherigen Mandate erloschen, alle bisherigen Stützen gebrochen sehen. Ja, in der *Welt* steht allerdings *Nichts* mehr fest für uns, und der Greuel der Verwüstung scheint sogar weiter zu schreiten, scheint das Leben unserer Kinder und Kindeskinder noch tiefer zerrütten zu wollen, als er das unsrige zerrüttet hat. Müßen wir aber darum gen Himmel steigen, Christum herab zu holen? Er wird nicht kommen, wenn wir ungeduldig nach ihm rennen und laufen, wenn wir, ihn gewaltsam herabzuziehen, zu den Todten hinab oder zum Himmel hinaufsteigen. Er braucht auch gar nicht geholt zu werden, *er ist noch da*, da für Alle, die ihn sehen und hören, erkennen und erfahren, haben und faßen wollen. Er ist noch gegenwärtig mit seiner ungebrochenen, gemeindebildenden Kraft des *Wortes*, des *Sacramentes* und der *Zucht*. Er ist noch selbst gegenwärtig in seinem Amte des Wortes, des Sacramentes und der Zucht, um seine Gemeinde von Neuem zu sammeln und sie fester zusammenzuschließen, als sie es jemals war. Das geistliche Amt, dem allein Wort und Sacrament und Zucht und die Kräfte dieser erlösenden und heiligenden Mittel überwiesen sind, das geistliche Amt allein hat noch göttliches Mandat in vollkommenem Maße und reicher Fülle, die Gemeinde zu sammeln und zu gestalten. Sonst Niemand; nicht die Welt, nicht die glaubigen Individuen in den Gemeinden, nicht die Gemeinde, und wäre sie die Gemeinde der Heiligen. Sie wäre selbst dieß nicht ohne das geistliche Amt, in welchem die Kraft des Gesetzes und des Evangeliums, die Kraft der Sacramente, die Kraft zu binden und zu lösen liegt. Auf den *göttlichen, unzweifelhaften Beruf* aber kommt es an, und auf nichts anderes, wenn es gilt, der Kirche zu raten und die Gliederung derselben, ihre Ordnung und Verwaltung zu gestalten."[103]

In dieser geschickt formulierten Erklärung finden sich August Vilmars theologische Überzeugungen knapp und übersichtlich dargeboten. Sie sollte er in den nächsten Jahren entfalten, vertiefen, biblisch und kirchengeschichtlich absichern. Es ist deshalb sinnvoll, seine leitenden Gedanken in einer Zusammenfassung deutlich und übersichtlich herauszustellen:

- In der Welt gibt es keine verlässlichen Autoritäten mehr, alle Stützen sind weggebrochen. Die Zukunft ist düster, und es drohen weitere Katastrophen.
- Auch der Kirche droht ein solches Schicksal; denn eine direkte

---

[103] August Vilmar: Culturgeschichte II, 68f.

Verbindung zu Christus gibt es nicht, damit keine Möglichkeit, ihn zu Hilfe zu rufen.

- Einzig das geistliche Amt schafft die Verbindung zwischen Christus und seinen Gläubigen.
- Seine Aufgaben sind nicht nur die Wortverkündigung und die Sakramentsverwaltung; ihm ist auch aufgetragen, für Zucht und Ordnung zu sorgen.
- Auch für den gesamten Gemeindeaufbau ist es konstitutiv.

Die Mehrzahl der Leser konnten auf diese Thesen nur mit Überraschung und Verblüffung reagieren. So herausgehoben und einseitig hatte bisher kaum ein evangelischer Theologe das geistliche Amt, und, das hieß, das Amt des evangelischen Pfarrers, in einen Gegensatz zur Gemeinde gebracht. Das kannte man nur von der Stellung des katholischen Priesters. Diese Beobachtung ist noch zu vertiefen. Zunächst aber sind Vilmars Kriterien für Amtsträger herauszustellen:

„... Der, welcher das Wort des Herrn zu verkündigen, den Leib des Herrn zu spenden und im Namen des Herrn Sünde behalten und zu vergeben hat, der Träger des geistlichen Amtes, der Geistliche, der mehr ist und mehr weiß als einen (sic) Prediger, wird nicht zagen noch schwanken, auch als Grundstein und Mittelpunkt der äußeren Gestaltung der Kirche sich darzustellen ...
Dieses Amt aber ist, damit wir es einmal in vollster Unzweideutigkeit sagen, ein Amt der That und *Kraft*, nicht der bloßen Mitteilung und Verkündigung von Dingen, die wir sonst schon wißen oder haben. Es ist *nicht* die Rede von dem Geschäft eines ‚Religionslehrers‘, eines bloßen ‚Predigers‘, eines bloßen Administranten und Vorlesers von Formeln, die sich jedermann aus der Agende oder gleich beßer aus der Bibel holen kann. Es ist ein Amt, das selbst etwas hat und besitzt und mir etwas zum Haben, Besitzen und Genießen gibt, welches ich ohne dieses Amt und seine Mitteilung nicht haben würde, nicht haben könnte. Wer sich nur als bloßen ‚Religionslehrer, Prediger, Verkündiger‘ und nicht als einen mit der bindenden und lösenden Kraft Christi ausgestatteten Diener Christi betrachtet, der ist kein Mann unseres Bedürfnisses, unseres Vertrauens, unserer heißen und gewissen Hoffnung.“[104]

An dieser Stelle, da nach der Jesberger Konferenz 1849 August Vilmars Lehre von der Kirche in Grundzügen klar ist – sei in einer Zwischenbilanz – eine erste kritische Würdigung versucht.

---

[104] August Vilmar: Culturgeschichte II, 69ff.

Eine erste Zwischenbilanz:
Wie geht es nach der Revolution weiter?

1) Es sprach für den – prophetischen – Realitätssinn August Vilmars, dass er die Hoffnung konservativer Zeitgenossen die Ergebnisse und Errungenschaften der Revolution von 1848 ließen sich wieder – wie nach 1813 und 1831 – überwinden oder spurlos beseitigen, nicht teilte. Ihm war völlig klar, ein Programm mit dem Ziel der Restituierung eines christlichen Staates oder gar einer Rechristianisierung des gesamten Volkes sei zum Scheitern verurteilt.

2) Aus dieser Erkenntnis zog er die Konsequenz, durch eine tiefgreifende *Scheidung* werde die Kirche gespalten. Es werde eine Minderheit geben, die zwar abgesondert, aber glaubensstark und erkennbar christlich lebe. Die große Mehrheit hingegen werde dem Unglauben oder dem Heidentum anheimfallen. Die wahren Christen hätten dann mit Diffamierung, Unterdrückung und Verfolgung zu rechnen. Eine Zeit wie vor der Konstantinischen Wende werde hereinbrechen.

3) Um sich auf diese widrigen Umstände einrichten zu können, müsse die Kirche einen radikalen Kurswechsel vornehmen. Sie könne nicht länger in engem Verbund mit dem Staate bleiben. Weder könne der Monarch sowohl Oberhaupt des Staates als auch Oberbischof der Kirche sein, noch könnten staatliche Behörden wie Konsistorien die Kirche leiten. Das müsse und könne sie selber. Mit dem geistlichen Amt verfüge sie über eine in göttlicher Autorität stehende und für die schwierige Zukunft nötige Institution. Dafür seien Männer nötig, die mit Autorität und Tatkraft, Mut und Tapferkeit die Gemeinden in Vollmacht führen könnten. Vorbild dürften die großen kampferprobten Gestalten der vorkonstantinischen Zeit sein, denen auch vor dem Martyrium nicht graute.

4) Merkwürdig war, dass August Vilmar, als er in Jesberg von den großen und verantwortungsvollen Aufgaben der geistlichen Amtsträger sprach, sich selbst davon ausnahm. Er hatte kein Pfarramt. Er erweckte den Anschein, als ob er sich trotz seiner im Anschluss an die Pfarramtsprüfung am 18. Mai 1821, morgens um 8 Uhr, erfolgten Ordination, wie Hopf berichtet,[105] sich in dieser Situation als Laie fühlte.

---

[105] August Vilmar I, 96f.

In der Evangelischen Kirche fand Vilmar mit seinem exponierten Amtsverständnis keine allgemeine Akzeptanz, nur ein kleiner Kreis von Gesinnungsgenossen um ihn herum, der auch seine tiefpessimistische Weltsicht teilte, folgte ihm. Die Katholische Kirche hingegen sah trotz ihrer mit Vilmar übereinstimmenden Einschätzung der Revolution seit 1848 optimistisch in die Zukunft und erkannte große Möglichkeiten, ihren Einfluss in Staat und Gesellschaft auszubauen, zu vergrößern und zu vertiefen. Für die Evangelische Kirche befürchtete Vilmar eine entgegengesetzte Entwicklung: zahlenmäßig kleine, von ihrem Glauben aber völlig überzeugte Gemeinden. Gemeinsam war allerdings allen Kirchen die Überzeugung, die Revolution bedeute einen tiefen Einschnitt. Sie hatten sich auf eine neue Zeit einzustellen. Das galt gleichermaßen aber auch für die Staaten.

Staat und Kirche in der nachrevolutionären Ara

Versuche der Restauration

Alle Monarchen setzten 1849/50 ihre Hoffnung auf eine baldige Restauration. Der christliche Staat sollte trotz allem wieder zum allgemein anerkannten Leitbild werden. In *Preußen* hat sich König *Friedrich Wilhelm IV.* (1795-1861), der als Romantiker den Thron 1840 bestiegen und den „Christlichen Staat" ausdrücklich zu seinem Regierungsprogramm erklärt hatte, im Bündnis mit konservativen Männern wie den Brüdern Gerlach und Friedrich Julius Stahl, sehr darum bemüht. Aber die liberalen Kräfte waren stark genug, um z. B. das Recht auf Religionsfreiheit auch in der neuen, 1850 erlassenen „Preußische(n) Verfassungsurkunde" zu verankern (Art. 12). Da man aber eine feste Verbindung zur christlichen Religion herstellen wollte, erhielt die Verfassung eine Ergänzung mit folgendem Wortlaut:

„ Art. 14 (Christliche Religion) Die christliche Religion wird bei denjenigen Einrichtungen des Staats, welche mit der Religionsausübung im Zusammenhang stehen, unbeschadet der im Art. 12 gewährleisteten Religionsfreiheit zum Grunde gelegt."[106]

Dieser zusätzliche Artikel zeigte die Verlegenheit auf und musste zu neuen Konflikten führen.

Auch *Kurhessen* blieb ein *Verfassungsstaat*, obwohl der Kurfürst alles daran setzte, wieder zu vorrevolutionären Verhältnissen zurückzukommen. Dafür wollte er ein stramm konservatives Staatsministerium an die Stelle des durch die Revolution ihm aufgezwungenen Ministeriums Eberhard installieren. Als ein möglicher Nachfolger kam auch August Vilmar in Frage, der sich seit vielen Jahren politisch als überzeugter Konservativer, geschworener Feind der Revolution und aller liberalen Ideen hervorgetan hatte. Aber die Berufung scheiterte an der strittigen Kirchenfrage. In einem persönlichen Gespräch mit dem Kurfürsten am 12.Oktober 1849 beharrte Vilmar darauf, die Zeit des Summepiskopates sei abgelaufen, die Kirche müsse also im Sinne der Jesberger Beschlüsse vom Staat getrennt werden. Geradezu be-

---

[106] Deutsche Verfassungen. Goldmann JURA 8020, 40.

schwörend habe er den Monarchen gebeten: „Geben Sie die Kirche frei!" [107]

Dazu war der Kurfürst aber nicht bereit. Eine solche, auf die Revolution zurückgehende Forderung war für Friedrich Wilhelm unannehmbar. Neuer erster Minister wurde dann *Hans Daniel Ludwig Hassenpflug*. Von ihm mussten alle – Konservative und Liberale gleichermaßen – eine wie bereits in den Jahren 1832-1837 verfolgte konsequent restaurative Politik erwarten. Nach seiner damaligen Entlassung als Minister hatte er Kurhessen verlassen, schien aber nun dem Kurfürsten der richtige Mann zu sein, um die Folgen der Revolution weitgehend zu beseitigen. Auch Vilmar – Hassenpflug aus dem Missionsverein gut bekannt – erklärte sich bereit, als Referent für Kirchen- und Schulfragen in das Innenministerium einzutreten. Darüber gibt es mit Datum 8. März 1850 das folgende Dokument:

> „Allerhöchstes Reskript vom 28. v. M., wodurch der Gymnasialdirektor Pfarrer Dr. August Friedrich Christian Vilmar zum vortragenden Rath ernannt worden ist." [108]

Als Geistlicher wurde er – erste Konsequenz – nicht zum „Regierungsrat", sondern zum „Konsistorialrat" ernannt. Seine Tätigkeit beschreibt Wilhelm Hopf so:

> „Als vortragender Rat im Ministerium des Innern (war er) mit Führung derjenigen Geschäfte betraut, die in größeren Staaten dem Ministerium für Kultus und Unterricht zufallen." [109]

Mit der Wende in der Schulpolitik wurde bald die von der März-Regierung eingesetzte und unter Gräfes Führung tagende Oberschulkommission aufgelöst und es den Lehrern streng verboten, an Schulsynoden teilzunehmen. [110] Kirchenpolitisch konnte Vilmar nun auch dafür sorgen, dass die Jesberger Beschlüsse nicht völlig in der Ablage verschwanden. So wurde durch eine „Allerhöchste Entschließung" den Superintendenten eine Erweiterung ihrer geistlichen Kompetenzen aufkosten der staatlichen Kirchenverwaltung zugestanden.

---

[107] Siehe dazu Wilhelm Hopf: August Vilmar II, 88-95. Hopf hat nur wenige Details aus diesem Gespräch recherchieren können.

[108] Staatsarchiv (StA) Marburg Bestand Kurhessisches Innenministerium 16, Nr. 5675.

[109] Wilhelm Hopf: August Vilmar II, 111.

[110] Siehe Helmut Gembries: Verfassungsgeschichtliche Studien , 255f.

Sogar Vilmars langjähriger Wunsch nach einem wirklichen Pfarramt ging auch bereits ein Jahr später in Erfüllung. Das Konsistorium suchte einen „Gehülfen" für den dienstunfähig gewordenen Kasseler General-Superintendenten *Christoph Friedrich Wilhelm Ernst* (1765-1855). August Vilmar erschien besonders geeignet. So ging an ihn folgendes Schreiben:

„Der Ephorus der Diözese Cassel, Generalsuperintendent Dr. Ernst dahier, hat unserem Verlangen, einen Gehülfen im Superintendentenamte sich beiordnen zu lassen, entsprochen und seine Bereitwilligkeit zur Abtretung der Visitations- und Examinationsgeschäfte nebst den damit verbundenen ..(unlesbar) erklärt.Unsere vaterländische Kirche bedarf zu Uebernahme dieser Geschäfte, welche die Hauptstücke des Superintendentenamtes ausmachen, in dieser kritischen Zeit eines Mannes, der die zur Kirchenleitung erforderlichen Gaben besitzt, und den das Consistorium mit aller Zuversicht auf eine gesegnete Wirksamkeit an die Spitze der Geistlichkeit in der Diözese Cassel stellen kann. Sie halten wir vorzugsweise dazu berufen. In dieser Ueberzeugung haben wir beschloßen, die Stelle eines Gehülfen des hiesigen Superintendenten Ihnen zu übertragen, und wir hoffen beistimmende Beantwortung der Frage, ob Sie zur Uebernahme dieser Stelle geneigt sind.

Gleichzeitig haben wir uns an Kurfürstliches Ministerium des Innern mit der Bitte gewandt, zu dieser Stelle als einer Nebenstelle die Genehmigung zu ertheilen ... .

Cassel am 1. April 1851
Kurfürstliches Consistorium daselbst
Hoffmann [111]

Die Bitte des Konsistorium löste in Vilmar eine zwiespältige Reaktion aus. Im Entwurf seines Antwortbriefes mit Datum 10 April 1851 sprach er eingangs

„von tiefgefühlte(m) Danke ... gegen die Behörde für das mir gewährte unverdiente Wohlwollen".

Angesichts der zu übernehmenden Aufgaben gab er folgende Stellungnahme ab:

„Ich gestehe, daß ich die Bedenken ... nicht vollständig zu beseitigen im Stande bin und ich fühle mich, um es auf das Kürzeste zu begreifen durch meine dreißigjährige, nur im mittelbaren Dienste der Kirche verfolgte Laufbahn ... innerlich gebunden und doch weiß ich, daß ich dem Dienste der Kirche, wie für denselben verlangt, mich in einer allgemeinen Pflicht und um meiner besonderen Vergangenheit nicht ohne Treulosigkeit mich entziehen darf und bin

---

[111] StA. Marburg Nachlass Vilmar Bestand 370a.

deshalb, soweit dieß von meinem Wirken & Entschluß abhängt, bereit, dem Rufe ins Consistorium zu folgen im Vertrauen, daß der Herr Christus auch die Gebundenheit seiner Diener für seine Kirche gebrauchen wolle." [112]

Er erklärte sich also bereit, „Gehülfe" des Generalsuperintendenten zu werden.

Aber nicht nur August Vilmar hatte Bedenken zu überwinden. Das Innenministerium gab seinen Segen zur Konstruktion und zum Personalvorschlag des Konsistoriums, aber der Kurfürst zögerte mit seiner Zustimmung, wie aus einem Protokoll des Gesamtstaatsministeriums Abt. des Innern vom 28. April 1851 hervorgeht: Der Beschlussvorschlag „Genehmigt" ist durchgestrichen. Stattdessen findet sich „Ausgesetzt". [113]

Die Gründe, die den Kurfürsten bewogen haben, das Verfahren anzuhalten, sind nicht erkennbar. Vilmar vermutete Zweifel an seiner Treue und gab dem Monarchen – nach dem von Hopf zitierten Entwurf – eine detaillierte Loyalitätserklärung ab:

„Ew. Exzellenz wollen mir gewogenst gestatten, über eine mich persönlich betreffende Angelegenheit und über die Stellung, welche ich zu derselben einnehme, mich aussprechen zu dürfen. Ich vernehme, daß der unter dem 1. v. Monats an mich gelangte Antrag des hiesigen Konsistoriums, eine einstweilige Adjunktur des Ephorus der hiesigen Diözese, Generalsuperintendenten Ernst, zu übernehmen, von welchem, wie das Konsistorium mich zugleich benachrichtigte, zu höherer Genehmigung beim kurfürstlichen Ministerium Anzeige gemacht worden ist, eine Ausdeutung erfahren hat, gegen welche ich mich im Interesse des betreffenden Amtes und auch im Interesse meines Charakters verwahren muß: als werde diese Stellung möglicherweise von mir usurpatorisch, vielleicht gar zur Schmälerung des landesherrlichen Episkopalrechts benutzt werden. Es würde irgend ein usurpatorisches Verfahren, wie ich Ew. Exzellenz vielleicht nicht ausdrücklich zu versichern brauche, nichts anderes sein als ein Brechen mit meiner ganzen Gesinnung, welche der Anmaßung fremden, und nun gar landesherrlichen Rechtes von Grund aus widerstrebt, ja ein Brechen mit meiner ganzen Vergangenheit, in welcher ich die bestehenden Rechte jeder Art, vor allem die Rechte meines Landesherrn, allzeit zu verteidigen mich bestrebt habe, – mithin mir völlig unmöglich fallen. Aber auch in Beziehung auf das Amt, welches ich aufgefordert bin, interimistisch und stellvertretend zu versehen, würde ein willkürliches Hinausgreifen über die gesetzliche Schranke nur verderblich wirken. Dasselbe kann als ein geistliches Amt

---

[112] StA. Marburg Bestand 370a, Mappe 67.

[113] StA Marburg Bestand Kurhessisches Innenministerium 16, Nr. 5675.

nur in der engsten Selbstbeschränkung gedeihen, zumal da diejenige Kompetenz, welche nunmehr infolge des allerhöchsten Beschlusses vom 10. v. Monats den Superintendenten angewiesen ist, die Kräfte derselben in einer Weise in Anspruch nehmen wird, welche jede Ausdehnung ihrer Wirksamkeit völlig ausschließt und ihnen einen Wirkungskreis gewährt, welcher pflichtgemäß ausgefüllt und streng eingehalten, den dermaligen Bedürfnissen unserer Kirche nach meiner vollsten Überzeugung vollständig genügt."[114]

Mit diesem Brief voller Ehrerbietung konnte August Vilmar fürs erste die Bedenken des Kurfürsten ausräumen, er erhielt am 12. Mai 1851 das Plazet, am 20. Mai übernahm er die Amtsgeschäfte. Diese Entwicklung enthielt insbesondere im Hinblick auf die Jesberger Beschlüsse unübersehbare Ungereimtheiten. Sie verdienen eine deutliche Hervorhebung:

• Vom kurfürstlichen Konsistorium, das gemäß der dort getroffenen Beschlüsse möglichst bald abgeschafft werden sollte, ließ sich August Vilmar für dieses hohe Amt nominieren.

• Sein erstes geistliches Amt war gleich das des obersten Geistlichen.[115]

• Seit Februar 1849 hatte er sich mit aller Energie für die Trennung von Staat und Kirche eingesetzt. Aber im April 1851 stimmte er sogar einer Personalunion zu und bekleidete ab Mai 1851 sowohl ein hohes Staatsamt als auch ein herausgehobenes kirchliches Amt.

Als amtierender Generalsuperintendent zeigte er gleich eine große Aktivität, nahm die Mühen des neuen Amtes mit vielen Reisen bis in die abgelegensten Dörfer auf sich und stieß auch auf eine breite Akzeptanz. Im Gegensatz zu seinem Vorgänger, der zu den letzten Rationalisten gehört und damit viele einfache Menschen vor den Kopf gestoßen hatte[116], strahlte Vilmar eine tiefe gemeindegemäße Frömmigkeit aus.

Weitaus stärker wurde er allerdings von seiner Tätigkeit im Innenministerium beansprucht. Die unbeirrte und nachhaltige Absicht des Kurfürsten, das monarchische Prinzip wieder zum einzigen Legitimationsprinzip zu machen, zu deren Erreichen auch die Regierung

---

[114] Wilhelm Hopf: August Vilmar II, 220f.

[115] August Vilmar hatte sich bereits mehrfach erfolglos um Pfarrstellen beworben.

[116] Siehe dazu etwa Philipp Losch: Geschichte des Kurfürstentums Hessen, 144.

unter dem bekannt konservativen Ludwig Hassenpflug gebildet worden war, führte zu heftigen, zuweilen tumultartigen Auseinandersetzungen mit der Ständeversammlung. In deren Verlauf verließ die Regierung mit dem Kurfürsten zusammen im September 1850 überstürzt die Residenzstadt Kassel, reiste teils in normalen Zügen, teils in Pferdewagen auf Umwegen über Hannover, Köln, Frankfurt nach Wilhelmsbad bei Hanau, von wo aus für mehrere Wochen das Land regiert wurde. Ging der Streit vordergründig um Geld, Kredite, Etatfragen, so lief es im Grunde auf die Frage hinaus, wieweit die Mitbestimmung der Stände abgesichert werden solle, inwieweit die Verfassung von 1831 noch in Geltung stünde. In die hitzige Auseinandersetzung wurde auch die Armee hineingezogen. Auf die Aufforderung an das Offizierskorps, dem Kurfürsten bedingungslosen Gehorsam zu versprechen oder den Abschied zu nehmen, reichten 233 von 296 Offizieren ihr Abschiedsgesuch ein. Ein Kompromiss war lange Zeit nicht in Sicht. Nachdem es sogar zum Einmarsch fremder Truppen, der so genannten „Strafbayern", gekommen war, vermittelte die Deutsche Bundesversammlung in Frankfurt, und es kam zu einer neuen Verfassung.[117] Der Kurfürst erließ sie am 13. April 1852 mit folgender Präambel:

„Von Gottes Gnaden Wir Friedrich Wilhelm der Iste (1.), Kurfürst etc. etc. erteilen, nachdem in Folge der in unserem Staate eingetretenen Irrungen das Anrufen der Bundeshilfe erforderlich geworden und in Folge der Leistung derselben diejenige Beschlußnahme der Bundesversammlung stattgefunden, ... dem gemäß folgende Verfassungs-Urkunde."[118]

Die entscheidenden Regelungen lauteten:
„§ 2. Die Staatsverfassung ist monarchisch mit Landständen."[119]
„§ 8. Der Kurfürst vereinigt in sich alle Rechte der Staatsgewalt. Seine Person ist heilig und unverletzlich."[120]

Über die Kompetenzen der Landstände gab Artikel 75 Auskunft:
„Ohne Beistimmung der Stände kann kein die Privatrechte, die Steuern oder die Rechtspflege änderndes Gesetz gegeben oder authentisch erläutert werden.

---

[117] Siehe dazu neuerdings Hellmut Seier: Das Kurfürstentum Hessen, 130-142.

[118] E. Franz/K. Murk: Verfassungen in Hessen, 279.

[119] Ebd., 279.

[120] Ebd., 280.

Im Eingange eines jeden Gesetzes ist der landständischen Zustimmung ausdrücklich zu erwähnen." [121]

In der neuen Verfassungs-Urkunde standen sich die strittigen Positionen wieder völlig unausgeglichen gegenüber. Damit bot sie den Anlass für weitere Auseinandersetzungen. Sie wurden auch weiterhin geführt und waren als „kurhessische Verhältnisse" ein festes Thema der politischen Publizistik, bis sie im Sommer 1866 durch die preußische Annexion zu einem plötzlichen Ende kamen.

Für August Vilmar, der diese Jahre der Irrungen und Wirrungen als Mitglied der Regierung miterlebte, wurden sie zur realistischen Bestätigung seiner pessimistischen Prognosen über die Zukunft des Staates. Dabei hat er immer unbeirrt die Position des Kurfürsten eingenommen und gegen alle Angriffe verteidigt, ihn auch auf der abenteuerlichen Flucht nach Wilhelmsbad näher kennen gelernt, ohne dass sich aber eine engere menschliche Beziehung ergeben hätte. „Der hessische Volksfreund" als ein nützliches publizistisches Sprachrohr für die antirevolutionäre und restaurative Politik der Regierung Hassenpflug fand bei Friedrich Wilhelm offenbar mehr Sympathien als sein unermüdlicher Redakteur.[122] So konnte Vilmar sich zwar Hoffnungen machen, nach dem Tode des dienstunfähigen Generalsuperintendenten Ernst in die freigewordene Stelle berufen zu werden, musste aber auch befürchten, dies könnte gerade am Kurfürsten scheitern. Nach Ernsts Tod im April 1855 ließ sich der Kurfürst auch nicht zu der nötigen Berufung bewegen. Auch die Tatsache, dass schon Ende April 110 von 124 Pfarrern August Vilmar gewählt hatten, konnte ihn ebenso wenig umstimmen wie der einstimmige Beschluss der Regierung. Im Gegenteil, der Kurfürst ließ es zu einer schweren Regierungskrise kommen, an deren Ende Hassenpflug und seine Minister Mitte Oktober den Rücktritt von ihren Ämtern erklärten, den er auch schweren Herzens gewährte. In seiner Ablehnung verwies er auf drei Gutachten, in denen Vilmar u. a. „katholisierende Tendenzen" nachgesagt wurden, und ernannte Ende Oktober 1855, wie Hopf schreibt:

---

[121] Ebd., 287.

[122] Siehe dazu Wilhelm Hopf: August Vilmar II, 246-254.

„Vilmar, nicht nur ohne Zutuen, sondern zu völliger Überraschung desselben und der ganzen Welt *zum ordentlichen Professor der Theologie an der Landesuniversität Marburg* unter Beibehaltung seines bisherigen Gehaltes von 1400 Talern und Bewilligung von ... Umzugskosten."[123]

Der einsame Entschluss des Kurfürsten, der das ohnehin schon stark ins Schlingern geratene kurhessische Staatsschiff dadurch in noch größere Seenot brachte, dass auch die dem Monarchen gewogene Regierung ihn allein ließ, ist noch etwas genauer in den Blick zu nehmen. Er hat eine formale, juristische und eine inhaltliche, politische Seite.

1) Juristisch hatte sich der Landesherr sehr weit vorgewagt. Er hat offenbar nach Meinung seiner Ratgeber, nicht zuletzt der Regierung Hassenpflug, als er das Votum der Pfarrer ignorierte, mindestens die Grenze der Legalität berührt.

Nur wenige haben ihm juristisch Recht gegeben. Dazu gehörte aber – für August überraschend – sein jüngerer Bruder *Wilhelm Vilmar* (1804-1884), bis dahin sein besonders enger Vertrauter.[124] Als überzeugter Monarchist vertrat er die Meinung, das kurfürstliche Recht der Bestätigung schließe auch das Recht der Ablehnung ein.

2) Schwieriger stand es um die inhaltliche Begründung, die der Kurfürst nach langem Zögern abgab. „Katholisierende Tendenzen" konnte man in August Vilmars bisherigen Veröffentlichungen unschwer finden. Seine Herausstellung des geistlichen Amtes konnte so gedeutet werden. Der Summepiskopus musste befürchten, Vilmar werde versuchen, die von ihm bisher offen vertretenen Forderungen als Generalsuperintendent umzusetzen. Dann sei bald mit großen Belastungs- wenn nicht Zerreißproben für die Evangelische Kirche in Kurhessen zu rechnen.[125] Hierin wird man ihm Recht geben müssen. August Vilmar hatte immer die baldige Notwendigkeit einer großen Scheidung hervorgehoben. Wo immer er auftrat, wirkte er polarisierend. Der Kurfürst hat sich ihm gegenüber mit der Berufung zum ordentlichen Professor in Marburg aber ausgesprochen großzügig und

---

[123] Wilhelm Hopf: August Vilmar II, 252-259. Das Zitat findet sich 258f.

[124] Ebd., 266f.

[125] Diese Befürchtung hatte auch Wilhelm Ebert: Geschichte der evangelischen Kirche, 286f.

nicht undankbar erwiesen, ihm sogar den Besitzstand gewährt. Grund zur Klage hatte allerdings die Universität, der er keine Möglichkeit zur Mitwirkung gegeben hatte. Sie hat den neuen Kollegen auch ausgesprochen unfreundlich aufgenommen.[126] Vilmar wiederum war nach der für ihn schmerzlichen Entscheidung des Kurfürsten einmal mehr deutlich geworden, dass das gewohnte Verhältnis zwischen Staat und Kirche mit dem Monarchen als dem Summespiskopus keine positiven Perspektiven mehr hatte. Auch der Pfarrerschaft war plötzlich die Krisenhaftigkeit dieser Konstruktion drastisch vor Augen geführt worden. Die Situation war völlig verworren. Nicht die Liberalen mit ihrem langgehegten Wunsch und ihrem klar formulierten Ziel der Trennung von Staat und Kirche hatten die Krise ausgelöst oder auf die Spitze getrieben, sondern der Landesherr selbst, und dazu hatte er einen seiner wenigen getreuen Gesinnungsgenossen desavouiert.

Dieser, nun Professor der Theologie, griff die Jesberger Vorschläge wieder auf, um sie zu reflektieren, weiterzuführen, historisch und systematisch zu untermauern. Dass dabei das geistliche Amt seine besondere Aufmerksamkeit finden würde, war beinahe selbstverständlich. Darüber hinaus behandelte er Themen der Dogmatik, der Ethik und des Verhältnisses von christlichem Glauben zur Kultur. Auch äußerte er sich weiterhin zu vielen politischen Tages- und Grundsatzfragen.[127]

Für unsere weitere Untersuchung sollen die „katholisierenden Tendenzen" die Leitfrage bilden. Zwei Veröffentlichungen bieten sich dafür besonders an: „Die Theologie der Thatsachen wider die Theologie der Rhetorik", gleich zu Beginn seiner Lehrtätigkeit 1856, und „Die Lehre vom geistlichen Amt", auch sofort in Angriff genommen, aber erst posthum 1870 erschienen.

Die als Programmschrift gedachte Theologie der Thatsachen riss eine deutliche Kluft zur zeitgenössischen Theologie auf. Als Tatsachen hatten für August Vilmar nur folgende Komplexe zu gelten:

---

[126] Es gab zahlreiche Intrigen und sogar Prozesse. Dazu Wilhelm Hopf: August Vilmar II, 280-310.

[127] In den Arbeiten von Wollenweber, Schluckebier, Asendorf sind sie systematisch aufgearbeitet.

1. Die ganze *Bibel* als Offenbarung Gottes.

2. Die *Bekenntnisse*, insbesondere die aus der Alten Kirche stammenden ökumenischen der göttlichen Trinität: das apostolische, das nicaenische, das des Athanasius und das für die Lutherische Kirche fundamentale Augsburger Bekenntnis von 1530.

3. Das *Recht* der Kirche, das durch Gesetze, Ordnungen, Regelungen, Agenden der Kirchenleitungen, seien es Monarchen oder ordentlich berufene Synoden, in Kraft gesetzt worden war. Es stand unter Gottes besonderem Schutz. Nach seinem Verständnis konnte es auch nur durch einen förmlichen Rechtsakt außer Kraft gesetzt werden. Revolutionäre Eingriffe oder die Berufung auf veränderte Rahmenbedingungen bedeuteten gotteslästerlichen Rechtsbruch. Das Recht stand für den Marburger Professor in gleicher Weise sowohl über den Herrschern wie über dem Volk.

Hinter diesen Tatsachen allein war Gott zu erkennen. Alle anderen Orientierungen: philosophische Meinungen, menschliche Erwartungen, politische Optionen, gesellschaftliche Utopien, soweit sie in der Theologie Anspruch auf Beachtung erhoben, wurden in dieser Schrift als Theologie der Rhetorik zusammengefasst und als gottfern, wenn nicht gar als widergöttlich verworfen.

August Vilmar legte damit für sich, für seine Kollegen und nicht zuletzt für seine Studenten ein klares, profiliertes und anspruchsvolles Programm seiner akademischen Lehrtätigkeit vor. In welcher Nähe oder Distanz es zur katholischen Kirche stand, ist durch einen ständigen Vergleich mit der Lehre von Papst Pius IX. und dem Wirken der katholischen Bischöfe in den Blick zu nehmen.

Wachsende Differenzen zwischen Staat und Kirche

Der neubestallte, für die Universität „reformierte"[128] Theologie-Professor Vilmar reflektierte die wachsende Entfremdung zwischen Staat und Kirche. Der Staat wolle sich trotz seines vorgeblich christlichen Charakters im Grunde nicht länger auf Gott stützen. Auf der Suche nach einem neuen Fundament vertraue er sich lieber der Wissenschaft an. Vilmar hatte sich in den letzten beiden Schulreden, die er 1849 gehalten hatte, mit dem Charakter und den Ansprüchen der Wissenschaft kritisch auseinander gesetzt. Unter der Themenstellung „Von der Ueberschätzung der Wißenschaft" gab er folgende Wesensbestimmung:

> „Worin bestand diese Ueberschätzung? Heben wir zwei der nächstliegenden und bekanntesten Züge hervor: man war gewohnt geworden, die Wißenschaft mit der That zu verwechseln, sie anzusehen als sei sie selbst schon eine That, sie mithin geradezu *an die Stelle der That zu setzen*; und man war dennoch nicht minder gewohnt worden, die Wißenschaft als *das Herrschende im Leben* zu betrachten."[129]

Diese Feststellung, mit der er eine für sein weiteres Denken wichtige Alternative benannte, hat er im weiteren Gedankengang noch klarer ausgeführt:

> „Aber nicht allein, daß man die Sätze der Wißenschaft, daß man die Bücher *Thaten* nannte - ... nicht allein, daß man sie *allein* als Thaten betrachtete; ganz ungescheut that man den nächsten Schritt, und proclamierte, bald leiser, bald lauter, zuletzt sogar mit mistönendem Geschrei, immer aber mit einer unglaublichen Selbstgenügsamkeit die *Herrschaft* der Wißenschaft über das gesamte Leben. ‚Die Wißenschaft ist das wahre Wesen des Menschen' ist ein Satz, den wir unzählige Male von den Meistern wie von den Jüngern und Handlangern der ‚Wißenschaft' haben aussprechen hören – an ihm zu zweifeln, war ‚Hochverrat an der Menschheit'. Von der Theorie der Staatswißenschaften sollte das Staatsleben, Verfaßung und Gesetz ausschließlich abhängig sein; und nicht allein das, es sollten alle Sätze, welche die Theorie, oft auf den seltsamsten Wegen, gefunden hatte, in Verfaßung, Recht und Gesetz des Staates aufgenommen werden, und derjenige Staat wurde unbesehens für unvollkommen, für lebensunfähig erklärt, welcher nicht *alle* Sätze der Theorie, einen wie den andern, in sich verwirklicht hätte."[130]

---

[128] Vilmar zählte zu den reformierten, nicht zu den lutherischen Professoren. Siehe Ernst Bizer: Heinrich Heppe, 119.

[129] Schulreden, 2. Aufl., 327.

[130] Ebd., 331f.

Die kritische Prüfung der von der Wissenschaft erhobenen Ansprüche hat er in seiner letzten Schulrede „Die göttliche und die dämonische Seite der Wißenschaft" fortgeführt und vertieft. Dabei bediente er sich zur Beschreibung der göttlichen Wissenschaft geradezu hymnischer Wendungen:

„In dieser Wahrheitstreue, in diesem Ernst und dieser Keuschheit, in diesem Entsagen und Entbehren trägt denn auch die göttliche Wißenschaft einen unversiegbaren Quell *der Freude*, des Genußes und der Befriedigung. Oder hätte eine edle und gottverwandte Seele überhaupt Freude und Befriedigung, heilige Ruhe und selige Stille in dem gierigen Auskosten aller Genüße der Sinne wie der Seele und des Geistes? Ist nicht für alle edlere Gemüter auch im zeitlichen Dasein, auch außerhalb des göttlichen Lebens und außerhalb der Kreiße der Erkenntnis und Wißenschaft der rechte, höchste, der bleibende und unzerstörbare Genuß die Resignation, das Entsagen und Entbehren? – In dieser Weise, mit Wahrheitsliebe und Treue, mit Ernst und Keuschheit, mit dem Entschluß der Entsagung und dem Gefühle der freiwilligen Entbehrung betrieben, hört die göttliche Wißenschaft auf, eine Arbeit des Lebens zu sein, auf welcher der Fluch ruht, und wird ein Mitarbeiten mit Gott, in heiterer Freude und ohne Ermüdung, in unzerstörbarer Ruhe und ohne Erschlaffung. In einer solchen Wißenschaft ist *Schöpferfreudigkeit*, ist ewige Frische und ewige Jugend. In einer solchen Wißenschaft ist Liebe, welche Erde und Himmel zusammenführt, welche die Seelen gewinnt und die Seelen lebendig macht, Liebe, welche auch die Hölle und den Tod überwindet und mit Gott selig ist ewiglich."[131]

Als „göttliche Wissenschaft" sah er die Beschäftigung mit Sprachen, Literatur, Dichtung an sowie den betrachtenden Umgang mit der Natur. Auf diesen Gebieten werde der Forscher zum Mitarbeiter Gottes. Es gehe hier um die Zusammenfügung dessen, was durch den Sündenfall getrennt worden sei. Vilmar, der selbst – wie oben erwähnt – intensive und gründliche Sprachstudien betrieben und seine Ergebnisse auch veröffentlicht hatte, vertrat damit einen in seiner Zeit ziemlich einzigartigen Wissenschaftsbegriff. Das zeigte sich besonders am Gegenstück, der „dämonischen" Wissenschaft:

„Die *dämonische* Wißenschaft ist ihrem Wesen nach das Bestreben, das von Geburt und Natur, das *an sich* Versagte aus eigener Kraft ‚der Natur zum Trotz' d. h. Gott zum Trotz, und im Widerspruch mit den in der Schöpfung liegenden Hindernissen durch die Energie des eigenen Entschlusses, zu erobern. Von einem Wiedergewinnen einst beseßener aber verlorener Schätze der Erkenntnis ist hier nicht nur nicht die Rede, sondern es besteht im Gegen-

---

131 Ebd., 348f.

teil die ganz bestimmte Voraussetzung, es sei von Anfang an Nichts vorhanden gewesen und Alles müße *neu* erworben werden; noch viel weniger ist die Rede von einer Schuld oder Mitschuld an diesem Verluste; im Gegenteil, hier wird mit klarem Bewußtsein alle Schuld von dem Subjecte weg und ausschließlich in das Object verlegt. Darum gilt ihr auch die Vergangenheit wenig oder nichts, sie ist ihr wertlos, wo nicht verwerflich, verächtlich; die Gegenwart gilt ihr alles, und die unbestimmte und ungewisse Zukunft sehr viel, sehr viel eben um dieser Unbestimmtheit und Ungewisheit willen. – Das ist diejenige Haltung der menschlichen Seele, welcher das griechische Altertum schon in den allgemeinen Sagen von den Titanen, bestimmter aber in der Sage vom Prometheus Form und Leben gegeben hat. Wie in der göttlichen Wißenschaft die Liebe und die Hingebung nicht allein der Hintergrund sondern der Urgrund aller Erkenntnis, Wißenschaft und Weisheit ist, so hier der Neid, der Widerstreit und der Haß."[132]

August Vilmar konnte also in seinem neuen Aufgabenbereich auf seine eigenen wissenschaftstheoretischen Überzeugungen zurückgreifen, als er vom Herbst 1855 an einer Universität Wissenschaft zu betreiben hatte. Sein Büchlein *Die Theologie der Thatsachen wider die Theologie der Rhetorik. Bekenntnis und Abwehr* zeigte, wie er sich dieser Aufgabe zu stellen gedachte.

Mit dem Titel machte er schon deutlich, dass seine Lehrtätigkeit von heftigen Auseinandersetzungen, klaren Abgrenzungen, endgültigen Scheidungen charakterisiert sein werde. Zum Ausgangspunkt wählte er seine eigene Biographie. Über das sein ganzes Leben durchziehende Kontinuum äußerte er sich – für alle, die ihn kannten, nicht verwunderlich – folgendermaßen:

> „Ich suchte nach *Gewisheit,* nach .. festem Boden, auf dem ich in der Welt stehen und von welchem aus ich mit fester Hand die Welt anfaßen konnte." [133]

Mit der Betonung der subjektiven Seite im Theologiestudium rückte er die objektiven Gegenstände ein Stück weit zurück und verlieh damit dem Ziel des Studiums einen deutlichen Nachdruck: Der *Theologe* hat den *Glauben* zu vermitteln:

> „Gegeben und empfangen werden soll in der Theologie das Wort Gottes, die Gewisheit des ewigen Lebens, die unzweifelhafte, die unangreifbare Gewisheit der Seligkeit. Die Theologie hat das Hirtenamt zu üben in der Weise, daß sie

---

[132] Ebd. 330.

[133] Theologie der Thatsachen, 2.

das heranwachsende Geschlecht anleite, wie dasselbe zu einem Geschlecht treuer Hirten werden könne, welche die Schafe zusammenhalten, ihnen nachgehen, sie zu suchen und wiederzufinden im Stande und bereit sind; sie hat Hirten zu erziehen, welchen diese rastlose und mühevolle Arbeit des Hütens, Weidens und Suchens der Schafe zur andern Natur geworden ist, so daß ihnen das Herz wehe thut, wenn sie nicht von früh bis spät der ganzen Heerde und jedes einzelnen Gliedes derselben pflegen, die ihr Leben in dieser Sorge verzehren, und deren Sorge erst mit dem letzten Lebenshauche erlischt. Wer nicht ausschließlich sein Augenmerk darauf gerichtet hat, Pastoren zu erziehen, der ist kein Lehrer der Theologie."[134]

Durch die Hervorhebung der künftigen Tätigkeit der Studenten kam auch dem Verhältnis von Lehrenden und Lernenden eine besondere Bedeutung zu:

„Damit aber dies geschehen könne, müßen die Lehrer eben nicht bloß Lehrer, die Zuhörer nicht bloß Zuhörer und Schüler, die ersteren müssen *Meister* sein, damit die andern *Jünger* sein können."[135]

Vilmar hielt es auch als Universitätslehrer – wie vorher schon als Gymnasialdirektor – für unabdingbar, die jungen Männer auf seine Überzeugungen und Grundsätze zu verpflichten. Für ihn ging es um eine Tätigkeit, die Zeit und Ewigkeit umfasste, und dabei kam es darauf an, dass sie die kirchliche Lehre unverkürzt und nicht verwässert übernahmen und weitergaben. Die große Verantwortung des Lehrers und Erziehers gebot es, die angehenden Pastoren entsprechend zu prägen. Damit griff Vilmar einen Plan wieder auf, den er bereits 1831 in die Ständeversammlung eingebracht hatte, in Marburg ein Theologisches Seminar zu gründen. Er hatte dafür auch die Zustimmung erhalten und konnte hoffen, mit der Leitung betraut zu werden. Durch Entlassung des zuständigen Ministers wurde der damals gefasste Beschluss aber nicht mehr verwirklicht.[136]

Hinsichtlich der Gegenstände, um die es im Theologiestudium gehen solle, hatte Vilmar ebenfalls dezidierte Vorstellungen. Sie hat er unter der Überschrift *Wißenschaft* so formuliert:

„Die Theologie geht aus – oder soll ausgehen – von dem Ganzen, Vollen, Gewissen, von der vollen Persönlichkeit des lebendigen Gottes, und geht hin –

[134] Ebd., 5f.

[135] Ebd., 9f.

[136] Siehe dazu Wilhelm Hopf: August Vilmar I, 208-210.

oder soll hingehen – in das Ganze, in die volle Persönlichkeit des Menschen. Nicht von einzelnen Thaten oder Offenbarungen Gottes geht sie aus, sondern von der ewigen, vollen und ganzen Persönlichkeit Gottes; nicht von Worten und Wundern und einzelnen Erweisungen des ewigen Gottessohnes geht sie aus, sondern von der lebendigen Person des Gottmenschen in ihrer Ganzheit und Ungebrochenheit; und eben so ist ihr Ziel nicht das Einzelne am Menschen, nicht sein Leib, nicht seine Seele, nicht sein Geist allein, geschweige denn sein Erkennen oder sein Denken, sein Fühlen oder sein Wißen, sondern der ganze Mensch in seiner lebendigen Einheit."[137]

Was hier noch etwas vage und undeutlich anklang, sich reichlich abstrakt ausnahm, wurde im Hinblick auf die „rhetorische Theologie" dann an sehr konkreten Beispielen verdeutlicht. Für ihre intensiven Bemühungen, wie die Naturwissenschaften Neues zu finden und zu erkennen, hatte er nur Hohn und Spott übrig:

„An der Hand der Wißenschaft fände die rhetorische Theologie gar zu gern etwas Neues, machte gern neue Entdeckungen, gewänne ‚neue Einblicke', oder gelangte auf das Wenigste zu einer überschaulicheren Systematik. Der Kitzel dieses Neu-Findens, der Kitzel dieser Entdeckungen ist es, von dem die Theologie der Rhetorik unaufhörlich geplagt wird, und den sie doch nicht befriedigen kann … Das Gebiet der biblischen Literatur hat sie sich herausgesucht, um auf demselben ihre ‚Entdeckungen' zu machen; es ist aber bei Vocabulistenweisheit und Grammatistenkünsten geblieben: bei der Unterscheidung von paulinischem und petrinischem Sprachgebrauch, bei dem Widerstreit des Jehovisten gegen die Elohisten, bei der Umstellung des Ranges, des Zeitalters usw. der biblischen Bücher: heute Matthäus voran, und das Evangelium der Hebräer, morgen Lucas, am dritten Tage ein Urevangelium, am vierten Marcus; heute Deuteronomium ganz vorn, morgen ganz hinten, heute das Richterbuch vorn, morgen hinten hin zustellen, die Psalmen spazieren zu fahren von David bis auf die Makkabäer, und von den Makkabäern wieder zurück zu David, zu Debora, zu Moseh u.s.w. u.s.w …
Die Theologen der Rhetorik scheinen nicht zu wißen, wie unbeschreiblich lächerlich sie mit diesen ihren Grammatistenkünsten, die sie in der Bibel spielen laßen, den Leuten der wirklichen Wißenschaft, den Naturforschern, vor allem den Botanikern und Astronomen, den Medicinern und sogar den Philologen, wenigstens denen die aus guter Schule sind, vorkommen."[138]

Die historisch-kritische Methode, die damals in die Bibelwissenschaft einzog, beraubte nach Vilmar die heiligen Schriften ihrer Offenba-

---

[137] Theologie der Thatsachen, 11.
[138] Ebd., 14f.

rungsqualität. Ein gravierender Unterschied zwischen der wahren Theologie, der Theologie der Tatsachen, und ihrem nutzlosen und fruchtlosen Gegenstück, der Theologie der Rhetorik, bestand auch darin, dass die eine Gott und Menschen als Ganzheit voraussetze, während die andere Zusammengehörendes zerteile, analysiere und neu zusammensetze. Im Grunde gehe es darum, ob der Theologe die Bibel als Offenbarung Gottes achte und sich von ihr die nötigen Weisungen erteilen lasse oder ob er – wie Prometheus – sich und seine eigenen Überzeugungen durchsetzen wolle.

Die Grundsätze, die August Vilmar als Professor der Theologie in Marburg aufstellte, beachtete er in seinem weiteren Wirken konsequent. Hinter ihnen wurde ein profiliertes Bild von Kirche mit folgenden Grundorientierungen deutlich:

- Die vom Liberalismus inspirierten Träger von Kultur, Gesellschaft, Wissenschaften – einschließlich großer Teile der akademischen Theologen und vieler Kirchenmänner – sind stark an der Gegenwart und mehr und mehr an der Zukunft orientiert.
- Diese Tendenz greift trotz postulierter Restauration auch immer mehr auf die Politik über.
- Die wahre Kirche hat sich an ihren fundamentalen Tatsachen: dem dreieinigen Gott, wie er durch die ganze Bibel und durch die Bekenntnisse der Kirchengeschichte vermittelt wird, zu orientieren. Damit darf ihr Blick sich nur auf die Vergangenheit richten.
- Sie muss sich nicht nur auf eine Abwehr der falschen, allein auf neue Ansichten, Begriffe, Formeln vertrauenden rhetorischen Theologie einstellen, sie muss den Konflikt sogar verschärfen, um die ohnehin herandrängende Scheidung zu beschleunigen.
- Das Studium der Theologie hat auf diese Entscheidung vorzubereiten.

Diese Beurteilung der Zeit, ihrer negativen Entwicklungstendenzen und ihrer pessimistischen Einschätzung, teilte Vilmar mit der Mehrheit der katholischen Bischöfe. Auch sie beobachteten misstrauisch den wachsenden Einfluss liberaler Ideen im west- und mitteleuropäischen Katholizismus, insbesondere kämpften sie gegen einflussreiche katholische Universitätstheologen, die sich auch der historisch-kritischen Methode bedienten. Auch der Papst griff entschlossen ein und ließ 1864 mit einer neuerlichen und verschärften lehramtlichen

Außerung nicht nur die Katholische Kirche, sondern die Welt aufhorchen. Im *Syllabus* verdammte er alle geistigen Bewegungen der Neuzeit: den Protestantismus, den Rationalismus, den Liberalismus und den Sozialismus. Sie alle hätten uneingeschränkt als verschworene Feinde des christlichen Glaubens zu gelten.

Zahlreiche katholische Bischöfe hatten bereits vorher mit anderen Maßnahmen versucht, liberale Einflüsse einzudämmen. Der katholische Kirchenhistoriker Roger Aubert hat sie so beschrieben:

„Ein Teil des deutschen Klerus, unter anderen der Mainzer Bischof Ketteler und seine Berater ... sahen die Dinge ... unter einem anderen Sehwinkel. Sie hatten vor allem die Massen der Katholiken – die Bauern, die Handwerker, den Mittelstand – im Auge, deren durch einen frömmeren und eifrigeren Klerus gefestigte christliche Überzeugung sich nach außen in einer mächtigen Bewegung von wohldisziplinierten Vereinigungen niederschlagen sollte, die sich dem Heiligen Stuhl unterordneten und in der Lage sein sollten, die Losungsworte der Hierarchie in die verschiedenen Bereiche des Alltagslebens weiterzugeben. Die Anhänger dieser Bestrebungen waren darauf bedacht, mehr gute Priester als gelehrte Priester zu haben, und opponierten daher entschieden dem deutschen System, das die jungen Geistlichen zwang, an den zu den staatlichen Universitäten gehörenden theologischen Fakultäten zu studieren. Sie wollten dieses System durch das in Frankreich und in Italien übliche System der Diözesanseminare ablösen, das Ketteler sehr rasch in seiner Diözese Mainz wieder eingeführt hatte."[139]

Vilmar und der katholische Episkopat sahen sich in derselben Frontstellung und vor der selben Entscheidung. Dabei stimmten sie in ihren Forderungen in folgenden Punkten überein:

- Die den künftigen Pfarrern zu vermittelnde Theologie habe sich nicht an der „Wissenschaft", sondern an der Lehre der Kirche zu orientieren.
- Die theologischen Lehrer seien deshalb auf die kirchliche Lehre zu verpflichten.
- Als orientierendes Leitbild wurde dabei die traditionsgeprägte ländliche Gemeinde erkennbar.

Deckten sich soweit die Überzeugungen Kettelers und Vilmars, so wichen sie klar in der Frage des Schwierigkeitsgrades der Studieninhalte voneinander ab. Konnte der Mainzer Bischof bei der theologi-

---

[139] Handbuch der Kirchengeschichte VI/1, 686f.

schen Kompetenz Abstriche zulassen, so sah der Marburger Professor die dringende Notwendigkeit, von den angehenden Pastoren mehr an Kenntnissen und Wissen zu verlangen.

Oberflächlich betrachtet konnte man so gegen August Vilmar den Vorwurf katholisierender Tendenzen erheben. Er stimmte mit dem maßgebenden Teil der katholischen Kirche, insbesondere mit dem Episkopat, in der Beurteilung der Gegenwart mit ihrer verbreiteten Religionskritik weithin überein. Er und die katholischen Bischöfe mit dem Papst an der Spitze sahen allenthalben Kirchenfeinde am Werk, gegen deren zersetzende Aktivität Widerstand aufzubauen und zu organisieren war. Er beharrte allerdings auf den überlieferten Grundlagen der Evangelischen Kirche.

Gilt diese Feststellung auch für Vilmars Lehre vom geistlichen Amte? Sie hat er gleich nach Beginn seiner Lehrtätigkeit im Sommersemester 1856 zum ersten Male vorgetragen. Auch hier hatte er seit den Jesberger Beschlüssen schon wichtige Vorarbeiten geleistet. In vierfacher Hinsicht durchmusterte er den Problemkomplex des geistlichen Amtes, und zwar in der apostolischen Zeit anhand des Neuen Testamentes, in der nachapostolischen Zeit mithilfe der Kirchenväter, dann auf der Basis der evangelischen Bekenntnisse und zum Schluss im Hinblick auf „den Inhalt und die Kritik der in der neueren und neuesten Zeit aufgekommenen Ansichten von dem Wesen des geistlichen Amtes".[140]

Nach einer sehr gründlichen Auslegung des neutestamentlichen Befundes kam er zu einem übersichtlichen, teilweise erwarteten, teilweise aber auch überraschenden „Resultat":

„1) Zum Zwecke der Gründung und Erhaltung Seiner Kirche hat der Herr Christus, wahrer Gott von Ewigkeit, vier Aemter eingesetzt: *Apostel, Propheten, Evangelisten* und *Hirten* (...);

2) Der Gründung dienten *Apostel, Propheten* und *Evangelisten*, die ersten unmittelbar, die andern beiden Aemter mittelbar;

3) Der Erhaltung der Kirche, des Leibes Christi, dienen für alle Zeiten die *Hirten* und *Lehrer* (Vorsteher, Episkopen, Presbyter, Engel), als Vorstände einzelner Gemeinden, und insofern den Gründern untergeordnet;

4) Die *Hirten* sind durch den heiligen Geist, der vom Vater und vom Sohn ausgeht, eingesetzt durch Vermittlung der Apostel und deren Stellvertreter, die Evangelisten (bzw. durch die Propheten);

---

[140] Die Lehre vom geistlichen Amt, 2.

5) Die Hirten sind directe Nachfolger nicht allein der Apostel, sondern auch Christi selbst;

6) Hinsichtlich der Hirten finden sich bestimmte Vorschriften der Apostel Petrus und Paulus als Vorschriften für die Erhaltung der Kirche in der nachapostolischen Zeit, und zwar sind dieß die *einzigen* Vorschriften, welche die Apostel zur Erhaltung des Evangeliums und der christlichen Kirche für die Zukunft der letzteren erteilt haben;

7) Die Bestellung der *Hirten* geschieht durch treu befundene und im Amt stehende Hirten *mittels der Handauflegung* zur Mitteilung des heiligen Geistes;

8) Die Bestimmung der Hirten ist es, das von den Aposteln Ueberlieferte treulich wiederum zu überliefern, die gesunde Lehre fortzupflanzen, und das ‚andere lehren‘, welches in der Gemeinde möglich ist durch Lehrer, welche sich diese selbst setzt, zu verhindern; durch ihre Lehre sollen sie sich selbst und die, welche sie hören, selig machen. Sie haben zu ermahnen, zu führen, die Gemeinde mit dem Seligkeitsgut zu versehen (...), und die Gemeinde ist ihnen Folgsamkeit schuldig;

9) Ihnen ist mithin die Function des ‚zu Jüngern Machens‘, mittels des ‚Taufens‘ und ‚Lehrens‘ und mit Einschluß des (von dem Taufsacrament gar nicht zu trennenden) Lösens und Bindens so überwiesen wie dieselbe von dem Herrn den Aposteln überwiesen war, und dauert dieses Mandat unverkürzt fort bis zu(m) ‚Ende dieses Zeitalters‘. Die Einzelgemeinden regieren, lehren etc. sich also nicht selbst, oder laßen sich durch die von ihnen ausgehenden Episkopen (Bischöfe) und Presbyter regieren etc., sondern sie *werden* regiert, sammeln und erhalten sich nicht selbst, sondern *werden* gesammelt und erhalten durch das von Christo selbst eingesetzte Amt und die Person desselben;

10) Wesentlich verschieden von diesen Aemtern ist das Amt der *Diakonen* als *Armenpfleger*, zumal durch das Hervorgehen dieses Amtes aus einem zeitlichen Bedürfnis, und durch die Bestimmung der Träger dieses Amtes durch *Gemeinde-Wahl*. Dieses Amt ist ein untergeordnetes Amt."[141]

Durch die aus der nachapostolischen Zeit stammenden Regelungen sah Vilmar den biblischen und damit den apostolischen Befund bestätigt. Von weiterführender Bedeutung war ihm die Beobachtung, dass schon im zweiten Jahrhundert der Bischof von Rom „allmählich eine Stellung über den Bischöfen" eingenommen habe. Für die Evangelische Kirche zog er daraus folgende Konsequenz:

„Dagegen kann noch heute, wie einst Melanchthon in Schmalkalden (1537) es that, der Principat des römischen Bischofs ‚nach weltlichem Recht' als ein für die Kirche wünschenswerter und nützlicher Einigungspunkt, der geschichtli-

---

[141] Ebd., 48f. Mit ‚...‘ bezeichnete Worte stehen im Original griechische Begriffe.

chen Entwicklung der Dinge gemäß, anerkannt werden, freilich jetzt nur unter der Voraussetzung, *nicht allein* daß derselbe, wie Luther verlangte und wir unbedingt fordern müßen, *das Evangelium frei laße,* der Entwicklung des Lebens der Kirche in denjenigen Stücken, welche noch nicht durchgelebt und erfahren sind, nicht willkürliche Schranken setze, *sondern auch* daß die Schranke, das Concil von Trient weggebrochen werde. (Für uns ist der Ausfall des Concils von Trient genau von derselben Bedeutung, als wenn zu Nicäa die Arianer gesiegt hätten)." [142]

Bei der Überprüfung des Augsburgischen Bekenntnisses kam Vilmar zu folgendem Ergebnis:

„Die Sache liegt vielmehr für Jeden, der sehen *will,* unzweifelhaft so: die Augsburgische Confession hatte nicht nur nicht die Absicht, die Bekenner der evangelischen Lehre von der bestehenden Kirche abzutrennen, sondern im Gegenteil, in allen zuläßigen Stücken die bisherige Ordnung der bestehenden Kirche zu bewahren, sie war kein polemisches, sondern ein *irenisches* Document. Deshalb werden die Bischöfe im 28. Artikel der Augsburgischen Confession *nicht verworfen,* was ... eben so gut hätte geschehen müßen, wie die Klostergelübde, das Messopfer ‚usw.‘ deutlich im 2. Theil der Augsburgischen Confession verworfen worden sind. Es wird vielmehr vorausgesetzt, daß sie *bleiben* würden;

Die Regierung der Kirche durch Bischöfe ist mithin in der Augsburgischen Confession ... für die evangelische Kirche zwar *nicht bekenntnismäßig ausgesprochen,* aber doch als die einzige Form eines Kirchenregiments im engern Sinne anerkannt. Es bleibt in der That keine Wahl, entweder Pastorenkirche, oder weltliches Regiment, oder *Bischöfe.* Nur mit letzterer Form des Kirchenregiments würden wir auf dem Boden der Bekenntnisse unserer Kirche, auf dem Boden der apostolischen Kirchenorganisation stehen." [143]

Bevor der letzte Abschnitt, die Auseinandersetzung mit der nachreformatorischen Literatur referiert wird, sei ein kurzes Fazit aus den für Vilmar relevanten theologischen Grundlagen für das geistliche Amt gezogen:

- Es geht auf eine Stiftung Jesu Christi zurück und bildet eine Tradition.
- Es hat zwei Ausprägungen: Hirten und Lehrer, später Pastoren und Bischöfe.

---

[142] Ebd., 62. (‚nach weltlichem Recht‘ – im Original „jure humano").
[143] Ebd., 81f.

- Es wurde von einem Amtsträger auf den anderen übertragen. So entstand eine Sukzession.

Daraus ergeben sich für die Leitung der Evangelischen Kirche folgende Konsequenzen:
- Die Gemeinde hat keinen Anteil an der Wahl und Bestallung der Amtsträger.
- Die Amtsträger haben neben der Wortverkündigung und Sakramentsverwaltung auch das Amt der „Schlüssel" (Augsburger Bekenntnis Art. 28) wahrzunehmen, d. h. für Zucht und Ordnung in der Gemeinde zu sorgen. Instrumente der Kirchenzucht bilden: der Ausschluss vom Abendmahl, die Verweigerung von Taufe, Einsegnung, Trauung, Bestattung.

Damit hatte sich der neuberufene Marburger Theologieprofessor klare Kriterien geschaffen, um die nach der Reformation geäußerten Vorstellungen vom geistlichen Amte kritisch prüfen zu können. Dort gab es zwei Schwerpunkte: die episkopale Lehre einerseits und die presbyterial-synodale andererseits. Der bisher skizzierte Gedankengang hat schon gezeigt, dass Vilmar sich damit in großer Nähe zum katholischen Amtsverständnis bewegte. Die der Gemeinde gegenüber autonome Stellung der Bischöfe und der Priester, die Rückführung der Sukzession bis zu den Aposteln und damit zu Christus, auch die disziplinierende Kirchenzucht zeigten das sehr deutlich. Das machte es für ihn auch nötig, die bestehenden Unterschiede herauszuarbeiten. Sie finden sich am Schluss der kleinen, aber profilierten Schrift:

„Die katholische Kirche kennt keine innere Beziehung des Gnadenstandes des Hirten zu seinem Amte als Hirte; ihr ist die äußerliche Tradition, die Succession vollkommen ausreichend für ein unfehlbares Lehramt, welches sie fordert. Wir stellen dieselbe Forderung ... Aber wir stellen diese Forderung nicht bloß auf dem Boden der äußerlichen Tradition und Succession, sondern auf dem Boden der *inneren Erfahrung* von den Gütern der Kirche: diese Güter der Kirche sollen *durch Erfahrung* von einem Hirten auf den andern übergeleitet werden: wer nicht die Entwicklungsstufen des christliche Lebens selbst durchgelebt hat, ist für uns kein vollständiger, weil kein unfehlbarer, Träger des geistlichen Amtes in Beziehung auf die christliche Cardinalerfahrung der evangelischen Kirche. Wer der Kirche nicht gehorsam ist (d.h. den Lebensstoff der Kirche vollständig in sich aufzunehmen vermag) ist kein Diener der Kirche; so lehren katholische und evangelische Kirche in gleicher Weise; die katholische Kirche aber befaßt in ihrem Gehorsam lediglich ‚den gesetzlichen Gehorsam';

wir rechnen zum Gehorsam gegen die Kirche auch ‚den neuen Gehorsam‘, welche(r) aus der Bekehrung fließt. Die katholische Kirche hat für ihr Amt den character indelebilis (unzerstörbaren Charakter) in der Ordnination, wir in der Bewahrung der Geistesgaben, welche in der Ordination verliehen werden."[144]

Mit dieser Argumentation stieß er auf ein großes Hindernis: Die gerade aus der Reformation herausgewachsene Tradition, nach der alle Ämter aus der Gemeinde hervorgegangen seien, war zu überwinden. Aber das Priestertum aller Gläubigen – von Luther zu Anfang seines reformatorischen Wirkens mit großem Nachdruck gegen die katholische Ämterlehre vertreten – fand dennoch keine Gnade vor den Augen des scharfsinnigen Kritikers.[145]

Gegen ein presbyterial-synodales Verständnis von den Ämtern in der Kirche trug er nicht nur die schon vorher gewonnenen biblischen Ergebnisse vor, sondern auch die Aussagen über die Schlüsselgewalt der Augsburgischen Konfession. Den Artikel 28, in dem dieser Punkt geregelt ist, kombinierte er mit den unstrittigen Regelungen des Artikels 7. So ergab sich – wie bereits dargestellt – eine über die Wortverkündigung und die Sakramentsverwaltung (Art. 7) weit hinausgehende Aufgabenbeschreibung des geistlichen Amtes. Damit hatte sich der konservative Vilmar die Voraussetzung geschaffen, um auch noch ein pragmatisches Argument heranziehen zu können: die offenkundige Unfähigkeit der Gemeinde, sich selbst zu führen:

„Nun hat doch schon der weltliche Mensch einen Haltpunkt außer sich nötig, zu dessen Feststellung er nicht beigetragen haben darf, der rein *ohne ihn* besteht und feststeht; nötig, ... – sollte es mit dem Menschen in der Kirche anders sein? Muß doch auf dem Gebiete der Welt die Auctorität, welche wirkliche Auctorität sein will – sich *ihrer selbst als Auctorität*, von welcher die Bestimmungen des Lebens ausgehen, welche selbst aber nicht gesetzt und nicht bestimmt wird, bewußt sein, um Auctorität zu bleiben; sollte es auf dem Gebiete der Kirche anders sein?"[146]

Diese Argumentation machte schon das erkenntnisleitende Interesse deutlich. Wieder tauchte die Frage auf, wo noch eine feste, nicht menschlicher Veränderung unterworfene Autorität gefunden werden könne. Es ging um eine über den Menschen und über allen möglichen und denkbaren menschlichen Gemeinschaften stehende Autorität.

---

[144] Ebd., 123f.

[145] Zu seiner Kritik an Luther siehe Wilhelm Hopf: August Vilmar II, 374f. Anm.

[146] Lehre vom geistlichen Amt, 111.

Deshalb wendete er den Gedanken noch einmal anders herum:

„Und wenn die Person, welche von mir samt meiner Gemeinschaft in Handhabung nicht göttlichen sondern menschlichen Rechts zum Vertreter der Auctorität Christi gesetzt wird, diese Auctorität handhaben will, wird sie das können? Sie hat ja *nur mich* und *meine Gemeinschaft* als Mandatgeber hinter sich – sie übt weder auf mich noch auf meine Gemeinschaft Auctorität aus; sie *kann* überhaupt keine Auctorität an Christi Statt ausüben, weil ihr eine solche nicht inne wohnt und sie sich selbst derselben auch nicht bewußt sein kann; meine und der Meinigen Auctorität, zugeständlich eine bloß menschliche, ist die Basis der Auctorität des geistlichen Amts. Ist das die Auctorität in der sichtbaren Welt? oder nicht vielmehr zwiefache Vernichtung Seiner Auctorität?

Christi Auctorität zu vertreten ist nur möglich kraft eines, von der Gemeinde, sei dieselbe auch eine Gemeinde der Heiligen – die doch in dieser Welt des Kampfes ein Unding ist, sowie sie als äußere Erscheinung in die Welt treten will – *unabhängigen* Amtes und Mandates, welches direct und ohne Vermittlung der Gemeinde von Ihm, der alleinigen Auctorität im Himmel und auf Erden, ausgehet."[147]

Mit der knappen Darstellung der Lehre vom geistlichen Amt hatte Vilmar sich eine doppelte Abgrenzung als Ziel gesetzt: zum Staat und zur Katholischen Kirche. Er wollte die Selbständigkeit der Evangelischen Kirche vom Staat dadurch möglich machen, dass sie ein stabiles Element findet, das von allen Veränderungen, von Moden, von Unwägbarkeiten unabhängig sein sollte. Mit dem Aufweis der bis in die Zeit Jesu zurückreichenden Tradition für das geistliche Amt hatte er auch für die Evangelische Kirche eine Stütze, ein stabiles Fundament gefunden, das an die Stelle der christlichen Obrigkeit treten konnte. Die Versuche, nach der Revolution von 1848/49 wieder zu einem christlichen Staat zurückzufinden, erschienen ihm grundlos, unehrlich, verkrampft. Die als Restauration bezeichnete Epoche bildete für einen so scharfsichtigen Zeitgenossen und Beobachter in vielfacher Hinsicht nur ein Übergangsstadium. Der Staat werde sich tiefgreifend verändern, war seine feste Überzeugung. Finde die Kirche nicht rechtzeitig zu ihrer Freiheit, so werde sich ihre Bindung an den Staat als Fessel und Knebel erweisen. Denn wie es eine dämonische Wis-

---

[147] Ebd., 112.

senschaft gebe, so sei auch ein dämonischer Staat denkbar.[148] Er erlebte noch, wie diese befürchtete Möglichkeit 1866 Realität wurde. Die Abgrenzung gegenüber der Katholischen Kirche ist oben bereits skizziert worden. Hier bleibt nur nachzutragen, dass August Vilmar die von weiten und einflussreichen Teilen der Katholischen Kirche – mit dem damals regierenden Papst an der Spitze – vorangetriebene Forderung der päpstlichen Unfehlbarkeit auch für das geistliche Amt der Evangelischen Kirche gesichert haben wollte.[149] Dies ergab sich als Konsequenz aus der göttlichen Stiftung beinahe zwingend. Damit stellte er aber auch einen weiteren unübersehbaren Unterschied zur Katholischen Kirche heraus.

Durch seinen Tod am 28. Juli 1868 konnte er die 1870 auf dem (ersten) Vatikanischen Konzil allein dem Petrusamt, also dem Papst als Nachfolger des Petrus, zugeschriebene und als Dogma verkündete Unfehlbarkeit nicht mehr erleben.

Eine zweite Zwischenbilanz: August Vilmars theologisches Vermächtnis

Die knapp dreizehn Jahre, die August Vilmar in Marburg als Professor Theologie lehrte, begannen für ihn – wie angedeutet – unter denkbar schwierigen Startbedingungen. Aber ab 1860/61 konnte er sich eine starke Stellung erobern. Die Studenten kamen in Scharen. Wilhelm Hopf beschreibt Vilmars Stellung so:

„Seine Vorlesungen waren jetzt die besuchtesten der Universität … Sehr viel mehr als der äußere Zulauf bedeutete es aber, daß sich aus der Zahl der Hörer ein fester, stets wachsender Kern von Jüngern zusammenfand, die des Meisters Lehre, seine Kirchen- und Weltbetrachtung nicht nur mit dem Verstand, sondern mit dem Herzen aufnahmen, um sie im späteren Leben und namentlich in der Führung des geistlichen Amtes zur Geltung zu bringen. Fortan konnte von einer theologischen, richtiger *kirchlichen Schule* Vilmars gesprochen werden, die sich allmählich über die Pfarrerwelt ausbreitete, wo ihr die frühere Tätigkeit des Mannes, namentlich seine Führung des Kasseler Oberhirtenamtes, schon den Boden bereitet hatte."[150]

---

[148] Zu dieser Möglichkeit: Ulrich Asendorf: Die europäische Krise, 74-87.

[149] So auch Bernhard Lohse: Kirche und Öffentlichkeit bei A.C.F. Vilmar, 445-467, bes. 453.

[150] August Vilmar II., 333.

August Vilmar sah sich in Marburg nicht nur als Professor, sondern auch als ein geistlicher Führer. Sein Wirken strahlte bald weit über die Universität hinaus. Er wurde gerne als Festredner zu den in den 1850er Jahren allmählich in Mode gekommenen Missionsfesten eingeladen. Wilhelm Hopf zählt 22 für den Zeitraum 1859-1867.[151] Neben seiner weiten literarischen Tätigkeit gelang es ihm auch, auf die schon im aktiven Dienst stehende Pfarrerschaft Einfluss zu nehmen. Diesem Zweck dienten die so genannten beidhessischen Konferenzen. Hier trafen sich abwechselnd in Marburg und in Friedberg Pfarrer aus dem Großherzogtum und dem Kurfürstentum zur Fortbildung. Damit hatte er ein Forum, auf dem er seine theologischen Grundüberzeugungen vortragen und begründen konnte.

Vilmar kam mit seinen Schülern und seinen Gesinnungsgenossen nicht nur zu informellen Tagungen zusammen. Es bildete sich allmählich ein Kreis, für den sich die Bezeichnung *Vilmarianer* einbürgerte. Sie gründeten Vereine und bildeten feste Gruppierungen. Damit war die organisatorische Grundlage dafür gelegt, dass der Geist, der hohe Anspruch, die Grundsätze des Meisters über seinen Tod hinaus lebendig blieben und weiterentwickelt werden konnten. Einer seiner späteren Anhänger, Karl Wicke, hat das Vermächtnis August Vilmars so beschrieben:

„... in die hessischen Theologen ... ein Amtsbewußtsein hineinzupflanzen, das sie fähig mache, im gegebenen Augenblick ‚auch die Regierung der Kirche ihrem vollen Umfange nach aus den Händen der dazu untauglich gewordenen weltlichen Macht zurückzunehmen‘, so daß dann, ‚wenn Gott die Sachen so legt, daß ein solches Regiment eingeführt werden kann, dasselbe als eine Notwendigkeit nicht nur anerkannt, sondern die von Gott gegebene Lage der Dinge auch benutzt werden kann. Ohne größere Weltstürme wird das nicht möglich sein. In den Jahren 1848-1850 wäre es möglich gewesen, wenn, woran es *gänzlich* fehlte, der Sinn für diese Organisation wäre vorbereitet gewesen‘. Um zu verhüten, daß bei den erwarteten Weltstürmen der Zukunft wieder eine solche Verständnislosigkeit herrsche, versuchte daher Vilmar, Gewißheit darüber zu verbreiten, bzw. zu erwecken, ‚daß ein von Christo eingesetztes Amt des Wortes und der Sacramente vorhanden sei, welches dem Herrn Christo für die Kirche und deren Versehung mit Wort und Sacrament so wie für die Leitung der einzelnen Seelen bezw. der Kirche in ihrer Gesamtheit verantwortlich ist‘."[152]

---

[151] Ebd., 336f.

[152] Karl Wicke: Die hessische Renitenz, 36.

Nachdem Vilmar mit großer Sorgfalt, mit Scharfsinn und Gelehrsamkeit die Verheißungen und Aufgaben der Kirche herausgearbeitet hatte, lag ihm daran, dafür seinen Studenten sowie den aktiven Pfarrern das entsprechende Bewusstsein zu vermitteln. In Kürze ist noch einmal zusammenzufassen, was Vilmar unter Kirche verstanden hat.

1. Nach dem für ihn unbezweifelbaren Verständnis würde die Kirche der Zukunft zu einer kleinen Gemeinschaft von Überzeugten werden, damit zwar zahlenmäßig verlieren, aber an Qualität erheblich gewinnen. Ihm war klar, die bisherigen äußeren Stützen würden den kommenden Stürmen nicht standhalten. Nicht länger könne sich die Kirche auf den Staat oder auf die Wissenschaft als die bewunderte Autorität von Gegenwart und Zukunft verlassen, sie werde sich nur noch auf sich selber gestellt sehen und ihre eigenen Stärken finden müssen.

2. Mit dem Bekenntnis und dem geistlichen Amt als unzerbrechlichen Pfeilern könne sie schlimmen Zeiten mit Mut und Gewissheit entgegensehen. Eine ungesicherte Epoche, wie sie die Alte Kirche vor Konstantin und seiner christenfreundlichen Religionspolitik erlebt hatte, stehe der Kirche wieder bevor.

Dieser profilierte Kirchenbegriff, den Vilmar erarbeitet hatte und den er mit Vehemenz vertrat, führte aber auch zu heftigen Auseinandersetzungen. Auf sie ist noch kurz einzugehen:

3. Der Einwand, dieses Verständnis von Kirche sei katholisch, und Vilmar verfolge katholisierende Tendenzen, war überzeugend zu widerlegen. Er stimmte mit der katholische Lehre darin überein, dass die Krise der Gegenwart nur mit einer grundlegenden Orientierung an der Kirchengeschichte überwunden werden könne. Eine gemeinsame Vorbildfunktion kam dabei der Alten Kirche mit der Bestimmung der göttlichen Trinität und mit der Festlegung zu, Christus sei wahrer Mensch und wahrer Gott gewesen. Einen unübersehbaren Unterschied hatte aber der Syllabus deutlich gemacht: Pius IX. sah in der Reformation die erste Ursache für die Irrwege der neueren Geschichte und pochte auf die Rückkehr zur mittelalterlichen Scholastik als theologischer Grundlage für die katholische Lehre. Der Neuthomismus wurde zur Lehrnorm erhoben. Für Vilmar spielte das Mittelalter keine Rolle, hingegen markierte für ihn gerade die Reformation mit dem Augsbur-

gischen Bekenntnis und der dort formulierten Rechtfertigungslehre einen Höhepunkt der christlichen Heilsgeschichte. Das Unheil begann aus seiner Sicht erst mit der Aufklärung und dem Rationalismus gut hundert Jahre später.

4. Mit seiner einseitigen Hinwendung zur Vergangenheit, die es ihm erst ermöglichte, ein so stimmiges Kirchenverständnis zu gewinnen, hat er wichtige Trends und Bewegungen seiner Zeit entweder gar nicht gesehen oder sie in ihrer für die Zukunft noch verstärkten Bedeutung nicht richtig eingeschätzt. Das gilt für die naturwissenschaftlichen Erkenntnisse, für den technischen Fortschritt, den Aufbruch in der Wirtschaft, damit allerdings auch für die sich verschärfenden sozialen Probleme. Soweit sie ihm in den Blick kamen, hat er auch für sie Lösungsansätze immer nur in der geschichtlichen Tradition gesucht.

Zu großen Teilen des Volkes – schwerpunktmäßig zum städtischen Bürgertum – brachen damit nahezu alle Verständigungsmöglichkeiten ab. Vilmar hielt diese Entwicklung im Interesse der großen Scheidung für nötig, begrüßte sogar ihre Beschleunigung und Intensivierung. Der nicht nur das Bürgertum, sondern auch die entstehende Arbeiterschaft rapide erfassenden Entkirchlichung sollte deshalb nur mit neu aktivierter Kirchenzucht entgegengetreten werden. Dass man durch volksmissionarische Aktivitäten wie Missionsfeste neue Verbindungen knüpfen könne, hielt Vilmar selbst für ziemlich unrealistisch.[153]

5. Damit ist auch sein Kirchenbild selber noch einer kritischen Prüfung zu unterziehen. Er hat es entworfen, um ein Gegenüber und um eine bessere Alternative zum Staat zu bilden. Die der Obrigkeit zugewiesene Aufgabe, das Volk nach den Geboten Gottes zu regieren, konnte oder wollte der Staat des 19. Jahrhunderts nicht mehr erfüllen. Christliches Regiment könne demgegenüber nur noch die Kirche gewährleisten. Deshalb waren dort die Bereiche des Befehlens und Gehorchens, Sagens und Hörens, der Amtsträger und Laien, deutlich gegeneinander abzugrenzen und mit Strenge eine mögliche Vermischung zu verhindern. Damit kam dem Recht eine fundamentale Bedeutung zu. Gleichfalls sollte gegenüber dem Lauten und Schrillen,

---

[153] Siehe dazu Wilhelm Hopf: August Vilmar II., 334.

dem Grellen und Oberflächlichen, den sich abwechselnden Moden, welche die Kultur, die Gesellschaft, die Kunst der Zeit mehr und mehr beherrschten, eine andere Welt, in der wieder Anstand, Gesittung, Ernsthaftigkeit den Ton angaben, geschaffen werden: die Kirche. Aber damit musste sie mehr und mehr einen nur lehrenden und erziehenden, einen einseitig strengen Charakter annehmen.

Nun hatte die Kirche in ihrer Geschichte immer auch als *Lehrerin* fungiert, hatte für Bildung, Kultur, Religion elementare Aufgaben wahrgenommen. Aber mit dem Lehren, Ermahnen, auch Bestrafen kam nur eine Seite ihrer Aufgabe in den Blick. Bereits im 3. Jahrhundert wurde noch ein anderes wichtiges Merkmal von Kirche entdeckt und herausgestellt: *die Mutter*. Auf Cyprian, Bischof von Karthago – im Jahre 257 als Märtyrer gestorben – geht das eindrucksvolle Bild von der Kirche als Mutter neben Gott als Vater zurück[154].

In der katholischen Kirche (und in der Orthodoxie) steht die Gottesmutter seit dem 4. Jahrhundert als hochverehrtes Symbol für die vergebende, tröstende, ermunternde, aufbauende Seite von Kirche. Ehe er mit dem Syllabus 1864 und der päpstlichen Unfehlbarkeit 1870 die Kirche als Lehrerin heraushob, stärkte Papst Pius IX. mit dem Dogma von der unbefleckten Empfängnis der Jungfrau Maria 1854 das mütterliche Symbol der Kirche. August Vilmar, der selbst kein gefühlloser Stoiker war und Freuden ebenso kannte wie Leiden – neben seiner ersten Frau musste er auch noch zwei Söhne zum Sterben begleiten –, hat demgegenüber eine Kirche konzipiert, die weithin ohne Gefühl und Sinnlichkeit auskommen sollte.

6. Ein kreativer, insbesondere künstlerischer Umgang mit dem Glauben musste sich allenthalben an den festen Aussagen des Bekenntnisses messen lassen. Nur die Kirche, nur ihre Theologie und allein ihre Amtsträger sollten gewissermaßen das Monopol auf das, was richtiger Glaube ist, beanspruchen. An Vilmar lässt sich eine von *Dietrich Rössler* aufgestellte These gut belegen:

> „Die Bewegungen der Selbstkritik in der Kirche haben strengere Auffassungen vom Christentum und vom christlichen Leben zum Leitbild für die Kirche selbst werden lassen und dadurch Unterschiede und Grenzen in den Anschauungen vom Christentum und in der christlichen Lebenspraxis etabliert."[155]

---

[154] Siehe Hans von Campenhausen: Lateinische Kirchenväter, 37-56.
[155] Grundriß der Praktischen Theologie, 80.

Rössler sieht hier den Grund für das deutliche Auseinandertreten von drei Ausprägungen von Christentum im 19. Jahrhundert: kirchlichem, gesellschaftlichem und individuellem.[156]

Die Studenten der Theologie in Marburg und die aktiven Pfarrer in beiden Hessen sollten ein ausgeprägtes Amtsbewusstsein gewinnen, um die Kirche als Heilsanstalt führen und leiten zu können. Viele haben es zur Freude ihres Lehrers und Meisters ausgebildet. Es sollte ihnen in den heftigen Auseinandersetzungen, die ihnen mit dem preußischen Staat bevorstanden, eine erstaunliche Belastbarkeit verleihen. Daran sollten sich unter ihnen aber auch Streitereien und Rechthabereien entzünden, wie noch zu zeigen ist.

---

[156] Ebd., 78-86.

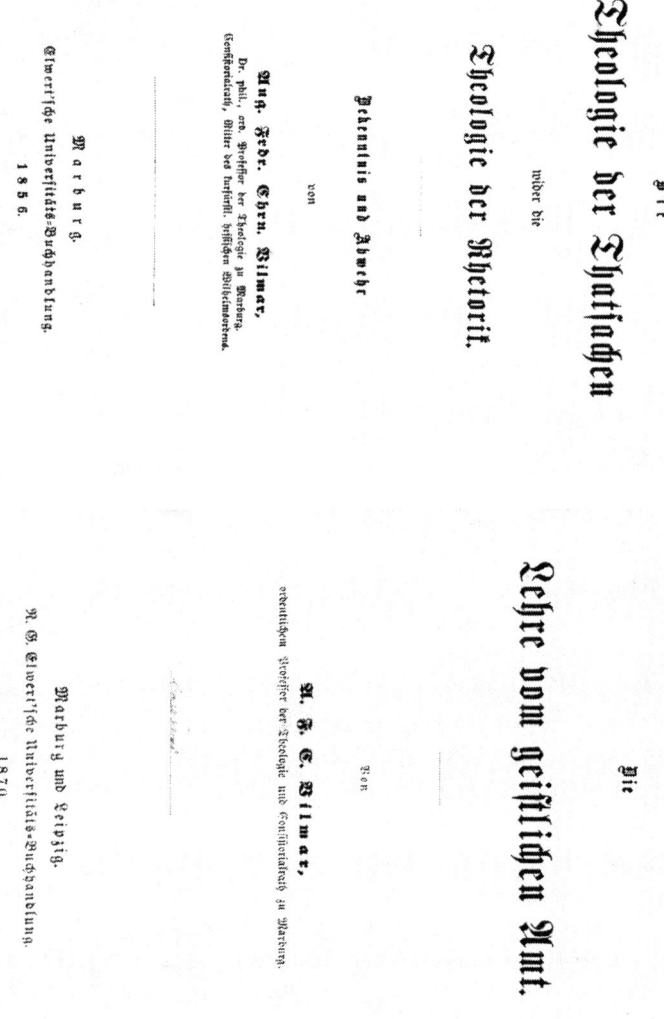

Zwei Programmschriften August Vilmars
oben: für seine Lehrtätigkeit an der Universität
unten: für eine gegen alle möglichen Angriffe gerüstete evangelische
Kirche

Der Staat als Rechtsbrecher –
die preußische Annexion von 1866

Dass Staaten über Recht, Gesetz, die geltende Verfassung skrupellos hinweggingen und andere Staaten schlichtweg annektierten, erlebte Kurhessen im Sommer 1866. Preußische Truppen besetzten das Land, nahmen den Kurfürsten in Gewahrsam, schickten ihn bald ins Exil und machten das Kurfürstentum zusammen mit drei gleichfalls annektierten Staaten, dem Königreich Hannover, dem Herzogtum Nassau und der Freien Reichsstadt Frankfurt, zu preußischen Provinzen.

Die Versprechen von Wien, 1815 auch vom preußischen König feierlich abgegeben, waren damit an ein schmähliches Ende gekommen. Nicht mehr der christliche Glaube, noch nicht einmal geltendes Recht boten noch politische Orientierung. Allein uneingeschränkte Machtpolitik und schierer Opportunismus ließen sich hinter solchen Aktionen erkennen.

Aber die Reaktion auf diesen Gewaltakt war in Kurhessen – anders als etwa in Hannover oder gar in Frankfurt – für August Vilmar, seine Schüler und Freunde enttäuschend. Das städtische Bürgertum begrüßte die Annexion, weil es sich einen breiten Aufschwung für Wissenschaft, Technik, Wirtschaft und Kultur versprach. Die Landbevölkerung nahm die neue Situation fatalistisch hin. Am meisten waren die *Vilmarianer* von Theologen enttäuscht, die mit fadenscheinigen Begründungen den eklatanten Rechtsbruch ummäntelten und zu legitimieren versuchten.

Vilmar selbst empfand keine Genugtuung darüber, dass seine pessimistischen Voraussagen sich auf eine so bedrückende Weise bestätigt hatten. Für den Mann, der zeit seines Lebens dem Recht einen hohen Stellenwert eingeräumt hatte, ergaben sich komplizierte Fragen. Eine betraf den Eid, den die Beamten, damit auch die Pfarrer, ihrem, jetzt abgesetzten und im Exil lebenden, Landesherrn geschworen hatten. War er ungültig, oder bestand eine fortdauernde Bindung? Die Situation entspannte sich, nachdem Friedrich Wilhelm die hessischen Beamten ausdrücklich von ihrem Treueid entbunden hatte. Sie konnten nun ihrem neuen Landesherren, dem preußischen König, einen neuen Eid schwören. Vilmar hat kurz vor seinem Tod noch dazu geraten.[157]

Die Regierung in Berlin begann nach der Besetzung, die neuen Gebiete zügig in das Königreich zu integrieren. Das preußische Recht und die preußische Verwaltung wurden zum 1. Oktober 1867 eingeführt. Dabei wurde aber auf regionale Eigenheiten soweit wie möglich Rücksicht genommen. In diesem Zusammenhang drängten gerade Kirchenfragen in den Vordergrund.[158] Nicht strittig war für die preußische Regierung, dass der König, Wilhelm I., als Summepiskopus der Evangelischen Kirche an die Stelle der abgesetzten Monarchen trete. Aber der preußische Ministerpräsident, *Otto Graf von Bismarck-Schönhausen* (1815-1898) beließ es fürs erste dabei und bremste alle Bestrebungen, die neugewonnenen Evangelischen Kirchen in die preußische Evangelisch-unierte Kirche unter der Leitung des Evangelischen Oberkirchenrates (EOK) zu integrieren. Er sah hier ein unkalkulierbares Risiko, seit ein in den 1830er Jahren in Deutschland entstandener Konfessionalismus die früheren Sympathien für Unionen verdrängt hatte. In den neuen Provinzen gab es nur in Nassau eine landesweite Union, Hannover war weithin lutherisch, während in Kurhessen und Frankfurt alle drei evangelischen Konfessionen nebeneinander vorkamen. Es war also wieder mit konfessionellen Unterschieden als möglichen Hindernissen zu rechnen. Hinzu kam, dass der preußische Landtag mit seiner liberalen Mehrheit seine Zustimmung für die nötigen Kirchengesetze davon abhängig machte, dass in den kirchlichen Leitungsgremien auch Laien vertreten waren. Das lag auch im Interesse der Regierung, stieß aber in den Lutherischen Kirchen auf Ablehnung. In Kurhessen entzündeten sich daran grundsätzliche Streitfragen. August Vilmar hatte seine Schüler mit einer 1860 erschienenen „Geschichte des Konfessionsstandes der evangelischen Kirche in Hessen, besonders im Kurfürstentum, übersichtlich dargestellt", von dem lutherischen Bekenntnisstand für ganz Kurhessen überzeugt. Für den oberhessischen Bereich mit Marburg als Zentrum war das unstrittig. Ganz anders stellte sich die Situation im niederhessischen Teil, dem weiteren Umfeld von Kassel, dar. Dort führten seit der Einführung der so genann-

[157] Siehe dazu Wilhelm Hopf: August Villmar II., 419f.

[158] Siehe dazu Thomas Klein: Preußische Provinz Hessen-Nassau, 219-228.

ten Verbesserungspunkte durch Landgraf *Moritz den Gelehrten* 1605, die im wesentlichen aus reformierten Veränderungen bestanden, die Gemeinden den Namen „Evangelisch-reformiert". Aber Vilmar war zu dem Ergebnis gekommen, dies entspreche nicht den gültigen Kirchenordnungen. Die *Vilmarianer* behaupteten fortan steif und fest, der gesamte althessische Teil der Evangelischen Kirche sei lutherisch.[159]

Dieser Behauptung war zwar Vilmars alter Mitstreiter auf der Jesberger Konferenz und Marburger Fakultätskollege, *Heinrich Heppe* (1820-1879), mit guten Gründen entgegengetreten. Er sah in der hessischen Kirche starke Einflüsse Philipp Melanchthons und konnte so ihrer eindeutigen Zuweisung zu den Lutherischen Kirchen nicht zustimmen. Den Gegenstand des Streites bildete die Frage, ob in Kurhessen das Augsburgische Bekenntnis immer nur in der Fassung von 1530 in Geltung gestanden habe oder ob auch die spätere, von Melanchthon selbst veränderte Fassung von 1540 die Bekenntnisgrundlage abgegeben habe. Alle, die mit Überzeugung Lutheraner sein wollten, stützten sich nur auf das 1530 abgegebene unveränderte Augsburgische Bekenntnis. Mit dieser für sie historisch abgesicherten Gewissheit hatte bereits im Sommer 1862 August Vilmars jüngerer Bruder Wilhelm die *Niederhessische Pastoralconferenz* begründet. Sie sollte alle Pfarrer, die deutlich antirevolutionär eingestellt waren, zusammenführen. Ihre Grundsätze hatte der jüngere Vilmar so formuliert:

„Die niederhessische Pastoralconfernz, deren Leitung die Unterzeichneten übernommen haben, beabsichtigt eine Verständigung der Pfarrer von Niederhessen über das *Bestehen der Kirche* in den Bewegungen der *Revolution* der Gegenwart.

Die Sätze, zu welchen die Niederhessische Pastoralconfernz als der Grundlage dieser Verständigung eine unbedingte Zustimmung voraussetzt, sind folgende:

1) Der unbewegliche Grund des Bestehens aus der Vergangenheit ist die *ungeänderte Augsburgische Confession.*

2) Die ungeänderte Augsburgische Confession hat einen *ökumenischen* Charakter für die *Gesammtkirche.*

3) Das Gewicht des Bestehens der Kirche in den Bewegungen der Revolution der Gegenwart liegt in der *Regierung* der Kirche.

---

[159] Siehe dazu Renate Sälter: Die Vilmarianer, 211-218.

4) Klarheit und eine Entscheidung über die auf die Regierung der Kirche sich beziehenden Fragen kann es nur geben durch den festgehaltenen Unterschied zwischen *Kirche* und *Gemeinde.*

5) Die Regierung der *Kirche* geschieht unmittelbar durch den Herrn *selbst*; die Regierung der *Gemeinde* durch die von Ihm getragenen *Aemter.*"

Neben „Vilmar in Melsungen" hatten noch unterschrieben: „Amelung in Grebenstein" und „Frick in Kassel".[160] Aufmerksam und kritisch im Vergleich mit August Vilmar betrachtet ergeben sich folgende Schwerpunkte:

- Die ersten vier Sätze mit ihrem Schwergewicht in der Herausstellung der Stabilität gegen jegliche Beweglichkeit oder Veränderbarkeit markierten klar die innere Übereinstimmung mit seinen theologischen Überzeugungen, insbesondere die klare Frontstellung gegen jegliche Revolution.
- Der fünfte Satz mit seiner deutlichen Unterscheidung zwischen der Kirche und der Gemeinde, zu deren Regierung „Ämter" eingesetzt seien, stand hingegen in einem offenen Dissens zu ihm. Für ihn gab es das „geistliche Amt" nur im Singular.
- Auch die These, Christus regiere die Kirche unmittelbar, stand im Widerspruch zu Augusts Lehre, nach der das geistliche Amt gerade die Repräsentanz Christi darstelle.

Die Brüder Vilmar hatten in dem Komplex, der für August die größte Bedeutung hatte, in der Lehre vom Geistlichen Amt, voneinander abweichende Positionen gewonnen, wie ihnen selbst auch deutlich war.[161] Die Gründe dafür waren in den unterschiedlichen Erfahrungen mit der Revolution zu suchen. August sah – 1849 bereits und insbesondere nach seiner Brüskierung durch den Kurfürsten – keine Grundlage mehr für einen christlichen Staat, während Wilhelm, der in Jesberg nicht dabei gewesen war, nach wie vor alle seine restaurativen Hoffnungen auf den Monarchen setzte. So hatte er Ende 1850 unter dem Namen *Treubund* eine Vereinigung gegründet, die antirevolutionäre und antidemokratische, aber mit allem Nachdruck promonarchische Ziele verfolgen sollte. August hatte davon nichts ge-

---

[160] Die niederhessische Pastoralconferenz, 5f.

[161] Siehe Klaus Engelbrecht: Um Kirchentum und Kirche, 116-123, insbes. 122.

111

halten, obwohl der Aufruf zur Gründung in seiner Zeitschrift „Der hessische Volksfreund" veröffentlicht worden war.[162] Nach der Auflösung des Treubunds bereits Ende 1853 war dann die niederhessische Pastoralkonferenz das nächste Projekt, mit dem Wilhelm versucht hatte, für seine Ideen und Vorstellungen ein Forum zu schaffen.[163] Und auch hier hatte der Kurfürst wieder eine wichtige, im Sinne Augusts allerdings eine für eine Konferenz von Geistlichen geradezu unzulässige Bedeutung gewonnen. Ob darin der Grund zu suchen ist, dass August Vilmar der niederhessischen Pastoralkonferenz nicht angehörte, muss offen bleiben.[164] Jedenfalls hatte Wilhelm Vilmar dem Verhältnis von Staat und Kirche das uneingeschränkte monarchische Prinzip zugrunde gelegt. Die erste Niederhessische Pastoralkonferenz trat nicht zufällig am 20. August 1862 zusammen:

„Sollen wir über den Gedanken, der uns veranlaßte, gerade diesen Tag zu unserer Conferenz zu wählen, Rechenschaft geben, müssen wir gestehen, daß er lediglich in der Voraussetzung lag, an diesem Tage werde eine große Anzahl *treuer* Hessen, welche die Zeichen dieser Zeit verstehen, als einer Zeit der tiefsten Völkernacht, auch der Mitternachtsstunde des hessischen Volkes, in Guntershausen sich versammeln, um die Freude darüber kund zu geben, daß das Lebenslicht des Landesherrn, welcher an diesem Tage sein sechzigstes Lebensjahr zurücklegte, nachdem er nach einer länger als dreißigjährigen Regierung durch so viele Schatten und Trübsale nicht hatte vernichtet werden können, uns noch leuchte, und zwar als der einzige Stern in dieser dunkeln Nacht, der uns gesetzt sei, die wunderbaren Wege unsers Gottes zu erkennen und uns im Glauben an seine Allmacht zu stärken. Wir setzten voraus, daß an diesem Tage und an diesem Ort auch die *treuen* Pfarrer nicht fehlen und in großer Zahl sich einfinden würden ...

Wenn uns aber der Gedanke untergelegt wird, als halte die Wahl dieses Tages uns nothwendig von den Fragen und Angelegenheiten des kirchlichen Lebens ab, in die Erörterung politischer Verhältnisse und somit zu einer unheilvollen Vermischung beider führen müssen, und es den Anschein gewinnt, als gehörten die Erörterungen politischer Verhältnisse ausschließlich in das Gebiet des Landesherrn, die Fragen und Angelegenheiten des kirchlichen Lebens aber ausschließlich in das Gebiet des geistlichen Amtes, so müssen wir gestehen, daß uns dieser Gedanke, und zwar in dieser Trennung, nicht nur völlig unklar,

---

[162] Ebd., 64-72.

[163] Ebd., 72-75.

[164] Üblicherweise wird nur formal argumentiert: August Vilmar sei in Marburg, also in Oberhessen, tätig gewesen.

sondern auch völlig fremd ist ... So steht uns der Berufskreis des Landesherrn nicht außerhalb, sondern recht eigentlich im Mittelpunkt des kirchlichen Lebens, weswegen wir uns ... sehr scharf gegen den Vorwurf verwahren müssen, daß, wenn wir den Berufskreis des Landesherrn in den Kreis der kirchlichen und theologischen Betrachtungen ziehen, wir dadurch das Ziel der Verständigung über Fragen und Angelegenheiten des kirchlichen Lebens aus den Augen verlieren und in die Erörterung politischer Fragen eintreten würden, wodurch das Ansehen des geistlichen Amtes und das Vertrauen zu demselben in Gefahr gerathe ... Unstreitig ist die Kirchengeschichte eine theologische Disciplin; es möchte aber keinem Kirchenhistoriker gelingen, den Berufskreis des Landesherrn aus der Betrachtung des kirchlichen Lebens in seiner geschichtlichen Entwickelung zu verbannen. Solange also noch etwas von dieser theologischen Disciplin übrig ist, muß es auch gestattet sein, über den Berufskreis des Landesherrn im kirchlichen Leben theologisch zu verhandeln, ohne daß man den Vorwurf auf sich lade, unbefugt Politik zu treiben."[165]

Die niederhessische Pastoralkonferenz hatte also ganz dezidiert auch politische Ziele ins Auge gefasst. Die Teilnehmer wollten als bekenntnistreue Pfarrer die Stellung des Landesherrn als „von Gottes Gnaden" und als Summepiskopus stärken. Mit der Annexion Kurhessens im Sommer 1866 durch das Königreich Preußen mussten sie mit dieser Zielsetzung verständlicherweise in eine große Sinn- und Orientierungskrise geraten. Aber nicht nur sie! August, der in den krisenhaften Auseinandersetzungen 1839, 1848/49 und 1851 immer mit Mut deutliche Stellungnahmen abgegeben hatte, flüchtete sich dieses Mal in gelehrte historische und germanistische Studien. Wilhelm Hopf, der auch von einer Flucht spricht, hat sie detailliert aufgelistet.[166]

Demgegenüber übernahm Wilhelm die Aufgabe, über die Folgen für die Kirche nachzudenken und unter theologischen Gesichtspunkten eine Würdigung vorzunehmen. Am 3. April 1867 hielt er vor der niederhessischen Pastoralkonfernz einen Vortrag zum Thema: „Die hessischen Kirchenordnungen vom Jahre 1657 in ihrem Zusammenhang mit ihrer Bedeutung für die Gegenwart". Gleich zu Anfang warf er die Frage auf, ob im Zuge der preußischen Integrationsbemühungen auch die Kirche einer Neuordnung bedürfe und kam zu folgender Antwort:

---

[165] J. W. G. Vilmar: Die Niederhessische Pastralconferenz, 12-14.

[166] Wilhelm Hopf: August Vilmar II., 422-428.

„Die bestimmte Offenbarung Gottes in der Kirche, welche die hessischen Kirchenordnungen von 1657 festhalten, ist die große That der *Reformation*, welche durch die C. A. (das Augsburgische Bekenntnis) ihren vollgültigen, ewig unveränderlichen Ausdruck gefunden hat und deren Mittelpunkt die Verkündigung der Rechtfertigung des Sünders *allein* durch den Glauben bildet. Auf dießem Glaubensbekenntniß ruhen somit auf ihrem unveränderlichen Fundamente die hessischen Kirchenordnungen von 1657 und setzen dasselbe überall voraus. Die Gemeinschaft aber, welche durch diese Kirchenordnungen die That der Offenbarung Gottes in der Reformation an diesem Bekenntniß festhält, ist der *hessische* Volksstamm mit seinem angestammten Fürstenhaus, als dessen vollgültigem *Rechtsträger*.“ [167]

Wilhelm Vilmar übernahm mit dieser Rede bereits 1867 die Meinungsführerschaft der Vilmarianer von seinem älteren Bruder. Seine Argumentation wurde zur Grundlage der weiteren Positionierung und verdient deshalb eine detaillierte Analyse. Es ging ihm um folgende Eckpunkte:

- Die Reformation war eine Offenbarung, und in Kirchenordnungen ist sie festgehalten.
- Die Kirchenordnungen von 1657 haben für Hessen, sowohl für das Volk wie für das Fürstenhaus eine zeitlich uneingeschränkte Bedeutung.

Die hessische Kirche kann deshalb von dem neuen Landesherrn keine neue Kirchenordnung annehmen.

---

[167] J. W. G. Vilmar: Die hessischen Kirchenordnungen, 3f.

Johann Wilhelm Georg Vilmar (1804-1884), seit 1851 Metropolitan in Melsungen, seit 1873 einer der Führer der renitenten Kirche in Kurhessen

In seiner 31 Seiten langen Rede traf er noch weitere Grundentscheidungen. Ausführlich gab er die oben schon genannte Kirchenordnung von 1657 in ihren inhaltlichen Bestandteilen wieder. Dabei handelte es sich um folgende fünf Ordnungen; je eine für

- den Gottesdienst,
- die Presbyterien (Kirchenvorstände),
- die Konvente (Zusammenkünfte der Pfarrer),
- die Superintendenten (Propst- und Dekanekonferenzen),
- die Konsistorien (Landeskirchenämter).

Für sie behauptete Wilhelm Vilmar eine auch über das Jahr 1866 mit seinen tiefgreifenden Umbrüchen hinausgehende uneingeschränkte und auch uneinschränkbare Geltung. War die feindliche Übernahme Kurhessens im Frühjahr 1867 auch als ein politisches Faktum hinzunehmen, so konnte das für die Kirche nicht gelten, wie er detailliert ausführte:

„Daß die großen schweren Ereignisse des Jahres 1866 von dem HErrn, unserm Gott gekommen sind, ohne den kein Sperling zur Erde, kein Haar vom Haupte fällt, glauben wir auch. Wir glauben auch, daß es die Zeit eines schweren Gerichtes, einer unerbittlichen Heimsuchung über unser hessisches Volk und Fürstenhaus, über unsere hessische Kirche ist, in welcher er, der HErr, der lebendige Gott, der da Augen, wie Feuerflammen und Füße, wie glühendes Erz, heimsucht der Väter Missethat an den Kindern bis ins dritte und vierte Geschlecht und Niemanden, der vor ihm bestehen will, etwas anderes übrig bleibt, als sich zu flüchten in die Arme seiner Gnade und Barmherzigkeit, damit er aus der Sünde der Vorzeit verwandelt werde in das gerechte Wesen Gottes und Jeglicher erfahre, was der heilige Wille Gottes in dieser Zeit an diesem Geschlechte sei und wo seine heilige Kirche als die Zufluchtsstätte aller Elenden und Verlassenen zu finden ist …
Was sollen wir jetzt thun, wir Pfarrer in Hessen, fest in die hessischen Kirchenordnungen eingebunden, als dem Leib der Gemeinde, in welchem sie ihr Leben, ihr Leben aus der Reformation, ihr ewiges Leben trägt, in dem sie ihre Gestalt durch Wort und Sacrament empfangen hat, in welchem sie ihre Zusammengehörigkeit mit der gesamten christlichen Kirche bis in deren Uranfänge erkannt und weiß? Giebt es noch eine Zukunft für das hessische Volk, noch eine Zukunft für die hessische Kirche, so ist dieses nur durch die Erhaltung dieses von Gott gegebenen Leibes möglich. Dies müssen die hessische Pfarrer wissen, wissen kraft ihres heiligen Amtes, durch das sie den HErrn und seine heilige Kirche kennen, für ihrer Gemeinde wahres Wohl einstehen sollen und nicht fliehen dürfen, wenn der Wolf kommt, um die ihnen anvertraute Heerde zu erhaschen und zu erwürgen.
Die Thatsache ist freilich nicht abzuleugnen, daß eine große Menge, eine große

Minorität, in unserem Volke vorhanden ist, die Mehrzahl jedoch unter ihnen aus Unverstand, verblendet und verführt, nur Wenige mit eigentlich vollem Bewußtsein, diese aber darum, weil sie den Herrn und seine Kirche hassen, welche sämmtlich laut schreien: ‚der alte Leib der hessischen Kirche muß weg, die alten hessischen Kirchenordnungen von 1657 müssen durchweg als völlig untauglich aufgehoben und durch neue ersetzt werden: dem Mangel an kirchlichem Leben (worüber nur die klagen, denen alles und jedes kirchliche Leben vollständig abgeht, die aber auch gar keins haben wollen) kann nur durch neue Ordnungen abgeholfen werden. Haben wir erst neue zeitgemäße, der Bildung des 19. Jahrhunderts entsprechende Kirchenordnungen, dann kommt der ewige Frieden, denn aller Hader steckt nur in den alten Kirchenordnungen!‘ Wir kennen dieses Geschrei; es ist das Geschrei des großen Abfalles, des großen Abfalles von der Reformation, des Abfalles vom Christenthum, des Abfalles von Gott. Der Träger des königlichen Amtes Jesu Christi, des bischöflichen Hoheitsrechtes in der hessischen Kirche, welcher bis dahin mit fester Hand alle diese Schreier von der Kirche und ihren Ordnungen fern hielt, ist nicht mehr unter uns. Der, welcher für jetzt das obrigkeitliche Schwerdt im Lande zu Hessen trägt, wird gewiß die Kirche in ihrer gemeinrechtlichen Existenz schützen, aber da das bischöfliche Hoheitsrecht, dessen Ausdruck die hessischen Kirchenordnungen sind, ihm für Hessen nicht in derselben Weise eignet, wie unseren hessischen Stammesfürsten, dürfen wir nicht erwarten, daß er sich ihrer in derselben Weise annehmen wird, wie unser bisheriger Landesherr, müssen uns vielmehr darauf gefaßt machen können, daß sie dem Spiele der Zeitwellen übergeben werden, da das Hauptaugenmerk des obrigkeitlichen Amtes dermalen darauf gerichtet ist, daß nur den bürgerlichen Anordnungen ein volles Genüge geschieht.

Wir dürfen uns die Gefahr, welche unseren hessischen Kirchenordnungen drohet, nicht verhehlen, uns nach keiner Seite hin täuschen. Menschenhülfe als solche ist nicht für sie und damit nicht für uns vorhanden. Alles, was Menschenhülfe genannt werden könnte, ist gegen sie gerichtet. Aber doch bleibt uns Eine Hülfe, es ist die einzige Hülfe, aber auch die größte Hülfe. Es ist Gott selbst. Nur Er wird helfen; Gott muß seiner Kirche und seiner Gemeinde helfen, auch hier in Hessen, welche zu ihm Tag und Nacht ruft und schreit, daß er sie in dieser Zeit der Noth und Gefahr nicht umkommen, nicht sterben lasse. Und dieses ist es, was jetzt der hessischen Kirche, was einem jeden Glied derselben, was insbesondere uns Pfarrern in dieser Kirche zu thun obliegt.“[168]

In diesem langen, sehr gewundenen Gedankengang steckten wichtige Grundentscheidungen, auf die der Melsunger Metropolitan in der Folgezeit immer wieder zurückgreifen sollte:

---

[168] J. W. G. Vilmar: Die hessischen Kirchenordnungen, 28-31.

- Er hat sich – wenn auch schweren Herzens – damit abgefunden, dass Kurhessen politisch jetzt ein Teil von Preußen ist.
- Die Kirche aber bleibt mit der ununterbrochenen Geltung der Kirchenordnungen von 1657 selbständig, der Kurfürst – auch im Exil – bleibt ihr Summepiskopus.
- Über den neuen Landesherrn, König Wilhelm I., sagt er kein böses Wort, aber der preußische Monarch hat für die hessische Kirche keine Berufung.
- Eine Möglichkeit, die geltende Kirchenordnung außer Kraft zu setzen, gibt es nicht, schon gar nicht für die neue, die preußische Regierung.
- Nur Kirchenfeinde, ja Gottesfeinde können die Beseitigung der altehrwürdigen und uneingeschränkt geltenden Kirchenordnungen anstreben.
- Gott selbst wird einschreiten und helfen.

Die hier kurz skizzierte Argumentation fand bei zahlreichen Amtsbrüdern Zustimmung und Unterstützung. Im Juni erarbeitete eine Gruppe niederhessischer Pfarrer in Bebra eine entsprechende Erklärung, die im Juli von einer Versammlung aller Geistlichen in Guntershausen als Grundlage für eine Eingabe gegen wesentliche Veränderungen in der hessischen Kirche an den preußischen König und an den Kultusminister diente.[169]

Nicht nur der breiten Öffentlichkeit gegenüber blieb seine Begründung unverständlich, auch seinen Bruder August konnte er nicht überzeugen.

In einem Brief vom 21. Mai 1867 und in einer 35seitigen, Ende August herausgekommenen Schrift „Die Gegenwart und die Zukunft der niederhessischen Kirche" hat dieser sich dazu noch einmal sehr konkret und dezidiert geäußert. In dieser kleinen Broschüre verbarg sich August Vilmars kirchenpolitisches Testament.

Zwar bestärkte er den Bruder in dessen Absicht, ein Bollwerk gegen Versuche zu errichten, die (kur)hessische Kirche in die preußische Union zu überführen, wofür er nicht nur in der preußischen Regierung Bestrebungen sah, sondern auch in Hessen selber. Doch als

---

[169] Siehe dazu Wilhelm Hopf: August Vilmar II., 431, und Karl Wicke, Die hessische Renitenz, 50f.

einem hervorragenden Kenner der hessischen Kirchengeschichte war ihm klar, dass dies nicht leicht sein werde. Gegen seinen Bruder Wilhelm erhob er folgende – gravierende – Einwände:

1. Kirchenordnungen seien prinzipiell immer veränderbar, nur Bekenntnisse könnten Geltung über die jeweilige Zeit hinaus beanspruchen. Nur für sie könne man kämpfen, ja für sie das Leben lassen. Eine Verteidigungsstrategie lasse sich deshalb nur auf der unbedingten Geltung des unveränderten Augsburgischen Bekenntnisses aufbauen.

2. Die niederhessische Kirche trage eine schwere Hypothek mit sich, indem sie zwar bekenntnismäßig als lutherisch zu gelten habe – wie nicht zuletzt er gezeigt habe –, sie trage aber seit Landgraf Moritz dem Gelehrten (1592-1627) den Namen „reformiert". Dieser Widerspruch spiele den Anhängern einer Union wichtige Trümpfe in die Hand. Dabei nannte er ausdrücklich neben seinem Marburger Widerpart Heinrich Heppe[170] auch seinen Nachfolger als Generalsuperintendent, *Julius Martin* (1812-1894), und die Mitglieder des Kasseler Konsistoriums.

3. Allein dadurch werde eine sich nur auf die kurhessische Geschichte stützende Position auf die Dauer nicht zu halten sein. Sie könne nur zu einem Inseldasein, einem hilflosen Partikularismus, führen. Er empfahl deshalb ein Bündnis mit anderen in ihrem Luthertum besser fundierten Kirchen und nannte dabei Hannover und Mecklenburg. Ihm schwebte also damals schon eine „Vereinigte Evangelisch–Lutherische Kirche" (VELKD) vor.

4. Mit seinem abschließenden Urteil griff er seinen, ungenannten, Bruder direkt und hart an:

„So ist in der Lehre vom Summepiskopat, und wenn man denselben auch in noch so enge Verbindung mit der Stammestreue setzt, ein Fehler, und zwar ein die Kirche in ihren Grundelementen schädigender, ein nicht nur wesentlicher, sondern principieller Fehler. Bekanntlich steht die Lehre vom Summepiscopat der weltlichen Herren in directem Widerspruch mit der Augsburgischen Confession (Prolog, Artikel 28, Epilog), und die Römischkatholischen haben zu

---

[170] Das Verhältnis Vilmars zu Heppe findet sich detailliert beschrieben von Ernst Bizer in: Lebensbilder aus Kurhessen und Waldeck, V, 112-127.

keiner Zeit verfehlt, uns diesen Abfall von unserm Grundbekenntnisse sehr entschieden vorzuhalten. Daß diese Lehre nicht haltbar sei, muß Jedem, welcher unser Grundbekenntnis unbefangen prüft, alsbald einleuchten, wie es mir vor fast vierzig Jahren, als ich zuerst den zweiten Theil der Augsburgischen Confession zum Gegenstande einer gründlichen Erwägung machte, fast auf den ersten Blick und sofort mit siegendem Eindruck einleuchtete; dieselbe Anschauung aber machte sich auch 1848-1850, als viele Landesherren durch erlaßene Gesetze den Staat für religionslos und sich für gebunden an constitutionelle Minister erklärten, in sehr weiten Kreißen Bahn, z. B. in Hessen auf der Conferenz in Jesberg im Februar 1849, wo ich mit meiner Auffaßung fast keinen Widerspruch fand, in Preußen innerhalb der Synodalconferenz von Rheinland und Westphalen am 13. und 14. Merz 1850 und noch anderwärts. Mit gleicher Stärke wie 1848-1850 drängen gegenwärtig die Ereignisse darauf hin, in dieser Lehre zur Klarheit zu gelangen und auch in diesem Punkte zur Augsburgischen Confession mit voller Entschiedenheit zurückzukehren. Möge uns die bedrohliche nächste oder die entferntere Zukunft, die noch ärgere Stürme in ihrem Schooße bergen kann, als die 1866 erlebten, nicht ungerüstet finden!"[171]

Wilhelm Hopf, sein Biograph, beklagt den Dissens und zieht deshalb eine resignierende Bilanz:

„Er (der Brief vom Mai 1867) läßt die ganz verschiedene Stellung beider Brüder zu der niederhessischen Kirchenfrage so scharf zutage treten, daß man wohl begreift, wie die durch manche Familienereignisse der jüngsten Vergangenheit, namentlich aber durch das von beiden Brüdern gleich tief empfundene Unglück von 1866 geförderte Besserung ihres persönliche Verhältnisses jetzt abermals ins Stocken geriet und immer größerer Entfremdung wich, je weiter sich die niederhessische Opposition auf der von Wilhelm vorgezeichneten, von August mißbilligten Linie fortentwickelte." [172]

Wilhelm Hopf betrachtete das gestörte Verhältnis vorwiegend unter dem menschlich-familiären Blickwinkel. Die theologische und kirchenpolitische Dimension deutete er nur eben an. Hier war die Kluft besonders tief. Mit seinen aphoristischen Überlegungen beendete August Vilmar bereits ein knappes Jahr vor seinem Tod seine kirchenpolitische Schriftstellerei. Ihm fehlte die Hoffnung, mit seinen erfahrungsgesättigten Überlegungen, Gehör zu finden und ernst genommen zu werden. Dabei musste es für den Marburger Theologieprofessor

---

[171] A. F. C. Vilmar: Die Gegenwart und die Zukunft der niederhessischen Kirche, 34f.

[172] Wilhelm Hopf: August Vilmar II., 433.

die größte Enttäuschung darstellen, dass die von ihm erstmals in Jesberg vorgestellte und danach weiter entwickelte Lehre vom geistlichen Amt, wodurch die enge Bindung an den jeweiligen Landesherrn durch eine theologisch einwandfreie, neue Konstruktion ersetzt werden sollte, von seinem Bruder geradezu konterkariert wurde, weil dieser in unerschütterlicher Treue zum Kurfürsten am altehrwürdigen, aber inzwischen brüchig, ja geradezu gespenstisch gewordenen Summepiskopat des im Exil lebenden Monarchen festhielt. Damit hatten die neuen Herren im Land immer einen Anlass für Zweifel, ob der Melsunger Metropolitan die vorgeschriebenen Pflichten gegenüber seinem neuen Dienstherrn, dem preußischen König, mit ganzer Kraft loyal und zuverlässig, wie von einem leitenden Beamten zu erwarten war, erfüllen werde. Er war von nun an politisch immer verdächtig.

Es kann deshalb nicht verwundern, dass die Regierung immer nach Möglichkeiten suchte, ihn aus seiner Position des Sprechers einer großen und einflussreichen Gruppierung von Pfarrern herauszudrängen. Ein erster Grund fand sich noch im gleichen Jahr. Am 20. August 1867 war dem ehemaligen Kurfürsten vor Vilmars Haus in Melsungen ein Geburtstagsständchen gebracht worden. Schon kam der Verdacht auf, der Metropolitan sei der Initiator für diese inzwischen verbotene Huldigung gewesen. Der Vorfall diente zum Anlass, ihn ohne Rücksprache mit den kirchlichen Behörden nach Sand, in ein abgelegenes Dorf an der waldeckischen Grenze, zu versetzen. Eine Protestwelle ging durch das Land, insbesondere die Pfarrerschaft war sehr empört über diese völlig überzogene Maßnahme zur Disziplinierung eines unbequemen kritischen Geistes. Es gelang dem Kasseler Generalsuperintendenten Julius Martin durch ein Gnadengesuch an den preußischen König, die Versetzung zu revidieren.[173] Aber es war klar, jede von der preußischen Regierung zu erwartende Veränderung der Ordnung für die Kirche im Regierungsbezirk Cassel würde auf den energischen Einspruch der niederhessischen Pastoralkonferenz und ihres durch diesen Zwischenfall gestärkten Sprechers stoßen. Weitere Konflikte waren programmiert.

Deutlich war 1867 allerdings auch geworden, dass die „Vilmarianer" kein kongruentes theologisches und kirchenpolitisches Konzept hatten, sondern deren zwei: August und seine Anhänger verfolgten

---

[173] Siehe dazu Karl Wicke: Die hessische Renitenz, 46-48.

ein konfessionelles Luthertum, Wilhelm und seine Gesinnungsgenossen stützten sich auf die Geschichte der hessischen Kirche.[174] Die Differenz hatte damals noch keine Folgen. Die preußische Regierung hielt sich noch zurück, wenn es auch immer wieder zu einzelnen schikanösen Zwischenfällen kam.[175] Aber intern war man schon dabei, kirchliche Zukunftspläne zu entwerfen.

Die kurhessische Kirche auf dem Weg zu einer preußischen Provinzialkirche

In Berlin – wie schon erwähnt – hatte Bismarck gegen starke Kräfte durchgesetzt, dass die Evangelischen Kirchen der neuen Provinzen nicht dem aufnahmebereiten EOK, sondern dem Kultusministerium unterstellt wurden.[176] Dabei dauerte es bis Oktober 1867, ehe der König den von der Regierung erbetenen Erlass unterschrieb. Von besonderem Gewicht waren dabei die im Sommer von den Generalgouverneuren der neuen Provinzen eingeholten Berichte. Der für die neugeschaffene Provinz Hessen-Nassau mit Sitz in Kassel zuständige Oberpräsident Eduard von Moeller befürchtete auch mögliche Unruhen in Kurhessen. Die oben referierten Äußerungen Wilhelm Vilmars waren also offensichtlich bis in die Spitze der Provinzialregierung gelangt. Gerhard Besier hat die über ein Jahr dauernden heftigen Auseinandersetzungen zwischen dem EOK, der auch den König auf seiner Seite hatte, einerseits und der von Bismarck geführten Regierung andererseits detailliert nachgezeichnet.[177] Erste Überlegungen des Kultusministeriums zur Neuorganisation der Evangelischen Kirchen in den neuen Provinzen gab es schon im Jahre 1867. Im Sommer wurde die Situation in Kurhessen folgendermaßen beurteilt:

---

[174] Das ist in der älteren Forschung weitgehend übersehen worden. Auch noch von Renate Sälter: Die Vilmarianer, die 195-220 nur die Unterschiede im Detail aufzählt.

[175] Siehe dazu Karl Wicke: Die hessische Renitenz, 50-56.

[176] Siehe dazu Gerhard Besier: Preuß. Kirchenpolitik in der Bismarckära, 425-519.

[177] Ebd., 435-452.

„An die Bildung einer Hessischen Provinzialsynode, sei es unter Benützung der in Hessen bereits vorhandenen presbyterialen und synodalen Elemente, sei es auf neuen Grundlagen, wird ... erst dann gedacht werden können, wenn ein eigenes Konsistorium als Organ der Beratung und Ausführung vorhanden ist. Die confessionell disparaten und auch sonst schwierigen Verhältnisse in Hessen fordern eine reichliche Ausstattung des Konsistoriums mit geistlichen und rechtsgelehrten Kräften, damit kein Theil sich von vornherein für unterdrückt erachte und die Gegensätze zunächst in dem engeren Kreise des Konsistoriums sich zur Klarheit durcharbeiten. Dieses ist, wenn Marburg zum Sitze des Konsistoriums gewählt wird, leichter zu ermöglichen. Die Rücksicht auf die Mischung der Confessionen im ehemaligen Kurfürstentum Hessen und die denselben zu gewährende Garantie gegen eine Unterdrükkung durch Majoritätsbeschlüsse fordert die Anerkennung des Grundsatzes der Allerhöchsten Ordre vom 6. März 1852 (Itio in partes in Fragen, die nur von dem Boden der Konfession entschieden werden können) auch in dem neuen Konsistorium zu Marburg." [178]

Aus diesem, noch internen Planungspapier ging hervor, wie man sich die Neuordnung der kurhessischen Kirche dachte:

- ein gemeinsames Konsistorium für ganz Kurhessen mit Sitz in Marburg,
- eine Provinzialsynode,
- keine Mehrheitsbeschlüsse in konfessionellen Fragen.

Nach außen drang davon noch wenig. Das Jahr 1867 verging, ohne dass etwas in Gang gesetzt worden wäre. Aber dieser Schwebezustand konnte nicht zu einem Dauerzustand werden. Im Herbst 1868 legte dann der Kultusminister *Heinrich von Mühler* (1813-1874) eine „Denkschrift betreffend die Lage der evangelischen Landeskirche in Preußen und die für dieselbe erforderlichen weiteren Maßnahmen" für den König und die Regierung vor. Eingangs stellte er einen deutlichen Unterschied in der Lagebeurteilung zwischen EOK und Regierung fest:

„Der Evangelische Ober-Kirchenrath erachtet die Lage der evangelischen Landeskirche als eine äußerst gefährdete. Er befürchtet die Auflösung der Union, den Zerfall der Landeskirche, wenn nicht schleunigst Mittel ergriffen werden. Es sei zu besorgen, daß die confessionell Gesinnten in den alten Provinzen sich mit den Lutheranern in den neuen Provinzen, und selbst mit den Lutheranern außerhalb Preußens verbünden, um die Aufrichtung eines gesonderten

---

[178] Zitiert nach Besier: Preuß. Staat und Evang. Kirche in der Bismarckära, 57.

lutherischen Regiments für die alten und neuen Provinzen zusammen zu erringen. Den Unirt-Gesinnten und den Reformirten würde dann nur übrig bleiben, sich auch ihrerseits zu besonderen Kirchenbildungen zusammen zu thun, womit die Zerreißung der evangelischen Kirche in Preußen in zwei oder drei Theile vollendet sein würde. Diese Gefahr würde gesteigert durch die Theilung der obersten Kirchenleitung in den neuen und in den alten Provinzen zwischen Minister und Ober-Kirchenrath und durch die Hoffnungen, welche die Confessionellen an die zwischen beiden Stellen bestehenden Differenzen knüpfen. Der Minister der geistlichen, Unterrichts- und Medicinal-Angelegenheiten theilt diese Befürchtungen nicht. Er stützt sich auf die noch in neuester Zeit eingegangenen Verwaltungsberichte der Consistorien, welche nirgends dergleichen Besorgnisse erkennen lassen, vielmehr ausdrücklich bezeugen, daß die Aufrechterhaltung der Union und der Einheit der Landeskirche bei aller Verschiedenheit der kirchlichen Richtungen und Parteien doch allgemein als nothwendige Forderung fest gehalten werde, sowie auf die damit übereinstimmenden mündlichen Zeugnisse der General-Superintendenten. Er bekundet ferner, daß auch in den neuen Provinzen sich die kirchlichen Antipathien und Gegenströmungen mildern, daß die Parteiagitation daselbst keinen rechten Boden mehr finde und daß sich eine allmählige Annäherung der Gemüther an die Central-Verwaltung auf dem kirchlichen Gebiete bemerkbar mache. Er spricht die Ueberzeugung aus, daß ein ruhiger, fester Gang des Kirchenregiments nach bewußten Zielen und mit den unter den gegebenen Verhältnissen möglichen und zulässigen Mitteln, langsam aber sicher zu immer festerer Vereinigung der verschiedenen kirchlichen Gliederungen führen werde."[179]

Die unterschiedlichen Einschätzungen von EOK und Ministerium beruhten auf unterschiedlichen Informationen. Beide gaben die Situation tendenziell richtig wieder. Der Minister von Mühler hatte die allgemeine Lage im Blick, seine Außenperspektive ergab in der Tat wenig Grund zur Besorgnis, während der EOK mit seiner Binnenperspektive auch Gruppierungen wahrnahm, die nach außen noch kaum auffielen. Auch für Kurhessen lassen sich ebenfalls beide Sichtweisen bestätigen.

Der Kultusminister behandelte in der 17 Seiten umfassenden Denkschrift die kirchlichen Angelegenheiten mit größter Behutsamkeit. Die Preußische Union, vom EOK als Zielpunkt für die kirchliche Entwicklung mit Nachdruck verfolgt, kam gar nicht vor. Im Hauptteil seiner Denkschrift beschied er sich mit einer Bestandsaufnahme von Bekenntnis, Liturgie und Verfassung, wie sie in den verschiedenen

---

[179] Ebd., 69f.

Provinzen – in den alten, in den 1815 erworbenen und schließlich in den 1866 neu hinzugekommenen – gültig waren. Für das *Bekenntnis* setzte er homogene Landeskirchen voraus: lutherisch, reformiert, uniert. Kurhessen mit seiner Heterogenität fiel da aus dem Rahmen. Hinsichtlich der *Liturgie* fand er in den neuen Provinzen eine breite Varianz, während die 1829 eingeführte Gottesdienstordnung in den alten eine weitgehende Übereinstimmung gewährleiste. Bei der Frage nach der *Verfassung* glaubte er, sich auf einen festen Grundpfeiler stützen zu können

> „So besteht für die gesammte evangelische Landeskirche, alter und neuer Provinzen, der Cardinalsatz in unbestrittener Geltung, daß das oberste Kirchenregiment („Summepiscopat") Seiner Majestät dem Könige zusteht, und daß derselbe in den einzelnen Provinzen durch vom Könige eingesetzte und ernannte Kirchenbehörden (Consistorien) geübt wird." [180]

Die Denkschrift beschrieb die für die Zukunft zu lösenden Aufgaben kurz und unkonkret wie folgt:

> „Die Verbindung aller der verschiedenen Gliederungen und Abtheilungen der evangelischen Kirche in der Gesammt-Monarchie zu einem organischen Ganzen." [181]

Nach der ganz vage bleibenden Zielformulierung beschrieb der Minister auch die Mittel und die Zeitvorgaben. Dabei stellte er noch einmal die Erfolge seiner bisher betriebenen behutsamen Politik heraus:

> „Von verschiedener Bedeutung ist hierbei die vorhandene gemeinsame Anerkennung des obersten Kirchenregiments in der Allerhöchsten Person Seiner Majestät des Königs.
>
> Um die Ueberleitung in den neuen Provinzen ruhig und ungestört zu bewirken, mußte man vorläufig an dem einfach Gegebenen festhalten: der König tritt an die Stelle des früheren Landesherrn, sein Minister an die Stelle des früheren Minister. Hätte man sofort eine den neuen Provinzen fremde Institution, den Evangelischen Ober-Kirchenrath, unvermittelt einfügen wollen, so würde man den zahlreich vorhandenen kirchlich und politisch mißvergnügten Elementen eine willkommene Handhabe zur Agitation gegeben und eine mehr oder minder ausgedehnte Separation in Nordschleswig, wie in einem Theile von Hannover und Kurhessen unfehlbar hervorgerufen haben. Diese nach der damaligen politischen Lage nicht gering zu schätzende Gefahr vermieden zu haben, darf als ein großer Gewinn und Segen betrachtet werden." [182]

---

[180] Ebd., 71.
[181] Ebd., 72.
[182] Ebd., 73.

Die in nächster Zukunft in Angriff zu nehmenden Aufgaben sollten den Provinzialsynoden übertragen werden. Wo es noch keine gäbe, sollten welche gebildet werden. Das galt auch für Kurhessen. Dabei rechnete man allerdings auch mit Widerständen. Sie sollten aber nur, soweit sie sich in unerlaubten Handlungen z.b. offenbarem Ungehorsam, Widerstand gegen vorgesetzte Autorität, Beleidigungen äußerten, gerichtlich oder disziplinarisch verfolgt werden. Bloße Ansichten und Meinungen seien dagegen hinzunehmen.

Er beschloss die Denkschrift mit einem kurzen Fazit:

„I. Die zwischen den kirchlichen Einrichtungen der alten und neuen Provinzen in Bekenntniß, Liturgie und Verfassung bestehenden Verschiedenheiten hindern nicht, die Vereinigung derselben zu einem kirchlichen Gesammtorganismus zur Aufgabe zu stellen und deren Durchführung mit den dem Kirchenorganismus zu Gebote stehenden Mitteln zu erstreben.

II. Die dazu geeigneten Mittel sind zunächst:

a. Festhaltung der nach der obigen Darstellung bereits vorhandenen Einigungsbande,

b. Entwicklung der kirchlichen Verfassung, zunächst bis zur Stufe von repräsentativen Provinzial-Synoden;

c. Anwendung der nach den Gesetzen zulässigen Repressivmittel gegen die in der Form unerlaubter Handlungen sich manifestierenden Gegenbestrebungen.

III. Für die weitere Folge aber bedarf es der baldigen Aufstellung eines Entwurfs einer Gesammtverfassung für die evangelische Landeskirche in Preußen, alter und neuer Provinzen, einschließlich der Organisation einer definitiv zu errichtenden kirchlichen Centralbehörde und deren weiterer Vereinbarung mit den Synoden und mit der Landesvertretung." [183]

Die Denkschrift schätzte die gegenwärtige Situation sehr positiv ein. Ihr Verfasser ließ sich von folgenden Überzeugungen leiten:

- Die gewaltsamen Annexionen können diskret verschwiegen werden.
- Mit „alten" und „neuen" Provinzen sollte Normalität zum Ausdruck kommen.
- Zwei Jahre nach der zustande gekommenen Erweiterung Preußens könne nun auch auf kirchlichem Gebiet mit Eingliederungsmaßnahmen begonnen werden.

---

[183] Ebd., 79f.

- Es wurde durchgehend nur politisch argumentiert.
- Eine theologisch stichhaltige Begründung – Ist es Gottes Wille? – wurde nicht gegeben.
- Es genügte, den König sowohl als Integrationsfigur als auch als oberste geistliche Autorität deutlich herauszustellen.

Die Denkschrift bot die Grundlage für die folgenden konkreten Maßnahmen. Sie sollten auch nicht lange auf sich warten lassen. Da sie im Namen des preußischen Königs eingeleitet werden sollten, mussten sie auf Ablehnung und den erbitterten Widerstand der Niederhessischen Pastoralkonferenz stoßen. Doch auch die originären Schüler August Vilmars konnten sich mit ihrer Ablehnung jeglichen Summepiskopats in diese Front einreihen.

Vom Sommer 1868 an kamen die Reformen der Regierung allmählich in Gang. Als erstes erging ein königlicher Erlass, der die Zusammenlegung der bisherigen Konsistorien in Kassel, Marburg und Hanau verfügte, an das Kabinett:

„Auf Ihren Bericht v. 8. d. M. genehmige ich hierdurch, daß die zur Zeit im Regierungsbezirk Kassel bestehenden drei evangelischen Konsistorien in Kassel, Marburg und Hanau zu einem gemeinschaftlichen, der Aufsicht des Ministers der geistlichen usw. Angelegenheit unterstellten Konsistorium, welches seinen Sitz in Marburg haben und seine amtliche Thätigkeit auf alle zum Regierungsbezirk Kassel gehörigen Landestheile erstrecken soll, vereinigt werden. Bei der Zusammensetzung des Konsistoriums ist auf eine Vertretung der verschiedenen Konfessionen Rücksicht zu nehmen. Dasselbe hat die Aufgabe, das Recht der verschiedenen Konfessionen und der in einem Theile des Landes bestehenden Union, sowie die auf dem Grunde dieses Rechts ruhenden Einrichtungen zu schützen und zu pflegen. Es beschließt in den zu seiner Entscheidung gelangenden Angelegenheiten kollegialisch nach Stimmenmehrheit seiner Mitglieder. In solchen Sachen jedoch, welche das Bekenntniß unmittelbar berühren, ist die konfessionelle Vorfrage lediglich nach den Stimmen der Mitglieder der betreffenden Konfession zu entscheiden. Das Kollegium hat alsdann diese Entscheidung seinem Gesamtbeschluß zu Grunde zu legen, oder, wenn Bedenken dagegen obwalten, die Sache zu höherer Entscheidung vorzutragen."[184]

Mit dieser Regelung, die auf die Eigenart der Konfessionen hinreichend Rücksicht nahm, sollte der Angst, die Regierung wolle für ganz

---

[184] Zitiert nach Karl Wicke: Die hessische Renitenz, 56.

Kurhessen eine Union schaffen, begegnet werden. Die Opposition erhob aber genau diesen Vorwurf immerzu. Zum erwarteten Streit kam es allerdings nicht, da der preußische Landtag die nötigen Finanzmittel nicht genehmigte. Er forderte nicht nur die Zusammenlegung der Konsistorien, sondern ein Gesamtkonzept für ein Gesamtkonsistorium und für die Bildung einer Provinzial-Synode. Mit einem neuen Erlass des Königs von Anfang August 1869, ein gutes Jahr später, der Kultusminister dieser Forderung nachkam:

„Auf Ihren Bericht vom 7. d. M. habe Ich beschlossen, für die Evangelischen Kirchengemeinden im Regierungsbezirk Kassel eine, aus Geistlichen und anderen Evangelischen Gemeindegliedern zu bildende außerordentliche Synode zu berufen, um mit derselben für jene Kirchengemeinden die Herstellung einer presbyterial-synodalen Verfassung auf der Grundlage kirchlicher Selbständigkeit in Berathung zu nehmen ... Es ist mein Wille, daß die Synode baldmöglichst und jedenfalls noch im Lauf dieses Jahres zusammentrete."[185]

In einer besonderen Verordnung dazu wurden u. a. folgende Regelungen getroffen:

1. Die Synode wird gebildet: 1. aus den 6 Superintendenten. 2. aus 24 geistlichen und 24 weltlichen Abgeordneten der zur Zeit bestehenden Diözesen und Inspekturen, aus 6 von Uns zu berufenden Mitgliedern, darunter einen Professor der Theologie an der Universität zu Marburg und dem Ephorus der dortigen Stipendiatenanstalt ...

§ 3. ... Wählbar zur Synode sind sämtliche wahlberechtigte Geistliche des Kirchenkreises, sowie die Ältesten, Kirchenvorsteher und selbständigen Mitglieder der zu demselben Bekenntnisstande gehörigen Kirchengemeinden des Konsistorialbezirks, insofern sie das 30. Lebensjahr vollendet haben. Die Wahl ist jedoch nur auf solche Personen zu richten, welche einen unsträflichen Wandel führen, ein gutes Gerücht in der Gemeinde haben und durch ihre Theilnahme am öffentlichen Gottesdienste und dem heiligen Abendmahl ihre kirchliche Gesinnung bezeugen.

§ 4. ... Stimmberechtigt sind alle volljährigen selbständigen Gemeindeglieder männlichen Geschlechts, welche sich im Vollbesitz der bürgerlichen Ehrenrechte befinden, zu den Bedürfnissen der Gemeinde beitragen und nicht durch lasterhaften Lebenswandel oder durch thatsächlich bekundete Verachtung der Religion oder der Kirche Anstoß erregen

...

---

[185] Ebd., 57.

§ 7. Bei der Wahl ist darauf bedacht zu nehmen, daß unter den geistlichen und weltlichen Mitgliedern die verschiedenen Konfessionen vertreten sind ...

§ 9. Die Synode ist dazu berufen, zu der Herstellung einer kirchlichen Verfassung mitzuwirken, durch welche die hessische Provinzialkirche neben dem durch Unsern Erlaß ... errichteten Gesamt-Konsistorium mit den erforderlichen presbyterialen und synodalen Organen ausgestattet und durch welche sie in den Stand gesetzt wird, sich als eine einheitliche, ihre Angelegenheiten selbständig ordnende und verwaltende Provinzial-Kirchengemeinde zu bethätigen. Änderungen bisheriger kirchlichen Einrichtungen, welche über diesen nächsten Zweck hinausgehen, sind nicht Gegenstand der Berathung für die gegenwärtig zu berufende Synode, sondern werden, soweit sich hierzu ein Bedürfniß zeigt, die Aufgabe der späteren, auf Grund der festgestellten Verfassung regelmäßig zusammentretenden Provinzialsynoden bilden.
Diesen Grundsätzen entsprechend werden der Synode mit Unserer Genehmigung die Entwürfe
1. einer Presbyterial- und Synodalordnung;
2. einer Verordnung über die Aufbringung der Synodalkosten;
3. eines Gesetzes, betreffend die Ressortverhältnisse der kirchlichen Verwaltungsbehörden im Regierungsbezirk Cassel, zur Beratung vorgelegt werden.
Die Entscheidung über die etwa in Antrag gebrachten Änderungen behalten Wir Unserer Entschließung vor."[186]

Die Vorgaben des Erlasses waren nach heutigem Verständnis einsichtig und nachvollziehbar; sie entsprachen politischer Logik. Konfessionalistischem Denken musste der § 7 mit der Forderung nach ausgewogener Repräsentanz der verschiedenen Konfessionen verdächtig erscheinen. Hier konnte man den Beginn eines Vereinigungsprozesses, an dessen Ende die Union stünde, wittern. Die preußische Kirchenpolitik mag dieses Ziel auch tatsächlich im Auge gehabt haben. Wichtiger war aber zunächst eine traditionelle Sicht. Im 16. Jahrhundert hatte es in Hessen Synoden gegeben. Am bekanntesten war die von Homberg 1526, auf der die Einführung der Reformation beschlossen worden war. Zu ihr hatte Landgraf Philipp der Großmütige Repräsentanten aller Stände, Geistliche und Laien, eingeladen. Später allerdings hatten auf den hessischen Synoden nur noch Geistliche Sitz und Stimme. Darauf stützten die *Vilmarianer* ihre Ablehnung. Sie fanden mit ihrem schroffen Nein auch noch die Unterstützung der bisherigen Kirchenleitung. In einer Konferenz in Wabern, Mitte Au-

---

[186] Ebd., 57f.

gust, beklagten sich fünf der sechs Superintendenten darüber, dass sie über diese Pläne nicht vorher informiert worden seien und erhoben mit Schreiben vom 12. August bei Kultusminister von Mühler Einspruch. Der entscheidende Satz darin hatte folgenden Wortlaut:

„Indem wir uns vorbehalten, in kürzester Frist ein Promemoria (Denkschrift) einzureichen, welches ausführlicher nachweisen wird, daß und warum wir die Rechte der Kirchen, in welchen uns Gott das Amt der Diöcesanvorstände mit der Verantwortung für die gewissenhafte Ausübung dieses Amtes anvertraut hat, durch Berufung einer Synode nach anderen als den in den Gesetzen und Ordnungen der hessischen Kirche selbst gegebenen Normen beeinträchtigt und das Wohl unserer Kirchen und Gemeinden für gefährdet halten, begnügen wir uns jetzt damit, gegen die angeordneten, bzw. in Aussicht gestellten Maßnahmen entschieden und einmüthig Protest einzulegen und Ew. Excellenz ehrerbietig zu erklären, daß wir uns außer Stande befinden, bei Berufung und Abhaltung einer mit den Rechten und Gesetzen der Kirche in Hessen nicht übereinstimmenden Synode mitzuwirken." [187]

Die Superintendenten erhoben ihren Protest, ohne die Mühlersche Denkschrift vom Vorjahr zu kennen. Ob es ihnen bewusst war, dass für die preußische Regierung die alten hessischen Kirchenordnungen keine Geltung mehr hatten, muss offen bleiben.

Angeführt von den *Vilmarianern* unter den Pfarrern und den Superintendenten stießen die preußischen Pläne somit auf eine breite Ablehnung. Zwar ist es der Regierung in Berlin noch vor den Wahlen zur Synode gelungen, die Superintendenten zu loyaler Mitarbeit zu bewegen, aber die Wahl selbst führte zu einer großen Enttäuschung: Nur ein Drittel der Pfarrer und nur etwa 1 % der wahlberechtigten Laien nahmen teil.[188]

Die Synode konstituierte sich Anfang Dezember 1869 in Kassel, nahm ihre Beratungen auf und verabschiedete auch wichtige Beschlüsse. So sollte u. a. auf konfessionelle Eigenarten Rücksicht genommen werden, und die Gemeinden sollten das Recht erhalten, an der Pfarrerwahl mitzuwirken.[189] Es haperte dann allerdings an der weiteren nötigen politischen Umsetzung. Die Parteien im Landtag

---

[187] Ebd., 59f.

[188] Ebd., 69.

[189] Zu den komplizierten Abläufen, zur Konstituierung der Synode, ihrer Vorgeschichte und ihrer Nachgeschichte siehe Gerhard Besier: Preuß. Kirchenpolitik in der Bismarckära, 357-380.

hatten Einwände unterschiedlicher Art, und die Außenpolitik verlangte 1870 alle Aufmerksamkeit und Arbeitskraft: Der Krieg mit Frankreich stand vor der Tür.

In Kurhessen konnten sich die *Vilmarianer* und die mit ihnen sympathisierenden antipreußischen Kräfte, die so genannten Althessen, aber auf ganzer Linie bestätigt fühlen. Offenbar hatten sie das Kirchenvolk in seiner großen Mehrheit hinter sich. Bestärkt in dieser Einschätzung wurden sie durch einen ausgesprochen kühlen Empfang, den die Stadt Kassel König Wilhelm bei einem Besuch Ende August 1869 bereitet hatte.[190] Sie konnten weiteren Aktionen mit Gelassenheit entgegensehen, als die Regierung nach der im Januar 1871 erfolgten Reichsgründung wieder aktiv wurde.

Die Entstehung der Renitenz in Kurhessen

Das Jahr 1870 ließ eine leise Hoffnung bei den Althessen aufkeimen. Sollte der von Bismarck angezettelte und unter preußischer Leitung geführte Krieg gegen Frankreich zu einer Niederlage Deutschlands führen, so hätte eine reale Chance bestanden, das Unrecht von 1866 wieder gutzumachen und den kurhessischen Staat zu restituieren. Während des Krieges im Herbst 1870 zog *Hermann Zülch* (1812-1900), ein überzeugter Schüler August Vilmars[191] und damals Pfarrer in Hombressen (Kreis Hofgeismar), in einer umfangreichen Schrift „Der gegenwärtige Kampf der Hessischen Kirche um ihre Selbständigkeit" eine Bilanz aus den Auseinandersetzungen des Vorjahres. Mit der Anordnung, eine Synode zu wählen und ihr die künftige Gestaltung der Kirche zu übertragen, habe die Regierung gegen das hessische Kirchenrecht verstoßen und damit göttliches Recht gebrochen. Dagegen erhob er einen schwerwiegenden Protest:

> „Es können an der … geschichtlichen Existenz die neuen Ereignisse von 1866 nichts ändern. Ist das hessische Volk und Land, wie man uns sagt, ein durch Eroberung erworbenes Volk und Land, so ist doch die hessische Kirche nicht mit erobert worden."[192]

---

[190] Siehe dazu „Hessische Volkszeitung" vom 23. August 1869, zitiert nach HNA vom 16. 8. 1969.

[191] Eine Kurzbiographie in Rudolf Schlunck: Die 43 renitenten Pfarrer, 112-119, bes. 113.

[192] Hermann Zülch: Der gegenwärtige Kampf, 5.

Die hessische Kirche habe 1866 nicht erobert werden können, weil sie keine, politischem Zugriff zugängliche Größe sei.

„Das ist unsere Meinung, und politische ob wir wohl wissen, daß unsere hessischen Kirchenordnungen von den hessischen Stammesfürsten gegeben sind und daß denselben auf dieser Stufe Rechtskraft verliehen worden ist, so glauben wir doch gleicherweise, daß der Herr Jesus Christus seinem hessischen Volke diese geistliche Wohnung bereitet habe, und daß *sein* Recht, das Recht des zur Rechten des Vaters erhöheten Herrn an dieser Wohnung hafte, und daß Niemand uns aus derselben vertreiben könne ohne seinen Willen."[193]

Wie Hermann Zülch sich die Anwesenheit und die Hilfe von Jesus Christus vorstellte, wurde deutlich, als er auf die 1530 erfolgte Übergabe des Augsburger Bekenntnisses zu sprechen kam:

„Erst als dieses Ganze und Volle mit gen Himmel gerichteten Herzen, als eine aus dem Himmel kommende Wahrheit, die bestimmt ist, über die ganze Welt zu herrschen, vor den höchsten Repräsentanten bekannt worden war, und als die Bekenner es im Glauben inne geworden, daß vom Himmel herab von dem höchsten Throne, wo der Sohn zur Rechten des Vaters sitzt, die Antwort gegeben war: ich nehme das Bekenntniß an und bekenne mich zu Denen, welche in demselben mich aufgenommen haben, erst da war der Glaube der Sieg, der die Welt überwindet und erst da ruhete auf dem Bekenntnisse das Recht dessen, der das Bekenntniß angenommen hat." [194]

Zülchs Überlegungen kann man als Versuch verstehen, die offenen Gegensätze zwischen den beiden Vilmar-Brüdern auszugleichen. Er sah im Summepiskopat der hessischen Fürsten nur noch eine geschichtliche Reminiszenz und konnte so den abgesetzten Kurfürsten aus dem Spiel lassen. Er stellte dafür im Sinne August Vilmars das geistliche Amt als von Christus selbst gestiftet kräftig heraus. So konnte er die von der preußischen Regierung angestrebten Veränderungen der kurhessischen Kirche nicht nur als Verstoß gegen göttliches Recht anprangern, sondern sie würden – hier im Sinne Wilhelm Vilmars – Christus selbst herausfordern.

Im Hintergrund wurde – schattenhaft und unausgeführt – eine merkwürdige Vorstellung erkennbar. Christus unterhalte mit den einzelnen Völkern individuelle Beziehungen, womit sie und ihre Kirchen eine Bestandsgarantie besäßen. Obwohl es – wie er vielfach betonte –

---

[193] Ebd., 14f (Heraushebung im Original)
[194] Ebd., 38.

nur um die Kirche und nur um Theologie gehen sollte, steckte in einer derartigen Argumentation auch ein gewaltiger politischer Anspruch mit einer doppelten Folge. Zum einen haben die *Vilmarianer* damit die antipreußische Kritik der Althessen inspiriert und die Forderung auf Wiederherstellung des Kurfürstentums theologisch untermauert, ja sogar verklärt.[195] Zum anderen hat die preußische Regierung dieses Doppelspiel gesehen und darin „theokratische Tendenzen" (Bismarck) gewittert. Auf Reaktionen verzichtete sie zu diesem Zeitpunkt, da der Krieg alle Aufmerksamkeit und alle Kräfte noch beanspruchte. Die Auseinandersetzung mit solcherart kirchlichen Ansprüchen wurde deshalb zunächst noch aufgeschoben.

Mit dem Sieg der unter der Führung Preußens vereinigten deutschen Staaten über Frankreich und mit der glanzvollen Reichsgründung am 18. Januar 1871 in Versailles wurden in den preußischen Annexionen von 1866 nur noch wichtige Schritte auf dem Weg zur Einigung Deutschlands gesehen. Der preußische König Wilhelm, jetzt auch mit der Kaiserwürde ausgestattet, und der preußische Ministerpräsident Otto Graf von Bismarck, der Architekt des neuen Reiches, neuerdings in der machtvollen Stellung des Reichskanzlers, standen in höchstem Ansehen.

Der preußische Triumph hatte nicht nur eine politische Seite, er forderte auch zu einer theologischen und religiösen Deutung heraus: Der die Geschichte lenkende Gott hatte offensichtlich abermals für Deutschland und seine Vormacht Preußen Partei ergriffen. So deutete es die Mehrzahl der Protestanten. Aber nicht nur sie, sondern auch zahlreiche Intellektuelle gerieten in eine patriotische, borussische Schwärmerei.[196]

Die althessischen Patrioten mit ihren legitimistischen Forderungen konnten darin nur eine schreckliche Anfechtung ihres Glaubens an Gottes Gerechtigkeit erkennen. Ihnen blieben fürs erste nur geringe Möglichkeiten des Protestes. Hermann Zülch z. B. fiel durch kleine antipreußische Aktionen auf. So weigerte er sich, die neuen Herren ins Kirchengebet aufzunehmen oder eine Kriegertafel mit dem preußi-

---

[195] Siehe dazu Enno Knobel: Die Hessische Rechtspartei, passim, insb. 59-82.

[196] Siehe dazu Hedda Gramley: Propheten des deutschen Nationalismus, passim, im Blick auf prominente Theologen 59-154.

schen Adler in der Hombressener Kirche aufzuhängen.[197] Allerdings folgten ihm dabei keineswegs alle Gemeindeglieder. Auch dort gab es begeisterte Anhänger des neuen Reiches.[198] Bereits Ende 1871 wandte sich die Regierung auch wieder den Kirchenfragen zu. Kultusminister in Preußen war inzwischen *Adalbert Falk* (1827-1900), ein Liberaler, der mit Unterstützung Bismarcks gegen die Katholische Kirche vorging. Die sich daraus entwickelnde Auseinandersetzung, die zu einschneidenden antikatholischen Gesetzen und Maßnahmen führte, ist unter dem Begriff *Kulturkampf* in die Geschichte eingegangen.[199] Hatte der Staat auch zunächst immer die Katholische Kirche im Fadenkreuz, so kamen auch die Evangelischen Kirchen nicht ungeschoren davon. Der Mitte Dezember 1871 im Reichstag auf Antrag Bayerns erlassene Kanzelparagraph, durch den der Staat den Pfarrern „den öffentlichen Frieden gefährdende Kanzeläußerungen" (Nipperdey)[200] bei Strafe verbot, provozierte auch die von August Vilmar geprägten kurhessischen Pfarrer mit ihrer Botschaft von einer bald einsetzenden Scheidung. Die von seinem Bruder geführte Widerstandsbewegung machte Anfang Juli 1873 eine scharfe Eingabe direkt an den König mit folgenden Ausführungen:

„ ... In der Überzeugung, nicht Gnade, sondern nur unser Recht zu beanspruchen, bitten wir daher allerunthänigst:
Ew. K.K. Majestät, welche von Gott das hohe, heilige Amt empfangen haben, das Recht zu schützen, wollen allergnädigst geruhen, uns, die wir dem von Allerhöchstdemselben eingesetzten Gesamtconsistorium die Anerkennung um Jesu willen versagen müssen, zu ferneren, von jener unserer Kirche fremden Behörde ungestörten Ausrichtung unserer amtlichen Verpflichtung und zur unverkürzten Übung unserer amtlichen Rechte den allerhöchsten Schutz angedeihen zu lassen.
Freilich verbergen wir uns die Schwierigkeiten nicht, welche eintreten müssen, wenn einerseits das Gesamtconsistorium im Namen Ew. K. K. Majestät in Tätigkeit tritt, und andererseits wir, unberührt durch dasselbe, unsere Ämter nach wie vor im Namen des Herrn Jesu Christo verwalten. Aber die Schuld dieser

---

[197] Siehe dazu Rudolf Schlunck: Die 43 renitenten Pfarrer, 115.

[198] Siehe dazu Personalakte Hermann Zülch im landeskirchlichen Archiv Kassel Bestand Renitenz.

[199] Siehe hierzu Thomas Nipperdey: Deutsche Geschichte II. Machtstaat vor der Demokratie, 364-381.

[200] Ebd., 374.

Schwierigkeiten tragen nicht wir, sondern diejenigen, welche Ew. K. K. Majestät den Rat gegeben haben, unsere Kirche ohne Maßgabe unseres kirchlichen Rechtes umzugestalten. Es gibt nur einen Weg, diese Schwierigkeiten zu heben, und da wir als Diener Gottes jenen Rat als einen folgenschweren erkennen, durch dessen Ausführung dem Sohne Gottes zu nahe getreten und unsere Kirche in ihrem innersten Wesen aufgelöst wird, so würden wir uns nicht als rechte Träger jenes heiligen Amtes erweisen, wenn wir von diesem Wege vor Ew. K. K. Majestät schweigen wollten.

Wir bitten darum ferner allerunterthänigst: Ew. K. K. Majestät wollen, in Anerkennung der allerhöchsten Majestät Jesu Christi unseres Heilandes, auch allergnädigst geruhen, das gegen dessen Willen eingesetzte Gesamtconsistorium wieder aufzuheben und unser confessionelles Consistorium, mit alleiniger Unterstellung desselben unter unser Bekenntniß und unsere Kirchenordnungen, uns wieder zurückgeben.

Die wir in tiefster Ehrfurcht ersterben Ew. K.K. allerunterthänigste Diener"[201]

Diese Eingabe wurde mit der Unterschrift von 43 kurhessischen Pfarrern zum einen nach Berlin geschickt, zum anderen aber auch gedruckt und in Kurhessen als *Juliprotest* verbreitet.

Sie war in mehrfacher Hinsicht informativ. Folgende Punkte fielen besonders auf:

- Im Stil bemühten sich die Absender, es an Ehrfurcht nicht fehlen zu lassen.
- In der Sache sprachen sie harte Forderungen unumwunden aus.
- Ihre Argumentation war rein theologisch und von harten Gegensätzen geprägt.
- Als biblisches Vorbild ließen sich prophetische Anklagen erkennen.

Der König ließ sich nicht dazu bewegen, auf die gestellten Forderungen einzugehen. Dabei war bekannt, dass er nur widerwillig seinem Regierungschef bei dessen Vorgehen gegen die Katholische Kirche folgte. Als Empfänger zahlreicher Bittbriefe hat er versucht, in Härtefällen zu helfen. Auch seine Frau *Augusta* hat ihn dabei unterstützt. Aber in der Eingabe aus dem Konsistorialbezirk Kassel vom Juli 1873 dienten die Bitten nur als Ummäntelung für harte Forderungen: Der Monarch, der sich in Preußen als Summepiskopus wegen seiner Frömmigkeit und Integrität hoher Anerkennung erfreute, müsse die

---

[201] Zitiert nach Karl Wicke: Die hessische Renitenz, 159f.

Pläne, die Evangelische Kirche Kurhessens zu einer preußischen Provinzialkirche zu machen, umgehend zurückziehen. Anderenfalls werde er den wahren Herrn der Kirche, Jesus Christus, angreifen und sich zum Feind machen. Damit konnten die von August Vilmars Theologie inspirierten Pfarrer nirgendwo – nicht einmal unter konservativen und bekenntnistreuen Theologen – auch nur einen Hauch von Verständnis finden.[202]

Auch bei König Wilhelm, dem Adressaten, mussten diese Forderungen auf völlige Ablehnung stoßen. Er hatte sich bereits bei der Übernahme seiner Regentschaft am 8. November 1858 zu Kirchenfragen ausführlich und sehr programmatisch geäußert:

„Eine der schwierigsten und zugleich zartesten Fragen, die ins Auge gefaßt werden muß, ist die kirchliche, da auf diesem Gebiete in der letzten Zeit viel vergriffen worden ist. Zunächst muß zwischen den beiden christlichen Konfessionen eine möglichste Parität obwalten. In beiden Kirchen muß aber mit allem Ernste den Bestrebungen entgegengetreten werden, die dahin abzielen werden, die Religion zum Deckmantel politischer Bestrebungen zu machen. In der evangelischen Kirche, wir können es nicht leugnen, ist eine Orthodoxie eingekehrt, die mit ihrer Grundanschauung nicht verträglich ist und die sofort in ihrem Gefolge Heuchler hat. Diese Orthodoxie ist dem segensreichen Wirken der Union hinderlich in den Weg getreten, und wir sind nahe daran gewesen, sie zerfallen zu sehen. Die Aufrechterhaltung derselben und ihre Weiterbeförderung ist mein fester Wille und Entschluß, mit aller billigen Berücksichtigung des konfessionellen Standpunktes, wie dies die dahin einschlagenden Dekrete vorschreiben. Um diese Aufgabe lösen zu können, müssen die Organe zu deren Durchführung sorgfältig gewählt und teilweise gewechselt werden. Alle Heuchelei, alle Scheinheiligkeit, kurzum alles Kirchenwesen als Mittel zu egoistischen Zwecken ist zu entlarven, wo es nur möglich ist. Die wahre Religiosität zeigt sich im ganzen Verhalten des Menschen; dies ist immer ins Auge zu fassen und von äußerem Gebahren und Schaustellungen zu unterscheiden."[203]

Prinz Wilhelm, der damals an Stelle seines kranken älteren Bruders, Friedrich Wilhelm IV., die Regentschaft antrat, hatte also feste Vorstellungen im Hinblick auf seinen Summepiskopat:

• Politik und Religion sind und bleiben klar getrennt.
• Bestrebungen, diese Trennung zu unterlaufen, werden bekämpft.

---

[202] Auch die Evangelisch-lutherische Kirchenzeitung, die ihnen theologisch sonst sehr nahe stand, blieb ablehnend.

[203] Zitiert nach Gerhard Besier: Preuß. Kirchenpolitik in der Bismarckära, 37f.

- An der preußischen Union wird gegenüber konfessionalistischen Angriffen festgehalten.

Wilhelm – nach dem Tode seines Vorgängers 1861 König – zeigte sich also in Kirchendingen sehr engagiert. Mit seinen Grundsätzen stand er den vilmarianisch inspirierten Pfarrern aus Kurhessen aber diametral gegenüber. Schon von daher war eine Verständigung schier unmöglich. Damals mussten sich aber noch verschiedene, mehr oder weniger aktuelle Faktoren verschärfend bemerkbar machen. Exemplarisch seien drei kurz vorgestellt:

1. Im Sommer 1872 hatte *Wilhelm Hopf* (1842-1921), der Sohn eines der Unterzeichner, mit ideeller und finanzieller Unterstützung des im Prager Exil lebenden Kurfürsten in Melsungen eine Zeitschrift gegründet: „Die Hessischen Blätter". Ihre erste Nummer war am 6. Juli 1872 erschienen und ihre dezidiert politische Tendenz war eindeutig auf die Wiederherstellung des Kurfürstentums und somit scharf antipreußisch ausgerichtet. Schüler und Anhänger der Brüder Vilmar bildeten den Kern ihrer Leserschaft.[204] Im Frühjahr 1873 bereits war wegen eines antipreußischen Artikels eine Anzeige wegen Majestätsbeleidigung gegen das Blatt eingegangen. Sie endete in zwei Instanzen mit einer Verurteilung des Verfassers, des ehemaligen kurhessischen Ministers *Adolf Schimmelpfeng* (1837-1923)[205], und des Herausgebers Hopf sowie mit der Vernichtung der übrigen Exemplare. Dieser Prozess war von König Wilhelm auch ausdrücklich gebilligt worden[206]

An den Hessischen Blättern zeigte sich deutlich, dass Wilhelm Vilmar und seine Freunde nicht nur hohe Ansprüche an die einzelnen Christen und die Kirche, sondern auch an den Staat und die Gesellschaft erhoben. Als einzigen Maßstab ließen sie das durch Tradition abgesicherte Recht gelten. Ihnen schwebte weiterhin ein christlicher Staat vor.

---

[204] Siehe dazu Enno Knobel: Die Hessische Rechtspartei, 90.

[205] Eine Kurzbiographie Schimmelpfengs: ebd., 21, Anm. 15.

[206] Ebd., 117.

2. Anfang Juli 1872 auf einem Missionsfest in Melsungen hatte *Hermann Zülch* vor etwa 5000 Besuchern seine Predigt mit folgendem Segenswunsch abgeschlossen:

„Er (der Herr) erhebe sein königliches Angesicht über die Fürsten, welche sein heiliges Recht, das er an der Fürstenkrone hat, ihm bewahrt haben, und lieber aus ihrem Fürstenamte sich haben treiben lassen, als daß sie dieses Recht ihm verletzten. Der Herr erhebe sein Angesicht auch über unseren Stammesfürsten, den Kurfürsten von Hessen, lasse ihn wissen, daß sein Name in seine Hand gezeichnet ist, und indem er sein Angesicht über ihn erhebt, gebe er ihm Frieden, und durch ihn gebe er auch Frieden dem Volke, über welches er ihn gesetzt hat zu einem Fürsten. Amen." [207]

Dass die liberale Presse daraus antipreußische Polemik im Gewande religiöser Feiern heraushörte und mit entsprechender Kommentierung anprangerte, konnte niemanden verwundern.[208] Die Beteuerung in der Eingabe vom Juli 1873, man werde in politischen Fragen Gehorsam üben, wirkte angesichts dieser Äußerung mindestens unglaubwürdig, wenn nicht scheinheilig.

3. Im Frühjahr 1873 hatte der Kulturkampf mit den so genannten *Maigesetzen* einen dramatischen Höhepunkt erreicht. Durch sie wurde katholischen Priestern eine von liberalen Grundsätzen diktierte wissenschaftliche Vorbildung zur Übernahme eines Pfarramtes auferlegt. Die Katholischen Bischöfe verloren damit das Ausbildungsmonopol und protestierten heftig dagegen.

Die preußische Regierung ließ sich vom Juliprotest aus Kurhessen nicht beeinflussen, handelte konsequent und verfügte die Zusammenlegung der bisherigen drei Konsistorien zu einem Gesamtkonsistorium für den 28. Juli 1873. Kultusminister Falk ließ nachträglich am 13. August den Absendern eine an den Erstunterzeichner, Metropolitan Friedrich Hoffmann, adressierte Antwort zukommen. Zum einen zeigte er sich befremdet darüber, dass die Pfarrer sich unmittelbar an den König gewandt hatten, versuchte sie aber in der Sache zu beschwichtigen, indem er nur von einer organisatorischen Änderung schrieb, keineswegs solle die Einführung der Preußischen Union vorangetrieben werden. Im Gegenteil, die einzelnen Konfessionen fänden

---

[207] Zitiert nach E. R. Grebe: Geschichte der hessischen Renitenz, 214.
[208] Ebd., 212-214.

138

sich dadurch geschützt, dass über ihre Angelegenheiten nur ihre Mitglieder entscheiden dürften. Die daraus gezogene Konsequenz enthielt eine im Kulturkampf übliche, unüberhörbare Drohung:

„ ... Hiernach muß es in hohem Maße befremden, daß Ew. Hochwürden und die Mitzeichner der Immediatvorstellung zu einem Protest gegen eine Maßregel sich haben bestimmt finden können, die, unter staatsgesetzlicher Sanction von dem Allerhöchsten Träger des Kirchenregiments erlassen nur eine Veränderung in der Organisation der kirchenregimentlichen Behörden zum Gegenstande hat und den Bekenntnisstand der Hessischen Kirchen nicht allein nicht berührt, sondern demselben vielmehr von Neuem Schutz und Pflege verheißt. Insbesondere ist es auf das Ernsteste zu mißbilligen, daß Sie und eine Anzahl Geistlicher mit Ihnen sich nicht gescheut haben unter Anrufung Heiliger Namen eine offene Auflehnung gegen eine obrigkeitliche Einrichtung anzukündigen und diesen Protest auf Behauptungen zu gründen, von deren völliger Haltlosigkeit Sie sich bei gewißenhafter Prüfung der Dinge leicht hätten überzeugen können.

Ich gebe mich der Hoffnung hin, daß dieser Bescheid genügen wird, Sie auf den Weg der Pflicht zurückzuführen, füge aber die Bemerkung hinzu, falls Sie wider Verhoffen Ihrem Proteste eine thatsächliche Folge geben sollten, gegen Sie mit der Strenge eingeschritten werden müßte, welche der Pflicht des Kirchenregiments, Ordnung und Zucht in den ihrer Leitung anvertrauten Kreisen aufrecht zu erhalten, entspricht.

Ew. Hochwürden bleibt überlassen, den Mitunterzeichnern der Immediatvorstellung von dießer Verfügung Kenntniß zu geben.

Der Minister der geistlichen, Unterrichts und Medicinal-Angelegenheiten
In Vertretung
Sydow" [209]

Die hessischen Opponenten verfassten zwar im September noch eine neue Eingabe an den Kultusminister[210], sahen sich aber sehr bald vor die bittere Entscheidung gestellt, sich zu unterwerfen oder der neuen Behörde den Gehorsam zu verweigern. Drei Unterzeichner brachen aus der Front aus und unterstellten sich dem königlichen Konsistorium, vierzig hielten an ihrem angekündigten Widerstand fest. Zu ihnen stießen noch drei weitere aus Oberhessen.[211]

Die von August Vilmar schon lange für nötig gehaltene große

---

[209] Abgedruckt in: J. W. G. Vilmar: Die hess. Kirchenordnungen und das Kirchenregiment der hess. Kirche, 23-25.

[210] Ebd., 26-36.

[211] Ihre Kurzbiographien in Rudolf Schlunck: Die 43 renitenten Pfarrer.

Scheidung konnte nun für alle deutlich sichtbar eintreten. Der angekündigte Ungehorsam begann damit, dass die Pfarrer die Dienstpost nicht annahmen und sie zurückgehen ließen. Da sie keine Einsicht und kein Entgegenkommen zeigten, war am Ende die Entfernung aus dem Dienst gar nicht zu vermeiden. Die Folgen waren einschneidend und schwerwiegend:

- Verlust der Rechte des geistlichen Standes,
- kein Gehalt,
- Räumung der Stelle und umgehender Auszug aus dem Pfarrhaus.

Die ihres Amtes verlustig gegangenen Pfarrer hatten keinerlei Schuldbewusstsein, sie verstanden sich im Auftrag und im Dienst des wahren Herrn der hessischen Kirche, Jesus Christus, wie es eine im Dezember 1873 – ungelenk und fehlerhaft – publizierte „Offene Erklärung der wegen ihrer Weigerung der Anerkennung des am 28. Juli 1873 für den Regierungsbezirk Cassel eingesetzten Consistoriums für vom Amt suspendierten oder des Amtes entsetzt erklärten niederhessischen Pfarrer und Metropolitane" ausspracht. Sie setzten deshalb, wo es möglich war und von ihnen erbeten wurde, ihre gewohnte pfarramtliche Tätigkeit fort und machten sich somit der Amtsanmaßung schuldig, was strafrechtliche Folgen nach sich zog. Sie waren immerzu in Prozesse verwickelt, mussten Geldstrafen bezahlen oder Haftstrafen absitzen. Die staatliche Obrigkeit vor Ort: Gendarmen, Bürgermeister, Landräte, war angewiesen, sie genau im Auge zu behalten und gegen Verstöße strikt vorzugehen.

Auch durch die Gemeinden ging eine Scheidung. Die Mehrzahl der Gemeindeglieder schloss sich ihren renitenten Pfarrern nicht an. In nicht wenigen Fällen stand ein renitenter obdachloser Pfarrer völlig allein. In Balhorn und Sand (Kreis Wolfhagen), in Berge, Unshausen und Homberg (Kreis Homberg), in Schemmern (Kreis Eschwege), Rengshausen (Kreis Rotenburg) und in einigen anderen Dörfern bildeten sich kleine Gemeinden. In Melsungen entschieden sich etwa 250 Gemeindeglieder für Wilhelm Vilmar, nur im oberhessischen Dreihausen (Kreis Marburg) hielt die Mehrheit mit etwa 1100 Gemeindegliedern zu ihrem Pfarrer. Die neu entstandenen Gemeinden standen nun vor der schwierigen Aufgabe, ihren mittellosen Seelsorgern brüderliche Gemeinschaft mit Unterkunft, Verpflegung und Schutz zu gewähren. Als das Königliche Konsistorium eine Umfrage startete, um die genaue Zahl renitenter Gemeindeglieder zu erfragen, kam bei einer Gesamtzahl evangelischer Einwohner Niederhessens von etwa 362.000[212] die erstaunlich niedrige Zahl von ca.1800 (ohne das oberhessische Dreihausen) heraus.[213] Dabei darf man vermuten, dass die Pfarrer, die gegenüber dem Kaiser und König nicht mit harten Drohungen gespart hatten, auch ihren Gemeinden gegenüber die Folgen eines Verbleibens in der Landeskirche drastisch ausgemalt haben, aber nur wenige überzeugen konnten.[214]

Für die renitenten niederhessischen Pfarrer musste dieses Ergebnis eine bittere Enttäuschung bedeuten. 1869 hatten sie bei den von ihnen bekämpften Wahlen zur Synode noch 99 Prozent der Gemeindeglieder hinter sich bringen und von der Wahl abhalten können, jetzt sah die Realität trostlos aus. Nicht einmal ein halbes Prozent hielt ihnen die Treue. Viele sahen sich gezwungen, außer Landes zu gehen, um anderenorts, außerhalb Preußens, eine Stelle zu finden. Alle Schwierigkeiten aber konnten ihren Glaubensmut nicht brechen, sie in ihrem Bewusstsein, im unmittelbaren Dienste Jesu Christi zu stehen, nicht wankend machen. Ein Austritt aus der Kirche, der ihnen mehrfach vonseiten der Regierung nahegelegt wurde, kam für sie nicht in Betracht.[215] Nach ihrem Selbstverständnis vertraten nur sie die wahre Kirche. Ihre Verfolger, die sie ihres Amtes entsetzt hatten, ständen nicht im Dienste Jesu Christi, sondern dienten einem räuberischen, das Recht verachtenden Staat, sie bildeten eine „Staatskirche", wie sie abschätzig genannt wurde. Dort – so sagte man – würden, wie aus dem Alten Testament bekannt, fremde, von ungehorsamen Königen, eingeführte Götter an falschen Altären verehrt.[216] Aus dieser bewundernswerten Standhaftigkeit ergaben sich z. T. geradezu groteske, aber formal korrekte Konsequenzen: Z. B. blieben die Renitenten der Landeskirche gegenüber weiterhin kirchensteuerpflichtig.

Neben der geringen Akzeptanz, die die renitenten Pfarrer bei ihren

---

[212] Die Zahl in: Gerhard Besier: Preuß. Kirchenpolitik in der Bismarckära, 357.

[213] Amtl. Mittheilungen des Königl. Consistoriums für den Reg.Bez. Cassel 1875, 19-21.

[214] Vgl. etwa: Wilhelm Vilmar: Die ihres Amtes für verlustig erklärten Pfarrer ... eine Frage an die christlichen Gemeinden, 17-20.

[215] Zu den Schikanen, denen die renitenten Pfarrer und Gemeindeglieder ausgesetzt waren, siehe Karl Wicke: Die hessische Renitenz, 107-121.

[216] Siehe dazu Fridolin Bohne schon Anfang Juli 1873: Der falsche Altar und das falsche Priestertum, in: Rudolf Schlunck, Die 43 renitenten Pfarrer, 151-170.

Gemeindegliedern fanden, mussten sie mit einer weiteren Enttäuschung fertig werden: Sehr bald nach ihrer Amtsentsetzung kam es unter ihnen zu heftigen Meinungsverschiedenheiten, die zu einer schmerzhaften Trennung führten. Auf ihre Gründe und die weitere Entwicklung ist noch genauer einzugehen.

Das heftig befehdete, aber im Sommer 1873 gebildete Gesamtkonsistorium versuchte, seine Entstehung als völlig normal darzustellen. Der neu ernannte Konsistorialpräsident *Wilhelm Heinrich Schmidt* (1811-1892) sah sich aber genötigt, im Frühjahr 1874 im Amtsblatt eine längere Auseinandersetzung mit der Überschrift „Warnende Mittheilungen über die Bestrebungen mehrerer wegen Auflehnung ihres Amtes entsetzten Pfarrer" zu veröffentlichen. Eingangs beklagte er, dass mehrere Geistliche „wegen offener Auflehnung gegen die kirchliche Ordnung und wegen hartnäckigen Ungehorsams gegen die vorgesetzte kirchliche Obrigkeit" ihrer Ämter hätten entsetzt werden müssen. Auf die Vorwürfe, mit der Installierung des Gesamtkonsistoriums seien der hessischen Kirche die rechtlichen Grundlagen zerstört worden, antwortete der Jurist Schmidt wie folgt:

„Die Letzteren (renitenten Pfarrer) behaupten, daß die im Jahre 1868 und 1873 von Sr. Majestät dem Könige angeordnete *Vereinigung der bisherigen drei kleinen Consistorien* in Hessen zu einer gemeinsamen Behörde, an welche sich ihre ganze Auflehnung anknüpft, ohne zureichende Befugniß geschehen sei. – *Alle* im Lande bestehenden kirchlichen Einrichtungen sind aber von der Reformation an durch die *Landesherrn* angeordnet worden und da namentlich das verfassungsmäßige Recht derselben zur Einrichtung und Besetzung der kirchlichen Landesbehörden von jeher unbestreitbar feststeht, so war dasselbe auch bezüglich jener übrigens durch die Umstände und das Interesse des Landes nothwendig gebotenen Vereinigung im vollen Maaße vorhanden. Diese ist in jeder Beziehung ,innerhalb der zu Recht bestehenden Ordnungen der hessischen Kirche' erfolgt.

Sie suchen die Meinung zu verbreiten, als seien durch diese Einrichtung die *wesentlichen Grundlagen* der hessischen Kirche zerstört. Solche Grundlagen aber werden von der lediglich geschäftlichen Neugestaltung der Behörde ganz und gar nicht berührt. Auch das gegenwärtige Kirchenregiment ist sich jederzeit wohl bewußt, daß einen andern Grund Niemand legen kann, ,als den, der gelegt ist *,Jesus Christus'* (1. Cor. 3,11). Dasselbe ist daher davon entfernt, dieses Fundament anzutasten."[217]

---

[217] Amtl. Mittheilungen des Königl. Consistoriums 1874, 9f.

Die „warnenden Mittheilungen" atmeten den Geist von Normalität und bürokratischer Rationalität. Der Autor verwies auf die lange Geschichte des landesherrlichen Kirchenregimentes. Da der preußische König es nun in den Händen habe, habe er im Wege der Anordnung die drei hessischen Konsistorien zusammenlegen können. Demgegenüber hätten sich die Renitenten „offener Auflehnung" und „hartnäckigen Ungehorsams" schuldig gemacht, was zu ihrer Amtsenthebung habe führen müssen.

Solch widerständiges Verhalten hatte der Kultusminister von Mühler 1868 bereits in seiner Denkschrift erwartet und deshalb vorausschauend und warnend folgenden Passus eingefügt:

„Schließlich bleibt noch übrig, der repressiven Maßregeln zu gedenken, welche widerstrebenden Personen und Richtungen gegenüber anzuwenden sind. Dieselben können keine anderen sein, welche Recht und Gesetz an die Hand geben. Gehen die dem Kirchenregimente abwendig gesinnten Personen und Richtungen zu unerlaubten *Handlungen* über, beispielsweise zu offenbarem Ungehorsam oder Widerstand gegen die vorgesetzte Autorität, oder zu Beleidigungen derselben u.s.w. so werden dieselben im Wege des gerichtlichen oder disziplinarischen Verfahrens unnachsichtlich zu verfolgen sein. Bloße Ansichten und Meinungen dagegen, auch wenn sie den Intentionen des Kirchenregiments zuwiderlaufen, sie mögen in der Presse oder in Versammlungen kundgegeben werden, können nicht Gegenstand einer Verfolgung sein, solange sie nicht die Form strafbarer Handlungen annehmen." [218]

Die Diskussion von Fragen nach der Legitimität des preußischen Königs als Summepiskopus und nach der Besonderheit der hessischen Kirche, wie sie von den Renitenten geführt wurde, fiel danach noch nicht in den Bereich strafbarer Handlungen. Deshalb konnten die renitenten Pfarrer, obwohl sie unter permanenter Beobachtung standen, ihre zahlreichen Broschüren ohne Behinderung gedruckt erscheinen lassen. Auch die „Hessischen Blätter" blieben bis auf wenige Ausnahmen von Verfolgung durch die Regierung verschont. [219]

Die juristisch klare und siegesgewisse Position des neuen Konsistoriums erlitt allerdings eine Niederlage, als das „Königliche Obertribunal" in Berlin Anfang 1876 entschied, den ihres Amtes enthobenen Pfarrern könne nicht „Amtsanmaßung" vorgeworfen werden,

---

[218] Gerhard Besier: Preuß. Staat und Evang. Kirche in der Bismarckära, 79.

[219] Siehe dazu Enno Knobel. Die Hessische Rechtspartei, 87-126, insbes. 109-126.

wenn sie sich pfarramtlich betätigten. Der entsprechende Paragraph 132 des Strafgesetzbuches von 1871 gelte nur für Staatsbeamte. Konsistorialpräsident Schmidt veröffentlichte diese Entscheidung mit dem Ausdruck des Bedauerns im Amtsblatt und bat die landeskirchlichen Pfarrer, durch engagierte Gemeindearbeit den renitenten Konkurrenten keine Möglichkeiten zu Taufen, Einsegnungen und Beerdigungen zukommen zu lassen.[220]

Mit diesem höchstrichterlichen Urteil ergaben sich für die renitenten Pfarrer, Möglichkeiten, mit dem Bau von Kirchen und Pfarrhäusern zu beginnen. Bevor sie allerdings darauf ihre Kräfte konzentrieren konnten, hatten sie mit einem Problem besonderer Art fertig zu werden: dem Tod ihres allein als legitim anerkannten Summepiskopus, des Kurfürsten, im Januar 1875.

Die einmalige Besonderheit der hessischen Kirche

Friedrich Wilhelm starb am 6. Januar 1875 in Prag. Auf seinen Wunsch wurde sein Leichnam nach Kassel überführt, wo er am 12. Januar bestattet wurde. Nur renitente Pfarrer unter Führung von Wilhelm Vilmar begleiteten den Leichenzug vom Bahnhof zum Todenhof in der Innenstadt,[221] wo später, 1891 die Lutherkirche erbaut wurde. Darin kam natürlich die besondere Verehrung des ehemaligen Landesherrn durch die Niederhessische Pastoralkonferenz zum Ausdruck.

Dafür gab es noch einen weiteren, gewichtigen Grund. *Heinrich Schedtler*[222] (1822-1886), renitenter Pfarrer des Kirchspiels Dreihausen, hat ihn schon 1875 in einer längeren Abhandlung unter dem Titel „Bedeutung und Aufgabe der evangelisch-lutherischen Kirche Oberhessens für den kirchlichen Verfassungskampf" einer größeren Öffentlichkeit mitgeteilt:

„Ein bedeutendes und in seinen Folgen noch unberechenbares Zeugniß für die hessische Kirchensache ist jüngst aus fürstlichem Munde erschallt. Denn *Friedrich Wilhelm*, der letzte hessische Kurfürst aus den (sic) erlauchten Hause Brabant, der den 6. Januar das Zeitliche gesegnet, hat im Angesicht des Todes und der Ewigkeit die denkwürdigen Worte gesprochen: ‚Ich habe die Stellung

---

[220] Amtl. Mittheilungen des Königl. Consistoriums für den Reg. Bez. Cassel, 1876, 3-5.

[221] Philipp Losch: Der letzte deutsche Kurfürst, 167.

[222] Eine Kurzbiographie in: Schlunck, Rudolf: Die 43 renitenten Pfarrer, 53-55.

der hessischen Renitenten als die einzig richtige kirchliche Stellung erkannt; ich sterbe daher als Renitent und verlange für meine Person das stille Begräbniß eines Renitenten in meiner Residenzstadt Cassel'." [223]

Schedtlers Abhandlung war eine der ersten nach der Entlassungswelle der renitenten Pfarrer, und sie war in mehrfacher Hinsicht für ihre Gefühlslage aufschlussreich:

- Sie stammte von dem einzigen Pfarrer, dem eine Mehrheit von Gemeindegliedern gefolgt war.
- Sie begründete „in gemeinfaßlicher Darstellung" – so der Untertitel den Widerstand.
- Sie stellte die Renitenz in einen weitgespannten theologischen Rahmen.

Für Schedtlers Theologie bildete – wie für seinen Lehrer August Vilmar – die deutsche Geschichte einen Schwerpunkt. Eine besondere Bedeutung wies er der Völkerwanderung zu:

„Damals waren die deutschen Völker auf dem Wege, sich in wilder und wüster Blutgier aufzureiben und zu vernichten. Wäre damals nicht eine von außen kommende tiefe Einwirkung auf das Volk eingetreten, so würde es keine deutsche Geschichte geben, sondern dieses Volk würde, wie so viele andere, vom Erdboden verschwunden sein. Aber Gott hatte es anders beschlossen, und nachdem sein auserwähltes Volk Israel das Heil in Christo verworfen, hatte er das deutsche Volk zum Träger seiner Offenbarung erwählt, wenn auch in ganz anderer Weise wie das Volk Israel. Unter dem Kreuze von Golgatha kamen die deutschen Volkstämme zur Ruhe und ihre unbestimmte Sehnsucht fand hier ein befriedigendes Ziel.
In dieser Völkerwanderung sind nun aber unsere Vorfahren in ihrem Lande geblieben, ... und haben ihre alten Sitze hartnäckig behauptet und alle Angriffe tapfer zurückgeschlagen. Auf dieser Volksthat der Vorfahren beruht der Volkscharakter der Nachkommen: Unser Volk ist daher in erster Linie ein seßhaftes Volk, das an der Scholle klebt, und ein echter Hesse fühlt sich nur wohl, solang er wohnen kann in den heimathlichen Thälern, wo er die Luft einathmet, die von den hessischen Bergen weht." [224]

Mit der einmaligen Erwählung der Deutschen durch Gott griff Schedtler ein Thema auf, das in einer Zeit, da Patriotismus und Natio-

---

[223] Heinrich Schedtler: Bedeutung und Aufgabe der evangelisch-lutherischen Kirche, 58.
[224] Ebd., 15.

nalstolz in allen europäischen Staaten gepflegt wurde und in hohem Ansehen stand, ihm Zustimmung und Sympathien bringen konnte. Mit der Herausstellung des hessischen Nationalcharakters und der besonderen Tugenden der Hessen musste er das Herz aller hessischen Patrioten, ganz besonders der Althessen, anrühren. Mehr angedeutet als ausgesprochen stärkte er damit nach den bitteren Erfahrungen von 1866 und 1871 den Hessen das verletzte Selbstbewusstsein gegenüber den neuen Herren, den machtbewussten und von imperialistischem Geist inspirierten Preußen.

Ein Jahr später nahm Wilhelm Vilmar diese Zielsetzung auf, holte aber noch viel weiter aus und formulierte eine richtige Programmschrift für die Renitenz: „Die hessische Kirche in ihrer Stellung für die Zukunft nach dem Tode des letzten Kurfürsten von Hessen, Friedrich Wilhelm des Standhaften". Darin wies er nicht nur dem Tode des Kurfürsten eine besondere theologische Bedeutung zu, sondern sah darin auch den grandiosen Abschluss der einmaligen Besonderheit, die der hessischen Geschichte zukomme:

„Hessen liegt in der Mitte von Deutschland und der hessische Volksstamm ist der älteste und reinste unter den deutschen Volkstämmen. Dadurch bildet die hessische Geschichte nicht nur einen Teil der deutschen Geschichte, sondern muß auch als deren innerster Mittelpunkt angesehen werden, in welchem die Quellen und die tiefsten Geheimnisse dieser Geschichte verborgen liegen. Diese Quelle und somit auch das tiefste Lebensgeheimnis der deutschen Geschichte, ja der Geschichte des gesammten Abendlandes liegt aber unstreitig in dem *Evangelium*, in der Verkündigung von der Erscheinung des eingeborenen Sohnes Gottes, Jesu Christi auf Erden, in dem Glauben, welcher diese Verkündigung aufnimmt und in der Lebensgestaltung, welche aus diesem Glauben hervorgeht. Das Evangelium ist daher vorzugsweise auch der Lebensquell der sechshundertjährigen hessischen Geschichte.

Die Verkündigung des Evangeliums fand durch den großen Apostel der Deutschen, Bonifacius, für das gesammte Abendland auf hessischem Boden ihren Mittelpunkt. Der Glaube an das Evangelium trat in der Stammutter des hessischen Fürstenhauses, der heiligen Elisabeth, für die gesammte abendländische Christenheit am wunderbarsten in dem hessischen Volksstamm in die Erscheinung. Das große Geschichtsfactum der Reformation fand in der hessischen Kirche unter allen deutschen Volksstämmen durch Landgraf Philipp den Großmütigen die festeste Rechtsgestaltung vermittelst der von ihm und seinen Rechtsnachfolgern gegebenen Kirchenordnungen. Dieses in die zu Recht bestehenden Kirchenordnungen verwahrte Erbe der Reformation, der vollendete durch das Bekenntnis ausgestaltete Glaube an das Evangelium, wurde mitten in den Stürmen und Wogen der Revolution, in denen die deutsche Geschichte,

ja die Geschichte des gesammten Abendlandes durch den völligen Zusammen-
bruch ihrer Lebensordnungen ihr Ende erreicht, durch das unbeugsame Beharren des letzten hessischen Stammesfürsten, Kurfürst Friedrich Wilhelm des
Standhaften, auf dem *Rechte*, wie in einem durch seinen Tod wol versiegelten
und verbrieften Testamente als heilig und unverletzbar erhalten."[225]

Wilhelm Vilmar verstärkte Schedtlers Tendenz, in der hessischen Geschichte eine Heilsgeschichte zu sehen. Vorbilder dafür lieferte beiden das Alte Testament, wo sich die Geschichte Israels mehrmals als
eine Kette von Rettungstaten Gottes erzählt findet. Beispiele bieten
das 5. Mosebuch (26,5-9), der Psalm 78, das Buch Nehemia (9,7-37).
Aber Vilmar verfolgte wie vor ihm Schedtler mit seinem strahlen-
den Bild von der hessischen Kirche noch ein ganz anderes Ziel. Er
kritisierte implizit aber deutlich die damals voll im Gange befindliche
Glorifizierung der preußischen Geschichte, mit der die Überlegenheit
und die Machtansprüche Preußens plausibel gemacht und legitimiert
werden sollten.[226] War für Preußen Friedrich der Große von besonderer Bedeutung, so für Hessen die heilige Elisabeth. Ging es dort um
kriegerische Eroberungen eines aufgeklärten Freigeistes, so hier um
die selbstlose Liebestätigkeit einer demütigen Nachfolgerin Jesu
Christi.

Eine besondere Rolle spielte für Vilmar die Frage nach dem geistlichen Vermächtnis des verstorbenen hessischen Kurfürsten. Darauf
gab er folgende Antwort:

„Wenn auch der hessische Volksstamm und die in ihm ruhende Kirche und
Gemeinde der nächste Empfänger dieses Erbes, des Fürstentums von Gottes
Gnaden ist, und mit dieser Empfangnahme in ein ganz neues Stadium seiner
Geschichte eingetreten ist und eintritt, *in das Stadium seiner geschichtlichen
Vollendung*, so macht doch weder er noch die in ihm ruhende Kirche und Gemeinde insoweit sie bis dahin zeitliche Gestalt in ihm gewonnen hat, Anspruch
etwa der ausschließliche Eigentümer dieses Erbes zu sein, vielmehr muß auf
das bestimmteste erklärt werden, daß der eigentliche Eigentümer des Fürstentums von Gottes Gnaden die Kirche in ihrer Einheit, die Kirche im Ganzen
und Großen ist, die Kirche, soweit der Name Jesu Christi in Wahrheit bekannt
wird. Der hessische Volksstamm und die in ihm ruhende Kirche kann sich nur
ansehen als den *Testaments-Vollstrecker* dieses Erbes, und zwar nur insofern

---

[225] Die hessische Kirche in ihrer Stellung für die Zukunft, 4.

[226] Siehe dazu Hedda Gramley: Propheten des deutschen Nationalismus, 210-221, insbes.
211-214.

als in Hessen alle die, welche noch Anteil an der hessischen Geschichte haben wollen, wie an der hessischen Kirche, Alles mit Gut und Blut einsetzen, um dieses Erbe zu seiner Geltung zu bringen.

Dieses ist der Inhalt unserer gegenwärtigen Predigt und an dieser Stelle sehen wir den Arm des Herrn offenbar, wiewol wir nur zu wol wissen, wie Wenige unserer Predigt glauben und wie noch Wenigere in dem Glauben beharren werden, daß hier der Arm des Herrn, der Arm der göttlichen Allmacht, sich offenbaren wird." [227]

Mit dieser etwas umständlichen Argumentation bestritt Vilmar einen Anspruch des preußischen Königs auf die geistliche Erbfolge des hessischen Kurfürsten. Der Identität der hessischen Kirche erkannte er eine höhere Priorität zu als der monarchischen Geburt und Stellung Wilhelms I. Untermauert hat er diese Setzung mit einer gerade eingetretenen Epochenschwelle, dem Eintritt in das „Stadium der geschichtlichen Vollendung".

Dabei gab er der zu Ende gegangenen Epoche einen eindrucksvollen, fast pompösen Abschluss. Der letzte Kurfürst wurde mit dem Ehrentitel *der Standhafte* ausgezeichnet. Alle, die Friedrich Wilhelms 35 jährige Regierungszeit überblickten, musste diese Auszeichnung verblüffen; sie war nur für die mehr als acht Jahre im Exil zu rechtfertigen und hatte eine eindeutig antipreußische Spitze. Sie wurde aber auch im Hinblick auf Vilmars theologische Absichten verständlich.

---

[227] J. W. G. Vilmar: Die hessische Kirche in ihrer Stellung für die Zukunft, 18.

Zwei Zeugnisse für die großartige Verehrung von Kurfürst Friedrich Wilhelm durch die kurhessische Renitenz.
oben: Die nach dem Tode des Kurfürsten Friedrich Wilhelm ihm gewidmete Würdigungsschrift mit dem Ehrentitel „der Standhafte"
unten: Die auf sein Grabmal hinweisende Tafel auf dem alten Totenhof in Kassel, heute in nächster Nähe des Lutherkirchturmes

1867 hatte er dezidiert an der weiteren Geltung der hessischen Kirchenordnungen von 1657 festgehalten und auch nach 1866 im Kurfürsten weiterhin den einzig legitimen hessischen Summepiskopus gesehen. Mit dem Tod des Kurfürsten konnte sich Wilhelm Vilmar den Argumenten, die sein Bruder seit der Jesberger Konferenz vertreten hatte, öffnen. Er – über Jahrzehnte hinweg ein glühender Verehrer des kurhessischen Monarchen – gab dieser Epoche, die mit der heiligen Elisabeth einen beispielhaften Anfang hatte, mit Friedrich Wilhelm „dem Standhaften", einen denkwürdigen Abschluss. Er historisierte sie. Von nun an, aber auch erst nach 1875, war die Freiheit der hessischen Kirche – nach renitentem Verständnis – vom Staat vollends realisiert.

Selbstverständlich wurde diese nur von den Renitenten verkörpert. Im Hinblick auf ihre geringe Zahl wies er auf die Bibel hin. Der Prophet predigte, fand aber keinen Glauben, und Gottes Taten wurden nicht erkannt. Mit der alttestamentlichen Lesung für den Karfreitag aus dem Buch des Propheten Jesaja: „Wer aber glaubt unserer Predigt und wem wird der Arm des Herrn offenbar?" (53,1) tröstete er sich und seine Anhänger und feierte dann die neue Epoche. Nach dem Ende der hessischen Dynastie konnte er mit prophetischer Gewissheit verkünden: Die Zeit des Summepiskopates der Monarchen hat ihr Ende erreicht, und die Zeit des Übergangs der Kirchenleitung auf das geistliche Amt ist nun angebrochen:

„Die beiden Stützen und Säulen ..., auf welchen dieses Fürstentum von Gottes Gnaden ruhet und mit denen es eine unauflösbare Einheit bildet, ist die Selbständigkeit und die Unabhängigkeit des geistlichen Amtes und die Selbständigkeit und Unabhängigkeit des Hausstandes. Das geistliche Amt, welches auf der Auferstehung Jesu Christi von den Todten ruhet und in die beiden Stücke gefaßt ist, das Evangelium zu verkündigen und die Sakramente zu reichen, durch das erstere die Herrlichkeit des in die Person Jesu Christi erschienen Gottes zu offenbaren, durch das letztere aber das in der Kirche vorhandene ewige Leben mitzuteilen, ist in seiner Selbständigkeit und Unabhängigkeit nur vorhanden durch das *Recht*, durch welches seine Schranken bestimmt sind bis hinauf vor das Angesicht Jesu Christi, von welchem die Träger des geistlichen Amtes dasselbe empfangen haben, durch das Recht aber unabhängig sind von jeder weltlichen Macht und Gewalt. Der Hausstand aber, welcher auf der von Gott gestifteten Ordnung ruhet, beweist seine Selbständigkeit und Unabhängigkeit dadurch, daß die Ehen nur dann vor Gott gültig sind, wenn sie im Namen des geoffenbarten Gottes Jesu Christi geschlossen werden, und eben dadurch unverbrüchlich sind, unverbrüchlich sowol gegenseitig, von denen sie geschlossen werden, als auch gegenüber jeder außer ihnen liegenden weltlichen Macht und Gewalt, so daß die Rechte des Hausstandes und damit dessen Unabhängigkeit und Selbständigkeit in gleicher Weise wie von dem geistlichen, so auch von dem obrigkeitlichen Amte im Namen desselben Gottes, durch welchen auch diese beiden ihre Aemter tragen, geachtet und geschützt werden müssen." [228]

Vilmars Schrift „Die hessische Kirche in ihrer Stellung für die Zukunft" hatte drei Kernaussagen:

- Die hessische Kirche steht an einer Epochenschwelle.
- Diese wird nicht durch die preußischen Annexion markiert.
- Sie liegt nach dem Tode des letzten Kurfürsten in der Übergabe der Kirche an die Träger des geistlichen Amtes.

Auf die Übernahme der Kirchenleitung durch das geistliche Amt stützte Vilmar seinen persönlichen Anspruch auf die geistliche Führung innerhalb der Renitenz. Ihm allein – so seine Begründung – als dem letzten noch übrig gebliebenen, vom Kurfürsten eingesetzten Metropolitan, käme die bischöfliche Autorität zu.

Das Beispiel der heiligen Elisabeth regte ihn 1875 dazu an, ein *Diakonissenhaus* zu gründen. Mit seinem Freund Ludwig Thamer (1837-1904)[229], der ein Grundstück in Großenritte bei Kassel (heute ein Stadtteil von Baunatal) besaß, konnte der Plan trotz fehlender Mittel und trotz mehrerer Einwände anderer renitenter Pfarrer 1877 auch realisiert werden.

Die von Vilmar entwickelten theologischen Grundsätze für die unter der Regie der Renitenz entstehende diakonische Einrichtung hat Thamer 1878 unter dem Titel „Was will das Hessische Diakonissenhaus?" herausgegeben. Auch diese Schrift ist von einer durchgehenden antipreußischen Tendenz geprägt. Mit vier Grundsätzen beschrieb Vilmar Sinn und Zweck der Gründung:

„1. Das Hessische Diakonissenhaus ist gestiftet zum Gedächtnis des höchstseligen Kurfürsten von Hessen, Friedrich Wilhelm I.

2. Das Hessische Diakonissenhaus spricht die Sprache der hessischen Renitenz, aus welcher es hervorgegangen ist.

[228] J. W. G. Vilmar: Die hessische Kirche in ihrer Stellung für die Zukunft, 15.

[229] Eine Kurzbiographie Ludwig Thamers bei Rudolf Schlunck: Die 43 renitenten Pfarrer, 123-126.

3. Das Hessische Diakonissenhaus will auf hessischem Boden ein lebendiges Zeugnis sein von dem Fürstentum von Gottes Gnaden.

4. Das Hessische Diakonissenhaus erhebt den Anspruch, den Beweis zu führen, daß von nun an die Zukunft der Kirche vorzugsweise in der christlichen Frauenwelt ruht." [230]

Damit waren folgende Schwerpunkte gesetzt:

1. Als Namenspatronin hatte man die Witwe des Kurfürsten, *Gertrud* (1803-1882), gewinnen können. Übergangen blieben dabei die geradezu skandalösen Schwierigkeiten vieler Jahre vorher, ehe aus Gertrude Lehmann aus Bonn die hessische Kurfürstin geworden war. Drei Voraussetzungen waren erst zu schaffen, ehe es am 26. Juni 1831 zu einer heimlichen Eheschließung kommen konnte[231]:
- Ihre Ehe mit dem preußischen Leutnant Carl Michael Lehmann wurde geschieden,
- der frühere Ehepartner erhielt vom Kurprinzen eine beträchtliche Abfindung,
- als Katholikin konvertierte sie 1830 zur Evangelisch-lutherischen Kirche.

2. Als neue Erkenntnis hob Wilhelm Vilmar die durch die Revolution ausgelöste baldige Epochenschwelle hervor: Demnächst trete *Jesus Christus* nicht mehr nur als Prophet und Hoherpriester, sondern auch in königlicher Würde in Erscheinung.

3. Er führte eine lange Liste von *Frauen* an, die in der Heilsgeschichte der Bibel und der Kirchengeschichte durch ihren tiefen und festen Glauben eine wichtige Rolle gespielt hatten: Eva und Maria wurden erwähnt, aber auch die Stammmutter des hessischen Fürstenhauses, die heilige Elisabeth, erhielt einen besonderen Rang. Das „Hessische Diakonissenhaus" sollte insbesondere auch ein deutlicher Protest gegen die im Gefolge der Revolution von 1848/49 eingeführte Zivilehe sein:

---

[230] Ludwig Thamer (Hg.): Was will das Hessische Diakonissenhaus? 6f.

[231] Zu den Einzelheiten siehe Philipp Losch: Der letzte deutsche Kurfürst, 34-41.

„Deswegen sagen wir der *Civilehe* gegenüber, *von nun an* ruht die Zukunft vorzugsweise in der christlichen Frauenwelt, in derjenigen Frauenwelt, worin dieser Glaube in ganz neuer Weise sich erhebt. In dieser Zuversicht ist das Hessische Diakonissenhaus gestiftet mit dem Anspruch, daß in solcher Weise durch dasselbe der Beweis geführt werde, wie auch in Hessen noch Frauen vorhanden sind, welche eines solchen Glaubens teilhaftig und im Stande sind, einem solchen Glauben tatsächlichen Ausdruck zu geben." [232]

Obwohl der Gedankengang nicht klar war, fanden sich dennoch genügend Frauen, um Diakonissen zu werden. Eine geistliche Aufwertung von Frauen war mit dieser Hervorhebung allerdings nicht verbunden. Auch für die Renitenten war selbstverständlich: das geistliche Amt könne nur Männern vorbehalten sein.

Das erste – nicht erhaltene – Gebäude des Gertrudenstiftes in Gro-ßenritte bei Kassel, heute ein Stadtteil von Baunatal.

---

[232] Ludwig Thamer (Hg.): Was will das hessische Diakonissenhaus? 46.

Noch mehr verwunderte, dass Wilhelm Vilmar an keiner Stelle in seiner umfangreichen Schrift auf den diakonischen Zweck des von ihm gegründeten Diakonissenhauses einging. Weder das Elend der damaligen Gesellschaft noch die Barmherzigkeit oder christliche Liebe, die anderenorts zur Gründung diakonischer Einrichtungen führten und eine „Innere Mission" bewirken sollten, fanden sich genannt. Das Gertrudenstift sollte vor allem ein Brückenkopf gegen Preußen sein. Im Laufe seiner Geschichte wurde es dann doch auch eine Heimat für Alte, Kranke und Behinderte.

Nachwehen

Streit und Trennungen im eigenen Lager

Mit ihrer Amtsentsetzung waren die einzelnen renitenten Pfarrer nicht völlig isoliert. Sie bildeten als Schüler August Vilmars einen Freundeskreis, oder sie gehörten als Gesinnungsfreunde Wilhelm Vilmars der „Niederhessischen Pastoralkonferenz" an. Der Melsunger Metropolitan baute die ihm 1867 zugefallene Führungsrolle aus und setzte sich dabei über Einwände anderer renitenter Brüder hinweg. Neben ihm hatten sich im Vorfeld der Auseinandersetzung um das Gesamtkonsistorium H. Zülch und F. Hoffmann noch besonders profiliert. Solange sie dem mächtigen Druck von außen, der liberalen Presse, der feindseligen preußischen Regierung, den kirchlichen Einflussnahmen, ausgesetzt waren, standen alle mutig füreinander ein. Nachdem die Entscheidung gefallen war, wurden Unterschiede erkennbar und führten zu Missverständnissen, zu Spannungen, zu Streit. Dies trat schon im Juni 1874 ein. Auslöser war ein Brief lutherischer Pastoren aus der Hannoverschen Landeskirche.[233] Sie boten den hessischen Renitenten die Kirchengemeinschaft an, baten aber darum, die einst von Landgraf Moritz dem Gelehrten 1607 durchgesetzten Verbesserungspunkte für ungültig zu erklären. Diese Bitte bot die Möglichkeit, den lutherischen Bekenntnisstand, den nachzuweisen A. Vilmar seine immense Gelehrsamkeit aufgeboten hatte, für die Renitenten deutlich wieder herzustellen. Was auf den ersten Blick plausibel erschien, erwies sich als recht tückisch und führte nach langen streitigen Auseinandersetzungen zu einer Spaltung. Es entstanden der um Wilhelm Vilmar mehrheitliche *Melsunger Konvent*, und der von Friedrich Hoffmann angeführte kleinere *Homberger Konvent* zu dem anfänglich 14 Pfarrer,[234] später nur noch sieben zählten. Die Melsunger lehnten in ihrem Antwortbrief Anfang Juli 1874 das hannoversche Ansinnen glatt ab.[235] Zur Begründung führten sie an, auch die Verbesserungs-

---

[233] Siehe dazu Karl Wicke: Die hessische Renitenz, 140-143; E. R. Grebe: Geschichte der hessischen Renitenz, 305-312.

[234] Anfänglich zählte dazu auch Adalbert Vilmar (1830-1896), Augusts Sohn und Wilhelms Neffe. Über ihn Rudolf Schlunck: Die 43 renitenten Pfarrer, 89f.

[235] J. W: G. Vilmar: Sendschreiben an den Herrn Pastor Steinmetz in Celle.

punkte bildeten einen integralen Teil der hessischen Geschichte in ihrer einmaligen Besonderheit. Durch sie sei der alte lutherische Bekenntnisstand der hessischen Kirche nicht verändert worden. Demgegenüber äußerten die Homberger Anfang September in einem Brief Verständnis für die Hannoveraner Vorschläge, lagen sie doch auf der Linie, die August Vilmar 1867 vorgezeichnet hatte. Auch sie machten deutlich, Hessen sei durch die Verbesserungspunkte nicht kalvinistisch geworden. Besonders wichtig war ihnen, dass die Gegenwart alle Aufmerksamkeit verlange, sie habe den Hessen bereits eine Epochenschwelle zugemutet, die den Hannoveranern erst noch bevorstehe. Fraglich sei dann, ob die Kirche noch den Namen „lutherisch" tragen werde.[236]

Die Kontroverse wurde über vier Jahre literarisch weitergeführt. Friedrich Hoffmann versuchte immer wieder eine Verständigung, aber aus Melsungen kamen immer nur abweisende Antworten, wobei auch hier die Notwendigkeit einer Scheidung herausgestellt wurde. Die einst von August Vilmar prophetisch angekündigte große Scheidung hatte sich nicht nur zwischen Landeskirche und Renitenz ereignet, sie spaltete nun sogar seine Schülerschaft in zwei verfeindete Lager.

Aus heutiger Sicht drängt sich der Eindruck auf, dass die theologischen Streitpunkte nicht so gravierend waren, als dass sie – bei gutem Willen – nicht hätten überwunden werden können. Aber es ging um die Frage, wer der wahre Führer im Lager der Renitenten sei. Als die Homberger 1878 sich nach einer abermaligen Brüskierung durch die Melsunger[237] der im Großherzogtum Hessen (Hessen-Darmstadt) entstandenen „Lutherischen Freikirche" anschlossen, hatte Wilhelm Vilmar seinen Führungsanspruch durchgesetzt. Die von ihm bereits 1874 verfochtene einmalige Besonderheit der hessischen Kirchengeschichte war ihm so wichtig, dass ihn auch der 1607 von Landgraf Moritz ausgeübte Zwang zur Einführung der Verbesserungspunkte darin nicht irre machen konnte.[238]

---

[236] F. W. Hoffmann: Antwort auf eine Zuschrift hannoverscher Geistlicher an die niederhessische Pastoralconfernz.

[237] Siehe dazu F. W. Hoffmann: Sendschreiben etlicher Geistlicher der renitenten Kirche Augsburgscher Confession in Niederhessen, an ihre Amtsbrüder in derselben Kirche. Darin sind die einzelnen Briefe nach Melsungen abgedruckt.

[238] Zum Ganzen siehe Karl Wicke: Die hessische Renitenz, 140-148, und Klaus Engelbrecht: Um Königtum und Kirche, 134-137.

Aber eine uneingeschränkte Anerkennung fand Wilhelm Vilmar auch im Melsunger Konvent nicht. Hermann Zülch und einigen anderen missfiel, dass er seine Leitung, ohne einen Konvent zu Rate zu ziehen, allein mit seinem früheren Metropolitansamt legitimierte. Hinzu kamen noch weitere für sie bedenkliche Aktionen. So erschien ihnen etwa die für die Gründung des Gertrudenstifts vorgetragene Begründung unklar und verworren.[239] Als besonders gravierend empfanden sie, dass der Melsunger Metropolitan die im Herbst 1879 von der Kasseler Gemeinde der Renitenten gegenüber einem der Unterschlagung überführten Kastenmeister ausgesprochene Exkommunikation im Frühjahr 1880 eigenmächtig aufgehoben hatte. Sie antworteten darauf im Herbst mit der Gründung eines eigenen Konventes, des *Sander Konventes*, dem sich sogar eine Anzahl Melsunger Gemeindeglieder anschloss.[240]

Den renitenten Gemeinden fehlte offensichtlich der hilfreiche juristische und verwaltungstechnische Sachverstand, den die landeskirchlichen Gemeinden im Konsistorium zur Verfügung hatten. Als Zülch 1893 – inzwischen über achtzig Jahre alt – auf zwanzig Jahre Renitenz zurückblickte, konnte er nur von einer Unheilsgeschichte, geprägt von fehlender Infrastruktur und Verwaltung, von Unsicherheit gegenüber praktischen Fragen, von Eifersüchteleien, Streitereien, Missgunst, berichten, so dass er seinen Rückblick verbittert als Nekrolog bezeichnete.[241]

Hermann Zülch zeigte in dieser Schrift, dass die Renitenten, die seit dem Beginn der preußischen Herrschaft von immenser Überzeugungskraft, Beharrungsvermögen, Glaubenstiefe geradezu besessen waren, und dadurch so viele Schwierigkeiten gemeistert hatten, in eine tiefe Sinn- und Orientierungskrise geraten waren. Die Frage, ob alles umsonst gewesen sein könnte, wenn man durch fehlende Einigkeit, durch mangelndes Verständnis, durch böswillige Verdächtigungen sich selber zerstöre, ließ sich nicht mehr beiseite schieben.

---

[239] Dazu Karl Wicke: Die hessische Renitenz, 149-152.

[240] Dazu Hermann Zülch: Rückblick auf die Zwanzig Jahre der Renitenz, 19-21.

[241] Ebd., 1.

Korrekturen an renitenten Überzeugungen

Eine Wiederannäherung unter den renitenten Gemeinden gelang erst, als eine zweite Generation von Pfarrern um die Wende vom 19. zum 20. Jahrhundert ihren Dienst versah. Sie erwarteten nicht mehr die Erfüllung hochgespannter apokalyptischer Hoffnungen wie die auf eine auch im politischen Raum erkennbare Königsherrschaft Jesu Christi. So war es möglich, nicht nur die Gegenwart, sondern auch die Ereignisse, die zur Renitenz führten, realistisch wahrnehmen.

Dann wurden neben hymnischen Elogen auf die heroischen Rekken des Kirchenkampfes von 1873/74, die man auch weiterhin hören und lesen konnte[242], auch selbstkritische Überlegungen geäußert. So gab der renitente Pfarrer Franz Witzel 1908 zur Annexion von 1866 folgenden Kommentar:

„Eine gewisse Kühnheit läßt sich denen nicht absprechen, die Wilhelm I. voraussagten, er werde zur Sühne für seine ‚revolutionäre‘ Tat einst auf der Kuhhaut zum Richtplatz geschleppt werden. Milder urteilte schon jener andere, der Bismarck den Tod im Zuchthaus weissagte, und etwas apokalyptisch mutet der Ausspruch an, den ein sonst wackrer Geistlicher beim Anblick des Bildnisses des Kronprinzen tat: ‚Aus diesem wird sich der Antichrist entwickeln.‘ So grotesk uns heute solche Ausgeburten einer erhitzten Phantasie anmuten, man darf doch nicht vergessen, daß sie so lange zahlreiche Gläubige gefunden haben, bis sie durch Tatsachen widerlegt waren."[243]

Der Verfasser appellierte an den gesunden Menschenverstand, für den Tatsachen sinnlich wahrnehmbar sind und nicht zur Bezeichnung von theologischen Fundamenten dienten wie einst bei August Vilmar. Insbesondere ging es ihm aber darum, die von ihm als belastend und ärgerlich empfundene Verquickung von Religion und Politik aufzulösen und zu überwinden. Sie hatte seit 1866 bestanden und wurde insbesondere durch Wilhelm Hopf verkörpert. Die seit 1872 erscheinenden „Hessische Blätter" und die 1890 auch von ihm gegründete „Hessische Rechtspartei" hätten mit ihren politischen Ambitionen den ernsthaften religiösen Zielen einen Bärendienst erwiesen.

---

[242] So z. B: Ernst Baumann: Die Lehre des Metropolitan Vilmar vom Fürstentum von Gottes Gnaden 1906.

[243] Ein Beitrag zur Beurteilung der „Revolution" von 1866, 5.

Nach dem Ersten Weltkriege stammte eine der ersten Stellungnahmen von dem renitenten Pfarrer im Ruhestand, *Karl Hartwig,* der 1920 eine Schrift mit dem Titel „Das Recht der Renitenz" mit einem Vorwort von Rudolf Schlunck herausbrachte. Zum Abschluss hatte er „Grundlegende Sätze" formuliert und damit gewissermaßen die tragenden Überzeugungen kodifiziert:

„ § 1 Die renitente Kirche in Kurhessen ist entstanden aus dem Kampf gegen die Union und Staatsallmacht. Sie lehnt daher beide entschieden ab und bekennt sich zum Königtum Jesu Christi. Dies bedeutet die volle Selbständigkeit und Selbstbestimmung der Kirche nach ihren eigenen Lebensgrundsätzen. Sie bekennt, daß Christus das Regiment hat und sein Wort gilt. Sie verwirft daher, weil dem selbständigen Beruf der Kirche widersprechend, jede Nachbildung der staatlichen Verfassungsformen und ihre Uebertragung auf das christliche Leben. Eine aus Urwahlen hervorgegangene Synode kann sie ebenso wenig anerkennen, wie überhaupt die Einführung des Majoritätsprinzips in die Kirche billigen. Sie verwirft auch jedes Stimmrecht der Frauen in kirchlichen Dingen.

§ 2 Die renitente Kirche steht auf dem Glauben an die Offenbarung Gottes in Jesu Christo, dem Gottes- und Menschensohn, und bekennt sich zu deren göttlich inspirierter Urkunde, der heiligen Schrift Alten und Neuen Testamentes, als der Norm des Glaubens. Sie erblickt in den Bekenntnissen der Kirche die königlichen Entscheidungen Christi in dem geschichtlichen Verlauf des Geisteskampfes der Kirche mit der Welt, die, obgleich in menschlich-bedingter Form gegeben, um ihres Inhaltes willen unantastbar und grundlegend für alle weitere Erfahrungen der Kirche sind.

§ 3 Die renitente Kirche bekennt sich zur Verantwortung für das ganze Volk, in das sie von Gott gestellt ist. Daher bezeugt sie in der Zeit der Auflösung der Gottesordnungen im Volksleben und besonders bei dem eingetretenen Sturz des obrigkeitlichen Amtes unerschütterlich und ohne jede Ausnahme auf allen Gebieten des öffentlichen und privaten Lebens Wahrheit, Recht und Gerechtigkeit, um jedem Bußfertigen und Gläubigen den Zugang zu den Glaubensgütern der Väter zu bewahren und dem Volk als ganzem die Umkehr zu ermöglichen.

§ 5 Die renitente Kirche sieht im geistlichen Amt eine göttliche Stiftung und die bischöfliche Verfassung der Kirche erscheint ihr als die schriftgemäße. Die Geistlichen sind Haushalter über Gottes Geheimnisse und verantwortliche Diener der Kirche. Derjenige unter ihnen, dem sie einmütig ihr Vertrauen dazu bezeugen, tritt als Oberhirte an ihre Spitze ...

§ 6 Im allgemeinen gilt die hessische Konventsordnung als Grundlage für die Uebung der bischöflichen Verfassung. Sie wird jedoch in folgenden Punkten den tatsächlichen Verhältnissen entsprechend geändert und ergänzt: An die Spitze des Konvents tritt der Oberhirte mit kirchenregimentlichen Befugnissen. Er leitet die Beratungen mit dem Ziel, daß die Beschlüsse des Konventes in brüderlicher Verständigung und mit Ausschluß jeder Majorisierung zustande kommen
Zu dem Pfarrkonvent tritt eine Konferenz (Synode), die aus den Aeltesten der Einzelgemeiden und solchen gereiften männlichen Kirchgliedern sich zusammensetzt, die im Glaubensleben der Kirche stehen und ihre Verantwortung mitzutragen gewillt sind. Die Teilnahme steht jedem zu und ist freiwillig ... Diese Konferenz dient der freien Aussprache der Kirchglieder mit dem Pfarramte über alle die Kirche bewegenden Fragen, ... Sie stellt die Verbindung des Amtes mit den lebendigen Gliedern der Gemeinde dar und umgekehrt (allgemeines Priestertum) und bereitet die verantwortlichen Beschlüsse des Pfarrkonventes vor." [244]

Es dominierten noch die aus der Geschichte der Renitenz altbekannten Grundsätze:
* die Ablehnung einer aus Wahlen hervorgegangenen Synode,
* die Ablehnung des Mehrheitsprinzips,
* der Ausschluss von Frauen aus den Beratungsgremien.

Aber es wurden auch Vorschläge gemacht, die vor dem Hintergrund von August Vilmars Überzeugungen verblüfften: das allgemeine Priestertum und die Mitwirkung von Laien, auch ohne vom Pfarrer berufen zu sein. Die Kirchenzucht trat in den Hintergrund.

Zu einer theologischen Abrechnung mit den politischen Ambitionen, wie sie Wilhelm Hopf mit seiner Hessischen Rechtspartei gepflegt hatte, benutzte Rudolf Schlunck (1871-1927) noch unter dem Eindruck der schrecklichen Verwerfungen, die der Erste Weltkrieg für die Evangelische Kirche gebracht hatte, 1923 die Einleitung zu seinen Kurzbiographien der 43 renitenten Pfarrer:

„Die politische Bewegung Hessens war in den Fehler verfallen, den A. Vilmar so sehr fern gehalten hatte, als er das große göttliche Geschichtszeugnis in die noch größere Barmherzigkeit Gottes einschloß, indem alle Schrecken und Wehen, wie er sagte, auf die Geburt der Kirche hinzielten, also auch die Annexion Hessens. Dies beiseite stellend, trennte die Rechtspartei faktisch das Gesetz vom Evangelium. Was sie gewollt ist ja nun tatsächlich erfüllt, aber so, daß jeder-

---
[244] Karl Hartwig: Das Recht der Renitenz, 31f.

mann davor schaudert: das Gesetz Gottes ist aufgerichtet über Böse und Gute, über Fromme und Gottlose, über Hoch und Niedrig, über Reich und Arm, über Hessen und Preußen, über Deutschland und Frankreich, über ganz Europa. Welcher ehrliche Mensch will da noch richten, wo alles gerichtet ist? Das Furchtbare der Lage besteht aber darin, daß das Gesetz allein da steht und es ist niemand vorhanden, der es evangelisch deute. Wäre die Heilsverwirrung nicht so entsetzlich groß, so würde man aus dem Munde aller, die mit der äußeren und inneren Not unserer Tage lichtlos ringen, nur einen einzigen Schrei vernehmen: Führet uns vom Gesetz zum Evangelium, von Moses zu Christus!" [245]

Diese Beurteilung gab er im Rückblick auf den Tod von Wilhelm Hopf 1921 und dem Ende der Hessischen Blätter. Er hatte bereits 1907 eine eigene Zeitschrift gegründet: „Kirche und Welt. Blätter aus der Hessischen Renitenz" und hatte mit ihnen der Renitenz das Ziel gesetzt, sich nur als christliche, als rein lutherische Bewegung zu sehen und keine politischen Ambitionen zu verfolgen.

Auch der von der ersten Generation noch so überzeugend vorgetragene Anspruch, die wahre hessische Kirche zu verkörpern, ließ sich nicht länger vertreten. Nach dem Ende des landesherrlichen Kirchenregimentes Ende 1918, als der Kaiser und alle Fürsten zurückgetreten waren, das Deutsche Reich eine Republik wurde, die Länder sich demokratisch gewählte Regierungen gaben und die Evangelischen Kirchen gemäß des Artikels 137 der neuen, der Weimarer Reichsverfassung, als Körperschaften des Öffentlichen Rechtes ihre Angelegenheiten selber ordnen und verwalten konnten und mussten, war ein lange betonter Unterschied plötzlich weg gefallen. Die Landeskirchen hatten nach dem Ersten Weltkrieg den Weg zu gehen, den die Renitenten 45 Jahre früher damals allerdings unter erheblich schwierigeren Bedingungen schon gegangen waren: Es gab keine Staatskirche mehr, die Kirche wurde vom Staat getrennt, verlor seinen bisher genossenen Schutz, entkam damit aber auch seiner Bevormundung.

Sehr bald kam es sowohl auf der Seite der Renitenten wie der Landeskirche zu Bemühungen, über den garstigen Graben der Trennung hinwegzukommen. Von Rudolf Schlunck kam 1927 ein erstes Angebot. In „Kirche und Welt. Blätter aus der hessischen Renitenz" veröf-

---

[245] Die 43 renitenten Pfarrer, 31.

fentlichte er in einer Betrachtung zum Neuen Jahr folgende Uberle-
gung:

„Obwohl nun die Grenzen zwischen Staatskirche und Renitenz unter Gottes
Urteil keine Berechtigung mehr haben, so respektieren wir sie doch, weil Gottes Urteil bei den Menschen noch nicht allgemein gilt. Aber mit denen, die es
gelten lassen, setzen wir uns zusammen und lassen wachsen, was wachsen
will. Denn von der persönlichen und geistigen Gemeinschaft muß alles ausgehen, und dann wächst es in die Kirchengemeinschaft hinein. Das nächste Ergebnis dieses Wachstums, das bevorsteht, ist, daß wir mit einzelnen Gemeinden der alten Staatskirche in Kanzel- und Altargemeinschaft treten und sie mit
uns."[246]

War Rudolf Schlunck auch eine Einzelstimme, so blieb er doch nicht
ohne Echo. Ende Mai 1930 machten 96 landeskirchliche Pfarrer eine
Eingabe an die Kirchenregierung, sie möge in Verhandlungen mit der
Renitenz die Möglichkeiten zur Wiedervereinigung ausloten. Der
Landeskirchentag (die Landessynode) nahm diese Initiative auf und
fasste 1931 folgenden Beschluss:

„1. Der Landeskirchentag erkennt an, daß die Väter der hessischen Renitenz
aus Gewissensgründen geglaubt haben, einen opfervollen Leidensweg gehen
zu müssen. Wenn auch die Väter unserer Kirche in gleicher Berufung auf ihr
Gewissen sich anders entschieden haben, so gibt doch der Landeskirchentag
angesichts der heutigen Lage unserer Kirche, die sich dem Staate gegenüber
grundlegend gewandelt hat, der Hoffnung Ausdruck, daß sich die Wege zu einer Verständigung mit den renitenten Brüdern öffnen werden und sich die
Wunde schließen wird, die beide Teile schmerzt. Wir wollen nicht auf die
Vergangenheit zurücksehen und uns in gutem Willen zusammenfinden.
Der Landeskirchentag bittet die Kirchenregierung, jede sich bietende Gelegenheit zu benutzen, um diese Wege zu beschreiten.

2. Der Landeskirchentag beauftragt die Kirchenregierung, einen Weg zu suchen, auf dem eine Befreiung der Glieder der renitenten Kirche von der Heran-
ziehung der landeskirchlichen Besteuerung ermöglicht wird.

3. Der Landeskirchentag spricht den Wunsch aus, die Kirchenregierung wolle
die Akten über die Entstehung der Renitenz der historischen Forschung zugänglich machen."[247]

---

[246] Paul Riemann/Rudolf Schlunk: Das Ende der renitenten Kirche, 28.
[247] Ebd., 33f.

Der Vorstoß des Landeskirchentages zeigte ein hohes Maß an Interesse an der Renitenz und viel guten Willen, er musste damit allerdings auf die Renitenten auch einschüchternd wirken. Der Wunsch, nur nach vorne zu sehen, wurde den Ereignissen von 1873/74 nicht gerecht. Mit der Vergangenheit musste man sich beschäftigen, wenn man sich auf den Weg der Annäherung machen wollte. Und da hatte der renitente Pfarrer Karl Wicke eine schlechte Erfahrung gemacht. Für seine Dissertation, die 1930 unter dem Titel „Die hessische Renitenz. Ihre Geschichte und ihr Sinn" erschienen war, hatte ihm das Landeskirchenamt 1927 die Benutzung der die Renitenz betreffenden Konsistorialakten verweigert.[248] Um solche unfreundlichen Akte zu verhindern, ging es in Pkt. 3. Auch Pkt. 2 zeigte, dass es nach wie vor rechtens war, von den Renitenten Steuern für die Landskirche zu erheben. Die Initiative des Landeskirchentages stieß damals auf kein weiteres Interesse bei den Renitenten und ging, soweit sie die Öffentlichkeit erreichte, ins Leere. In kleinen Zirkeln wurden aber Gespräche zwischen Pfarrern der Renitenz und der Landeskirche geführt. So im „Loshäuser-Kreis" und im „Neuwerk-Kreis".[249]

Mit großem Interesse verfolgten die Renitenten den in der Landeskirche geführten Kampf mit dem nationalsozialistischen Staat. Das NS-Regime erhob offenbar die gleichen Ansprüche wie einst der preußische Staat. Es gab verblüffende Parallelen: Nach 1866 ging der Kampf um das Bekenntnis, nach 1933 auch. Eine kleine Gruppe wie damals unter den Renitenten bildete sich zur Verteidigung des Bekenntnisses. Damit konnte die Bekennende Kirche bei den Renitenten Sympathien gewinnen.

Aber es dauerte bis nach dem Ende des Zweiten Weltkrieges, ehe wieder Bewegung in das nach wie vor spannungsvolle Verhältnis kam und die Renitenz für Außenstehende überraschend ihre Selbständigkeit aufgab.

---

[248] Siehe Karl Wicke: Die hessische Renitenz, 176.

[249] Dazu Paul Riemann/Rudolf Schlunk: Das Ende der renitenten Kirche, 21f.

Das Ende der Renitenz

1950 fassten die meisten renitenten Gemeinden den Beschluss, sich mit der *Selbständigen Evangelisch-lutherischen Kirche* (SELK) zu vereinigen. Dieser Schritt war erst möglich, nachdem die Renitenten eine weitere tiefgreifende Korrektur an ihren bisherigen Überzeugungen hingenommen hatten. Sie mussten zu den von ihnen immer besonders hochgehaltenen Bekenntnissen, dem Augsburger Bekenntnis von 1530 in ungeänderter Fassung, und der dazu von Philipp Melanchthon 1530/31 verfassten Verteidigungsschrift, der sogenannten Apologie, noch eine Bekenntnisschrift übernehmen, die ihre Väter geradezu verworfen hatten: die Konkordienformel. Sie war 1580 zur Erinnerung an das 50 Jahre vorher verabschiedete Augsburger Bekenntnis zur Überwindung innerevangelischer Streitereien nach dem Tode Luthers (1546) und Melanchthons (1560) und nach langen Auseinandersetzungen und schwierigen Vorarbeiten von Schülern bedeutender lutherischer Reformatoren erarbeitet worden. In ihr sollte die Lehre der Reformation zusammengefasst werden, und so war ein gewaltiges Werk von 400 Seiten entstanden.[250] Für überzeugungstreue Lutheraner hatte sie den Rang einer Bekenntnisschrift. Die Renitenten, die von August Vilmar gelernt hatten, vom richtigen Bekenntnis hänge für die Kirche alles ab, hatten die Konkordienformel bisher ignorieren können, weil der hessische Landgraf Wilhelm IV (1567-1592) sie 1580 nicht unterschrieben hatte. Für die SELK aber war die Übernahme der Konkordienformel durch die kurhessischen Renitenten eine Grundbedingung und wurde deshalb in der „Vereinbarung über den Anschluß der Renitenten Kirche Ungeänderter Augsburgischer Konfession an die Selbständige Evangelisch-Lutherische Kirche, vom 7. September 1950"[251] in § 2 ausdrücklich erwähnt:

> „Die unterzeichneten Vertreter der Renitenten Kirche erkennen die Bekenntnisgrundlage der Selbst. Ev. Luth. Kirche einschließlich der Konkordienformel und demgemäß die gemeinsame Lehrverpflichtung aller ihrer Geistlichen an."

Nur ein renitenter Pfarrer, Rudolf Schlunk der Jüngere, war mit seinen Gemeinden in Morschen (Kreis Melsungen) und Schemmern

---

[250] Abgedruckt in: Die Bekenntnisschriften der evang.-luth. Kirche, 735-1135.

[251] In: Paul Riemann/Rudolf Schlunk: Das Ende der renitenten Kirche, 34f.

(Kreis Eschwege) der Vereinbarung nicht beigetreten. Er konnte deshalb auf ein Angebot der Landeskirche eingehen. Mit Datum vom 11. Mai 1951 hatte Bischof Wüstemann einen Brief „An die Herren Amtsbrüder der bisherigen Renitenten Kirche U. A. C." gerichtet und darin folgenden einladenden Vorschlag unterbreitet:

„Die Freiheit von staatlicher Bevormundung, um deretwillen die Renitenz im Jahre 1873 in den Kampf eintrat, ist seither durch große geschichtliche Ereignisse, aber auch durch Entschlüsse der Landeskirche selbst weitgehend erreicht worden. Nachdem schon die Verfassung von 1923 dieser Wandlung Ausdruck zu geben versucht hat, ist sowohl in dem Kirchengesetz betr. die Leitung und Verwaltung der Evangelischen Landeskirche von Kurhessen-Waldeck vom 27. 9. 1945/4. 12. 1947 wie auch im Zustandekommen dieses Kirchengesetzes die Freiheit der Kirche von falscher Abhängigkeit vom Staat nachdrücklich betont worden. Wir dürfen darauf hinweisen, daß der Beginn dieser Wandlung innerhalb der Landeskirche noch von einem der bekanntesten renitenten Pfarrer, Rudolf Schlunck d. Ä., im Jahre 1927 anerkannt worden ist.
Wir richten deshalb an die renitenten Pfarrer und Gemeinden die brüderliche Bitte und Anfrage, ob sie ihren Auftrag und Weg nicht dadurch vollenden wollen, daß sie sich mit unseren Gemeinden und unserer Landeskirche wieder vereinigen. Der Gang der Renitenz in die Freikirche verfehlt das Ziel, nach dem die Väter der Renitenz auf ihrem leidvollen Wege hinstrebten. Durch die, Wiedervereinigung der Renitenz mit der Landeskirche würde u. E. der Dienst und das Zeugnis der Renitenz vollendet und zum Ziele gebracht."[252]

Rudolf Schlunck, den Bischof Wüstemann namentlich erwähnte, hatte der Landeskirche nicht erst 1927 Avancen gemacht, er hatte sie 1920 im Vorwort zu Karl Hartwigs Schrift „Das Recht der Renitenz" aufgefordert, von den Renitenten zu lernen und daran folgende Überlegung geknüpft:

„Es ist nicht an dem, wie uns das demokratische Fieber, das jetzt auch die Kirche ergriffen hat, glauben machen will, daß unser hessisches Kirchenvolk herrschaftslüstern wäre. Es will nur – und dazu hat es ein gutes Recht – daß es tendenzlos geleitet werde, daß die Kirche mit ihm wirklich das will, was Gott will und was ihre Dokumente, Schrift und Bekenntnisse, ausweisen. Einer wahrhaft hirtenmäßigen Führung würden heute noch die hessischen Kirchengemeinden im ganzen willig folgen. Nichts würde nun das Vertrauen zum lauteren Wollen der Kirche so wiederherstellen, als die Versöhnung mit der Renitenz und die Verwirklichung des Königtums Christi. Die Kirche würde dadurch das wahre

---

[252] In: Paul Riemann/Rudolf Schlunk: Das Ende der renitenten Kirche, 41 (Der ganze Brief 40f).

allgemeine Priestertum der Gläubigen erwecken, das auch in dem Falle, wo der Grundsatz, daß Gottesgehorsam über Staatsgehorsam gehe, neue Konflikte mit dem Staate erzeugt, wie das nicht ausbleiben wird, seinem priesterlichen Namen Ehre machen, d. h. gern alle die Opfer bringen wird, die zur Erhaltung der heiligen Kirche und ihres Amtes, notwendig sind, wie das in der Renitenz mit Freuden geschehen ist und geschieht. Will man das auch Demokratie nennen, nun gut. Jedenfalls ist es nicht eine Demokratie, die auf die Entscheidung durch Majoritäten eingeschworen wäre."[253]

Ursprünglich Renitente Gemeinde in Sand (heute Bad Emstal)

---

[253] Vorwort von Rudolf Schlunck in: Karl Hartwig: Das Recht der Renitenz, 4.

In dem, was Schlunck „hirtenmäßige Führung" nannte, durfte man schon den Wunsch nach einer bischöflichen Kirchenleitung sehen. Für die 1947 in Kraft getretene Grundordnung der Evangelischen Kirche von Kurhessen-Waldeck mit dem hervorgehobenen Bischofsamt haben renitente Einflüsse aber keine Rolle gespielt.[254] Es gab auf renitenter Seite den Versuch, auf die vom 25. bis 28. September 1945 in Hephata tagende sogenannte „Notsynode" Einfluss zu nehmen. Mit dem Titel „Erneute brüderliche Bitte" brachte „Das Kirchenregiment der Renitenten Kirche Ungeänd. Augsb. Konf. H. Wicke, Superintendent" am 24. September 1945 ein zweiseitiges Flugblatt heraus. Darin fand sich eine Stellungnahme zur Zeit und ein Katalog mit sechs Punkten, die die Synode bedenken möge. Folgende drei sind in diesem Zusammenhang von Bedeutung:

„Unsere eigene Erfahrung treibt uns, der hessischen Kirche in diesem so gewichtigen Augenblick die folgenden Punkte vorzulegen. Wir bitten, diese Punkte als unsere Forderungen zu betrachten.

1. Rückhaltloses Sichstellen der Hess. Kirche auf die Confessio Augustana Invariata von 1530 und derern Apologie, als das kraft kirchlichen und weltlichen Rechts allein gültige Bekenntnis unserer Kirche in Hessen.

3. Leitung der Kirche durch ein an Schrift, Bekenntnis und Ordnung gebundenes bischöfliches Amt, wie es die angegebenen Ordnungen im Gehorsam gegen CA v. 1530, bes. Art. 5 und Art. 28 verlangen.

5. Wir Vertreter der Ren. Kirche UAC sind überzeugt, daß dies alles unter ‚die gnädigen Gerichte Gottes' gehört, von denen sowohl des Reichsbruderrats ‚Wort an die Pfarrer' wie auch das von der Kirchenführerkonferenz übernommene ‚Wort an die Gemeinden' sprechen. Wir legen es aber der Hess. Kirche insonderheit nahe, sich unsere Aufforderung, doch das uns Renitenten zugefügte Unrecht durch Berücksichtigung unseres allgemein kirchlichen Anliegens wiedergutzumachen, nicht länger zu entziehen. Es gehört zweifellos zur Schuld der unierten Staatskirche, und es wäre seine Remedur wohl der gewichtigste Beweis der notwendigen und weit zurückreichenden gründlichen kirchlichen Umkehr …

Gott gebe, daß sie (die Hess. Kirche) in dieser Entscheidenden Stunde von dieser Möglichkeit in dem dargestellten Sinne Gebrauch mache. So wie ja auch ein Beschluß der amtlichen Hersfelder Konferenz und der des Rotenburger BK-Kreises vorliegt, wonach Pfarrer Lotz-Hersfeld beauftragt wurde, zwecks

---

[254] Dazu hat Martin Hein mehrere Studien vorgelegt. Siehe Literatur-Verzeichnis.

Anknüpfung von Verhandlungen mit dem Sup. der Renitenten Kirche in Verbindung zu treten."[255]

Der Text ist in mehrfacher Hinsicht bemerkenswert.

- Die Sprache ist ganz unverblümt, ja bevormundend, sie erinnert an den Juliprotest von 1873.
- Der Verfasser scheut sich nicht, klare Forderungen zu stellen.
- Er bestand darauf, allein das Augsburger Bekenntnis von 1530 und die Apologie als Bekenntnisgrundlage für die hessische Kirche anzuerkennen.
- Ohne die Erfüllung dieser Bedingungen sei eine Wiedervereinigung nicht möglich.

Der neugewählte Bischof *Adolf Wüstemann* (1901-1965)[256] antwortete Superintendent Wicke brieflich erst am 31. Dezember 1945. Sichtlich hatte ihn Sprache und Inhalt überrascht. Denn, wenn die Landeskirche sich auch eine Verfassung mit einem Bischof an der Spitze gegeben hatte, so war sie doch der geforderten eindeutigen Entscheidung in der Bekenntnisfrage nicht nachgekommen. So blieb dem Bischof nichts anderes übrig, als in zögerlichem Ton folgende Bitte auszusprechen:

„Sie möchten die Offenheit des brüderlichen Gesprächs mir und der Landeskirche gegenüber trotz allem erhalten. Es ist – darin darf ich mich wesentlich mit meinen Brüdern im Amt einig wissen – unsere Erkenntnis, daß die Zeit für eine neue Begegnung zwischen der Landeskirche und der Renitenz gekommen ist und daß diese Möglichkeit, soviel an uns ist, nicht durch menschliche Schwäche und Sünde wieder ungenutzt vergehen darf."[257]

In der Folgezeit gab es interne und einzelne persönliche Kontakte, ehe der Bischof wieder aktiv wurde und am 11.Mai 1951 den bereits erwähnten Brief an die renitenten Pfarrer schrieb.

Adolf Wüstemann selbst beschäftigte sich in der Zwischenzeit offensichtlich intensiv und auch kritisch mit der Geschichte der Renitenz, ihren Absichten und ihren Schicksalen, was eine längere von ihm bescheiden als „Torso" genannte Ausarbeitung, die er der Ad-

---

[255] Das Flugblatt befindet sich im Nachlass „Sekretariat Wüstemann" in der Mappe „Renitenz" im Kirchlichen Archiv in Kassel.

[256] Ein Biogramm in: Dieter Waßmann: Evangelische Pfarrer in Kurhessen-Waldeck, 372.

[257] Kopie des Schreibens befindet sich im Nachlass „Sekretariat Wüstemann", Mappe „Renitenz".

ventssynode 1951 vortrug, zeigte.[258] Die mit dem Brief deutlich werdende Initiative ging offensichtlich auf Bitten von Pfarrern, insbesondere von Propst *Wilhelm Wibbeling* (1891-1966)[259], zurück.

Als Mitglied im „Loshäuser Kreis" hatte Wibbeling bereits 1930 Verbindungen zur Renitenz geknüpft und 1941 in einem längeren Aufsatz „Um die Freiheit des geistlichen Kirchenregiments" die Forderungen der Jesberger Konferenz als Vorbild für das künftige Verhältnis von Staat und Kirche herausgestellt. In seinen zahlreichen Vorschlägen zur Neuordnung der Evangelischen Kirche von Kurhessen und Waldeck hatte er dann bereits im Frühjahr 1945 „Ein kirchliches Sofortprogramm für Kurhessen" entworfen und darin auch wieder an die Renitenz erinnert:

„Wir bedauern, daß das Anliegen der Renitenz, die von aller staatlichen Einmischung freie geistliche Leitung der Kirche, bisher gerade in unserer Landeskirche so wenig verstanden wurde, und laden die renitente Kirche ein, mit uns in der kommenden staatsfreien Kirche zusammenzuarbeiten." [260]

Wibbeling, seit Mai 1946 Propst des Sprengels Hanau, verfolgte die Annäherung der Landeskirche an die Renitenz mit großem Engagement. Wüstemann hingegen äußerte sich intern reserviert und verschwieg seine Bedenken gegenüber Vertrauten nicht: beispielsweise in einem 6-seitigen Brief vom 18.9.1951 an Landespfarrer Erich Freudenstein (1901-1988).[261] Freudenstein wurde gebeten, sie an die Renitenten weiterzugeben. Hauptkritikpunkt: Ein wirklich stichhaltiger Grund zur Bildung der Renitenz sei 1855 die Weigerung des Kurfürsten gewesen, August Vilmar zum Generalsuperintendenten zu ernennen. Demgegenüber sei die Zusammenlegung der drei Konsistorien 1873 durch die preußische Regierung als nicht ausreichend anzusehen.

Der an alle renitenten Pfarrer und Gemeinden gerichtete Bischofsbrief fand dann nur bei Paul Riemann und Rudolf Schlunk, der schon seit Kriegsende mit Wüstemann einen regen Briefwechsel geführt

---

[258] In Paul Riemann/Rudolf Schlunk: Das Ende der renitenten Kirche, 51-59.

[259] Eine Kurzbiographie in: Dieter Waßmann: Evangelische Pfarrer in Kurhessen-Waldeck, 358f.

[260] Abgedruckt bei Martin Hein: Auf der Suche nach neuer Ordnung. Der Weg der Evangelischen Landeskirche von Kurhessen-Waldeck 1945-1947, 128.

[261] Erhalten im Nachlass „Sekretariat Wüstemann" in: Kirchliches Archiv Kassel.

hatte, eine freundliche Aufnahme.[262] So kam es zur Bildung einer gemischten Kommission unter Wibbelings Leitung. Sie führte Vereinigungsgespräche, und im Sommer 1956 kam es zur Wiedereingliederung der renitenten Gemeinden von Schemmern und Morschen in die Landeskirche.[263]

Die übrigen renitenten Gemeinden antworteten abschlägig und verwiesen darauf, dass sie sich gerade der SELK angeschlossen hätten.

Seitdem hat sich das Verhältnis zwischen SELK und Landeskirche entspannt und ist weitgehend kooperativ und freundlich geworden. Das Gertrudenstift in Großenritte gehört z. B. dem Diakonischen Werk der Evangelischen Kirche von Kurhessen-Waldeck (EKKW) an. Die Pfarrer der SELK erhalten von der EKKW eine Bevollmächtigung zur Erteilung von Evangelischem Religionsunterricht in der Öffentlichen Schule.

Damit kommt das Verhältnis von Landeskirche und Freikirche der Bestimmung nahe, die Bischof Wüstemann 1951 vor der Landeskirche etwas provokativ und paternalistisch gegeben hatte:

„Die Freikirche lebt (davon), daß vor ihr die Landeskirche steht und ihr den Windschutz angedeihen läßt." [264]

---

[262] Ebd.

[263] Paul Riemann/Rudolf Schlunk: Das Ende der renitenten Kirche, 59-63.

[264] Verhandlungen der 3. ordentlichen Landessynode der Evangelischen Landeskirche von Kurhessen-Waldeck.

Abschließende Überlegungen

Die kurhessische Renitenz ist 1950 durch den Anschluss der meisten Gemeinden an die Selbständige-Evangelisch-Lutherische Kirche zu einem deutlichen Ende gekommen. Ihren Anfang hatte sie lange vor 1873 genommen, als mehr als vierzig Pfarrer dem von der preußischen Regierung zusammengelegten „Gesammtkonsistorium" den Gehorsam verweigerten. Sie sahen in der Maßnahme einen weiteren Bruch göttlichen Rechtes durch einen Staat, der sich nur noch von seinen eigenen Interessen leiten lassen wollte und dazu keine Skrupel empfand, sein durch wissenschaftliche Erkenntnisse, wirtschaftliche Unternehmungen, technische Errungenschaften immens angewachsenes Machtpotential, wo es ihm opportun erschien, effektiv und zielgerichtet einzusetzen. Der damals – nicht nur in Deutschland – vom Zaun gebrochene *Kulturkampf* sollte das Verhältnis von Staat und Kirche als den in Europa über ein Jahrtausend maßgebenden Institutionen neu bestimmen, die Einflusssphäre des Staates erweitern und intensivieren, die der Kirche entsprechend einschränken und auf wenige Tätigkeitsbereiche konzentrieren. Diese Auseinandersetzung musste die Kräfte, die darin nicht gute, sondern vielmehr verheerende Perspektiven erkannten und in den überlieferten Verhältnissen das Bewährte festhalten wollten, zu einem entschlossenen, harten, aufopferungswilligen Widerstand herausfordern. Die Geschichte des Jahrhunderts war für die konservativen Kräfte eine Geschichte von Revolutionen, durch die Gottes Autorität, sein Regiment – nicht zuletzt – sein Recht durch rechthaberisches Aufbegehren der Menschen bekämpft und am Ende überwunden werden sollte.

Da die legitimen Staatsoberhäupter, die Monarchen, zu Beginn des Jahrhunderts feierlich gelobt hatten, genau dieses Streben und Drängen zu bekämpfen und wieder die alten Verhältnisse herzustellen, waren ihre treuesten Gefolgsleute angesichts der tatsächlichen Entwicklung in doppelter Weise enttäuscht:

Zum einen, war es 1830 und 1848/49 wieder zu Revolutionen, gekommen und das gesellschaftliche, das kulturelle, das wirtschaftliche und auch das religiöse Leben wurde von einem Geist des Aufbruches, der Schrankenlosigkeit, der Revolution, beherrscht.

Zum andern, sahen die berufenen, in göttlichem Auftrag handelnden Institutionen, Staat und Kirche, diesem Treiben rat- und hilflos zu, nahmen es hin, wenn sie es nicht sogar förderten. Hier waren die treibenden Motive für August Vilmar, für seine Schüler und Anhänger, diese Welt frontal anzugreifen und ihr ein in apokalyptische Dimensionen ausgeweitetes Gericht anzusagen und den Prozess zu machen. Wilhelm Hopf hat 1895 in der Einleitung zu einer von ihm zusammengetragenen Sammlung von Dokumenten „Die deutsche Krisis des Jahres 1866" das Problem, um das es ihnen ging, so beschrieben:

„Meine Durchforschung der Geschichte jenes Jahres hat meine während desselben gewonnenen persönlichen Anschauungen und Eindrücke fast durchweg bestätigt. Demnach ist das damals Geschehene und durch die Reichsgründung des Jahres 1871 zu einem nur vorläufigen und unfertigen, darum auf die Dauer unhaltbaren Abschluß Gelangte, meiner persönlichen und wissenschaftlichen Überzeugung nach, die verhängnisvollste *Revolution von oben*, welche die deutsche Geschichte bis dahin zu verzeichnen hat. Durchgeführt mit den Mitteln des Rechtsbruches, des gewaltsamen Umsturzes, der bewußten Unwahrheit und Täuschung, konnte diese Revolution auch nur revolutionäre Früchte hervorbringen. Sie hat der preußischen Machterweiterung und Vergrößerungslust gedient, nicht aber dem berechtigten Streben des deutschen Volkes nach festerer Einigung und gedeihlichem Ausbau seiner bis dahin zu Recht bestandenen Gesamtverfassung. Sie hat durch das von oben gegebene Beispiel des Umsturzes die Revolution von unten wachgerufen und so eine friedliche Lösung der sozialen Frage im höchsten Grade erschwert. Sie hat endlich die bewährten Garantien des Weltfriedens durch Beseitigung der europäischen Rechtsordnung von 1815 vernichtet und an ihre Stelle die internationale Rüstungskonkurrenz des Militarismus und den latenten Kriegszustand großer Koalitionen gesetzt."[265]

Diese weitgespannte Sicht, in der nur wenige oder gar nur ein einziges Motiv ein Bündel von unterschiedlichen Folgen hervorbringt, teilten die Vilmarianer mit anderen Zeitgenossen etwa Karl Marx, wie schon August Vilmar selbst mit Überraschung festgestellt hatte. Auch in ihrer konsequenten Ablehnung der Revolution fanden sie sich nicht allein auf sich gestellt. Hier fanden sie sich in Übereinstimmung mit dem Papst, begrüßten seine antirevolutionäre Strategie und die daraus erwachsenden Maßnahmen und teilten mit den Katholiken auch das

---

[265] Wilhelm Hopf: Die deutsche Krisis des Jahres 1866, VIf.

harte Los der Verfolgung im Kulturkampf. Aber es sollte sie noch schwerer treffen. Sie gerieten durch ihren auf festen Grundsätzen beruhenden Glauben in den Verdacht, der Evangelischen Kirche untreu und katholisch werden zu wollen. Die verbreiteten und eingeschliffenen antikatholischen Vorurteile – latent immer vorhanden – waren wieder schnell greifbar und zu mobilisieren. Wenn nur von liberaler Seite damit argumentiert worden wäre, hätte man es noch hinnehmen können, aber sogar der hessische Kurfürst hatte 1855 mit dieser Begründung August Vilmar die Würde eines Generalsuperintendenten verweigert und damit zahlreiche seiner treuesten Anhänger in Gewissenskonflikte gebracht.

Dieser unberechenbare Charakterzug des kurhessischen Monarchen hat aber bei ihnen nicht zu politischen Konsequenzen, schon gar nicht zu illoyalen Handlungen geführt. August Vilmar nahm die ehrverletzende Behandlung durch Friedrich Wilhelm hin, richtete seinen Zorn nur auf die Gutachter, die vor ihm gewarnt hatten. Sein Bruder Wilhelm setzte alle Kraft dafür ein, die Stellung des Fürsten in den berüchtigten Verfassungskonflikten, wo immer möglich, aber insbesondere durch den „Treubund" und die „Niederhessische Pastoralkonferenz" zu stärken. Nach der Annexion hielt er dem hessischen Stammesfürsten als dem von Christus berufenem Träger des bischöflichen Hoheitsrechtes weiterhin die Treue und zeichnete ihn – solenner Höhepunkt seiner unangefochten monarchischen Gesinnung – nach seinem Tod mit dem Ehrentitel „der Standhafte" aus. Was der Kurfürst von den Brüdern Vilmar, ihren Schülern und Anhängern, über die ganze Zeit seiner Herrschaft uneingeschränkt erfahren hatte: – Pflichtbewusstsein, Treue, Standhaftigkeit – das wurde von ihnen posthum auf ihn übertragen und sollte seiner wechselhaften, von überraschenden Wendungen nicht freien Regierung einen späten, aber unverdienten Glanz verleihen. Ohne Zweifel hätten sie es auch akzeptiert, wenn es der kurhessische Summepiskopus vor 1866 gewesen wäre, der die drei Konsistorien zusammengelegt hätte. Der seit 1873 amtierende Konsistorialpräsident Wilhelm Heinrich Schmidt hatte deshalb mit seinem Argument, seit der Reformation hätten die Landesherren immer wieder solche Veränderungen vorgenommen, ohne dass ihnen der Gehorsam von Pfarrern verweigert worden sei, recht. Allerdings ging er wie die Mühlersche Denkschrift unbefangen oder – soll man sagen – unbedarft davon aus, der preußische König sei der neue und in politischen wie in Kirchendingen rechtmäßige und unangefochtene Landesherr. Diese Annahme stieß auf den unerbittlichen Widerstand der Niederhessischen Pastoralkonferenz. Sie verfocht den Standpunkt, der preußische Monarch könne nicht der von Christus berufene Summepiskopus der hessischen Kirche sein, schon gar nicht nachdem Preußen durch einen schlimmen Rechtsbruch, ja durch einen revolutionären Akt von oben sich das hessische Kurfürstentum einverleibt hatte. Damit fühlten die bekenntnistreuen Pfarrer sich vor die Frage gestellt, wem sie größeren Gehorsam schuldeten: Christus, dem König im Himmel, oder dem Kaiser und König in Berlin. Mit ihrer Entscheidung für das wahre Oberhaupt der Kirche, Christus, gemäß der Bibel (Apostelgeschichte 5,29) waren weitere staatliche Sanktionen programmiert: Entfernung aus dem Dienst, Vertreibung aus der Gemeinde, Diffamierung, Verfolgung. Aber gerade darin konnten sie sich als besonders glaubwürdige Nachfolger Christi erweisen.

Dass sich an der Bildung des Gesamtkonsistoriums der Widerstand entzündete, hatte im Rückblick etwas zufälliges an sich. Jede andere Maßnahme des Kultusministeriums – früher oder später – hätte zum gleichen Effekt geführt. Denn es gab noch weitere Faktoren, sowohl auf der Seite des preußischen Staates wie aufseiten der von Wilhelm Vilmar angeführten kurhessischen Pfarrer, die zum Zusammenstoss geradezu drängten:

1. 1873 hatte der *Kulturkampf* mit den Maigesetzen einen Höhepunkt erreicht. Der Staat hatte für die Anstellung der Pfarrer Bedingungen auf dem Wege der Gesetzgebung erlassen, die für die Katholische Kirche unzumutbar waren. Der geforderte Nachweis einer wissenschaftlichen Ausbildung war von liberalem Geist inspiriert. Auch die von August Vilmar 1856 formulierten Grundsätze für die Vorbereitung auf den pfarramtlichen Dienst mit ihrer engen Bindung an die kirchlichen Bekenntnisse mussten mit den die Kritik stark hervorhebenden staatlichen Auflagen kollidieren.

2. Die mit der umfassenden Weltschau, wie sie August Vilmar seit den 1830er Jahren entwickelt und entfaltet hatte, verbundene Abfolge von Epochen sah einschneidende Scheidungen für die nächste Zeit als unabwendbar vor. Die Beschreibung der preußischen Machtpolitik mit ihrem Gipfelpunkt, der Annexion von vier Staaten, in Bildern der

Apokalypse führte zu dem festen und immer wieder bestätigten Glauben, nun sei der Zeitpunkt der *Scheidung* wahrer und überzeugter Bekenner von bloßen Namenschristen, von Deisten, Agnostikern und Atheisten gekommen. Im apokalyptischen Traditionskomplex fanden sich auch vielfältige Vorhersagen von Leiden, Verachtung, Verfolgung und Tötung. Die tatsächlichen Schicksale der in die Renitenz gegangenen Pfarrer und Gemeindeglieder deckten sich mit dem, was in der Bibel vorhergesagt worden war.

Auch in der Erwartung von Scheidungen und weltbewegenden revolutionären Umwälzungen fand sich August Vilmar in erstaunlicher Nähe zu Karl Marx. Beide standen damit in prinzipiellem Gegensatz zu Friedrich Hegel, der die Hoffnung genährt hatte, mit der dialektischen Methode ließen sich auch härteste Gegensätze miteinander versöhnen.

3. Die von August Vilmar immer wieder mit Schrecken beobachteten revolutionären und damit eindeutig gottfeindlichen Ereignisse zeigten ihm, dass überall die festen Fundamente unterwühlt seien und weiterhin unterspült würden. Im Staat, in der Gesellschaft, in der Kultur, über die er sich vielfältig geäußert hat, gälten nicht mehr Recht und Ordnung, sie seien vielmehr von zerstörerischen Mächten, ja vom Chaos bedroht. Das gelte auch für die Kirche, wenn sie sich an kritischer Wissenschaft und spekulativer Philosophie, wie von liberalen Geistern allenthalben gefordert, orientiere. Sie könne diesem Verfallsprozess aber auch Widerstand entgegensetzen, wenn sie sich nur auf ihre von Gott gegebenen Stützen verlasse: die Bibel, das Bekenntnis, das geistliche Amt. Alle intellektuelle Kraft, alle Gelehrsamkeit, allen Scharfsinn bot er auf, um die jungen Theologen von ihrer einmaligen Stellung zu überzeugen. Sie seien die wahren Lehrer und von Gott berufenen Führer des Volkes; denn sie vermittelten das für Zeit und Ewigkeit Nötige: die Verwaltung der ewigen Güter, Gesetz und Evangelium, Sakramente und Vergebung der Sünden.

Das führte bei den Schülern und Anhängern August Vilmars zu einem derart ausgeprägten Selbstbewusstsein, dass sie zum einen im neuen Gesamtkonsistorium nur ein willfähriges Instrument des selbstherrlichen Staates zu erblicken vermochten. Wenn dieser Staat sie ihres Amtes enthob, konnte er nur widergöttliche Ziele verfolgen. Zum Verständnis ihrer Vertreibung von Kanzel und Altar brauchte

man nur biblische Beispiele von ungehorsamen Königen wie Jerobe-
am (1. Könige 12,20-14,20) und Ahab (1. Könige 16,29-21,19) heran-
zuziehen. In den auf die Amtsentsetzung folgenden Bedrängnissen
wiederholte sich in ihrer Sicht das Schicksal der den Königen entge-
gentretenden einsamen Propheten. Eine weitaus größere Enttäuschung
musste die kleine Zahl von Gemeindegliedern bedeuten, die ihnen in
die Renitenz gefolgt waren. Hatte der Prophet Elia sich noch auf sie-
bentausend Verehrer des wahren Gottes verlassen können (vgl. 1.
Könige 19,18), so wurde in der epochalen hessischen Entscheidung
zwischen der falschen Kirche, in der die preußische Regierung das
Sagen hatte, und der wahren Kirche, in der Jesus Christus die Königsherrschaft antreten wollte, diese Zahl kräftig unterschritten. Hier
zeigte sich deutlich, dass es in Kurhessen zwar erweckte Christen gab,
es aber vorher zu keiner Erweckungsbewegung gekommen war.[266]

Die weitere Entwicklung, hat dann allerdings zu Veränderungen
geführt, die von den Renitenten mit hochaufgeladenen Befürchtungen
und wahren Schreckensszenarien für Staat und Kirche erwartet wurden. Sie sollten sich, was heute auch von der SELK anerkannt wird,
aber als ausgesprochen segensreich erweisen:

- Die *Demokratie* verbürgt die Freiheit des christlichen Bekenntnis-
  ses.
- In Synoden gibt es auch gewählte *Laien*, sie haben die gleichen
  Rechte wie die Pfarrer.
- Auch *Frauen* steht das geistliche Amt offen.

Dagegen erwiesen sich die großen Hoffnungen auf eine breite Erwek-
kung und eine merkliche Glaubensstärkung der evangelischen Gemeinden als kraftlos und leer.

Ihr ausgeprägtes Amtsbewusstsein erwies sich für die renitenten
Pfarrer später, als eine allgemein anerkannte Autorität – wie früher
August Vilmar – als souveräner Schiedsrichter nicht mehr da war,
auch als gewichtiger Grund für die Erbitterung und Kompromisslo-
sigkeit, mit der sie dann ihre Gegensätze zuspitzten und diese zu Par-
teiungen und Verketzerungen führten. Die Grundsatztreue – ursprünglich ihre große Stärke – entwickelte sich zu einem Hindernis

---

[266] So auch Gustav Adolf Benrath: Die Erweckung innerhalb der deutschen Landeskirchen,
224-227.

176

auf dem Wege zu neuen Erkenntnissen und u. a. auch zu den verschiedenen Angeboten für Gespräche, die von der Landeskirche kamen.

1951 hat der renitente Superintendent Wilhelm Schmidt aus Marburg die weit verbreitete Vorstellung von der Geschichte der Renitenz, gegenüber Bischof Wüstemann knapp zusammengefasst:

„Als die 43 renitenten Pfarrer in Kurhessen das staatskirchlich unierte Konsistorium ablehnten, traten sie für die Freiheit der Kirche unter Jesus Christus, dem Haupte der Kirche als ihrem alleinigen Herrn der Kirche ein ... Sie legten damit. ihr Zeugnis von dem Königtum Jesu Christi ab. Trotz aller Anerkennung, die der Bischof den Renitenten zollt, klingt in seinen Worten der alte gegnerische Vorwurf nach, daß die Renitente Kirche eine politische Sekte gewesen wäre."[267]

Die hier vorgelegte Studie hat erwiesen, dass die Geschichte der Renitenz nicht nur eine Abfolge heldenhaft bestandener Anfechtungen gewesen ist. Gegen die von dem Superintendenten Schmidt geäußerte Überzeugung sind drei fundamentale Erkenntnisse im Hinblick auf die Ereignisse von 1873 festzuhalten:

1. Man glaubte an einer Epochenschwelle zu stehen, die Königsherrschaft Christi sei nahe.

2. Damit wurde der Herrschaftsanspruch des preußischen Königs in Kirchendingen als illegitim abgelehnt.

3. Durch die behauptete kirchliche Bindung an den früheren Monarchen war die Renitenz bis zum Tode des Kurfürsten 1875 eine auch politisch festgefügte, dezidiert antipreußische Gruppierung. Tendenziell blieb sie es bis zu Wilhelm Hopfs Tod 1921.

---

[267] Aus „Unter dem Kreuze", Kirchenblatt der SELK, Oktober 1951.

Literaturangaben

Gedruckte Quellen

Amtliche Mittheilungen des Königlichen Consistoriums für den Regierungsbezirk Cassel 1874ff.

Baumann, Ernst: Die Lehre des Metropolitan Vilmar vom Fürstentum von Gottes Gnaden Cassel 1906.

Bayrhoffer, Karl Theodor: Erste kritische Beleuchtung der Schrift des Herrn Oberappellationsrathes Dr. Johann Wilhelm Bickell: Ueber die Verpflichtung der evangelischen Geistlichen auf die symbolischen Schriften, mit besonderer Beziehung auf das kurhessische Kirchenrecht. Gegen die unfreie Anschauung der evangelischen Kirche, Cassel 1839.

Bayrhoffer, Karl Theodor: Zweite allgemeinere kritische Beleuchtung der Schrift des Oberappellationsrathes Dr. Johann Wilhelm Bickell: Ueber die Verpflichtung der evangelischen Geistlichen auf die symbolischen Schriften mit besonderer Beziehung auf das kurhessische Kirchenrecht. Gegen jede Hierarchie. Cassel 1839.

Bekenntnisschriften der evangelisch-lutherischen Kirche. Herausgegeben im Gedenkjahr der Augsburgischen Konfession 1930. 3. Aufl. Göttingen 1956.

Bescheid des Ministers der Geistlichen und Medicinal-Angelegenheiten auf den sog. Juliprotest vom 13. August 1873. In: J.W.G. Vilmar: Die hessischen Kirchenordnungen und das Kirchenregiment der hessischen Kirche, Cassel o. J (1874 ?), 23-25.

Besier, Gerhard (Hg.): Preußischer Staat und Evangelische Kirche in der Bismarckära. Texte zur Kirchen- und Theologiegeschichte Heft 25. Gütersloh 1980.

Bickell, Johann Wilhelm: Ueber die Verpflichtung der evangelischen Geistlichen auf die symbolischen Schriften, mit besonderer Beziehung auf das kurhessische Kirchenrecht. Cassel 1839.

Bohne, Fridolin: Der falsche Altar und das falsche Priestertum. In Rudolf Schlunck: Die 43 renitenten Pfarrer. Marburg 1923, 151-170.

Bornkamm, Heinrich: Luther im Spiegel der deutschen Geistesgeschichte. Heidelberg 1955.

Büff, Ludwig: Kurhessisches Kirchenrecht, Cassel 1861.

Denzinger, Heinrich: Kompendium der Glaubensbekenntnisse und kirchlichen Lehrentscheidungen. Lateinisch-Deutsch. 38. Aufl. herausgegeben von Peter Hünermann. Freiburg 1999.

Deutsche Verfassungen. Deutschlands Weg zur Demokratie. Goldmann Jura 8020, München o. J.

Eingabe von 42 Pfarrern und Metropolitanen an Se. Excellenz den Herrn Minister der geistlichen Angelegenheiten in Berlin zur Widerlegung der Entscheidungsgründe vorstehenden Bescheids vom September 1873. In: J. W. G. Vilmar: Die hessischen Kirchenordnungen und das Kirchenregiment der hessischen Kirche, Cassel o. J. (1874 ?), 26-36.

Franz, Eckart und Murk, Karl (Hg.): Verfassungen in Hessen 1807-1946. Verfassungstexte der Staaten des 19. Jahrhunderts, des Volksstaats und heutigen Bundeslandes Hessen. Darmstadt 1998.

Hartwig, Karl: Das Recht der Renitenz. Nebst einem Vorwort von R. Schlunck und einem Anhang. Melsungen 1920.

Hein, Martin (Hg.): Wilhelm Wibbeling: Ein kirchliches Sofortprogramm für Kurhessen von Ende April 1945. In. Jahrbuch der Hessischen Kirchengeschichtlichen Vereinigung. 41. Band 1990, 128f.

Henkel, Heinrich: Die neue und die alte Kirche oder der Phönix und die Asche. Cassel 1839.

Henkel, Heinrich: Einige Worte wider die Feinde der Vernunft und der Glaubensfreiheit. Cassel 1839.

Heppe, Heinrich: Die confessionelle Entwicklung der hessischen Kirche oder das gute Recht der reformirten Kirche in Kurhessen. Frankfurt a. M. 1853.

Heppe, Heinrich: Die Verfassung der evangelischen Kirche im ehemaligen Kurhessen in ihrer historischen Entwicklung. Marburg 1869.

Heppe, Heinrich: Die Presbyteriale Synodalverfassung der evangelischen Kirche in Norddeutschland. Iserlohn 1874.

Hessische Allgemeine (HNA) Kassel. Ausgabe vom 16. 8. 1969.

Hoffmann, F. W.: Antwort auf eine Zuschrift Hannoverscher Geistlicher an die niederhessische Pastoralconferenz, die confessionelle Stellung der nichtunirten niederhessischen Kirche und die derselben durch diese Stellung gebotene Abwehr betreffend. Leipzig 1874.

Hoffmann, F. W.: Sendschreiben etlicher Geistlicher der renitenten Kirche Augsburgischer Confession in Niederhessen an ihre Amtsbrüder in derselben Kirche. Nebst einem Nachwort und einem Nachwort an sämtliche Glieder der genannten Kirche. Homberg o. J. (1878).

Hopf, Wilhelm: Die deutsche Krisis des Jahres 1866 mit einem Anhang: Die sogenannte Braunschweigische Frage, vorgeführt in Aktenstücken, Aufzeichnungen und quellenmäßigen Darstellungen. 3. Aufl. Hannover 1906.

„Unter dem Kreuz", Kirchenblatt der Selbständigen Evangelisch-Lutherischen Kirche. Hermannsburg.

Krumwiede, Hans-Walter; Greschat, Martin; Jacobs, Manfred; Lindt, Andreas (Hg.): Neuzeit 1. Teil. Kirchen- und Theologiegeschichte in Quellen IV/1. Neukirchen 1979.

Martin, W. : Ueber die Einführung der Presbyterial- und Synodal-Verfassung in die evangelische Kirche des vormaligen Kurfürstentums Hessen. Cassel 1872.

Offene Erklärung der wegen ihrer Weigerung der Anerkennung des am 28. Juli 1873 für den Regierungsbezirk Cassel eingesetzten Consistoriums für vom Amt suspendierten oder des Amtes entsetzt erklärten niederhessischen Pfarrer und Metropolitane. Cassel 1874. In: J. W. G. Vilmar: Die hessischen Kirchenordnungen und das Kirchenregiment der hessischen Kirche.

Riemann, Paul und Schlunk, Rudolf: Das Ende der renitenten Kirche. Monographia Hassiae Heft 2. Kassel 1973.

Ritter, Adolf Martin (Hg.): Alte Kirche. Kirchen- und Theologiegeschichte in Quellen I. Neukirchen 1977.

Schedtler, Heinrich: Bedeutung und Aufgabe der evangelisch-lutherischen Kirche Oberhessens für den kirchlichen Verfassungskampf in gemeinfaßlicher Darstellung. Erlangen 1875.

Strauß, David Friedrich: Das Leben Jesu, kritisch bearbeitet. Tübingen 1. Band 1835, 2. Band 1836.

Thamer, Ludwig (Hg.): Was will das Hessische Diakonissenhaus? Eine weitere Antwort auf an dasselbe gerichtete Fragen. Großenritte 1878.

Vilmar, A. F. C.: Das Verhältnis der evangelischen Kirche in Kurhessen zu ihren neuesten Gegnern. Marburg 1839.

Vilmar, A. F. C.: Schulreden über Fragen der Zeit. 2. Aufl. Marburg 1852.

Vilmar, A. F. C.: Geschichte der deutschen National-Litteratur. 26. Aufl. mit einer Fortsetzung von Adolf Stern. Marburg 1905.

Vilmar, Aug. Frdr. Chrn.: Die Theologie der Thatsachen wider die Theologie der Rhetorik. Bekenntnis und Abwehr. Marburg 1856.

Vilmar, A. F. C.: Zur neuesten Culturgeschichte Deutschlands, Bd. 1 Frankfurt a. M. Erlangen 1858, Bd. 2 Frankfurt a. M. 1858, Bd. 3 Frankfurt a. M. 1867.

Vilmar, A. F. C.: Geschichte des Confessionsstandes der evangelischen Kirche in Hessen besonders im Kurfürstentum. Marburg 1860.

Vilmar, A. F. C.: Die Gegenwart und die Zukunft der niederhessischen Kirche. In Aphorismen erörtert. Marburg 1867.

Vilmar, A. F. C.: Die Lehre vom geistlichen Amt. Herausgegeben von Dr. Piderit. Marburg und Leipzig 1870.

Vilmar, J. W. G.: Die Niederhessische Pastoralconferenz auf dem Grunde der ungeänderten Augsburgischen Confession zur Verständigung mit seinen Freunden. o.O. o. J. (1863).

Vilmar, J. W. G.: Die Hessischen Kirchen-Ordnungen vom Jahre 1657 in ihrem Zusammenhang und ihrer Bedeutung für die Gegenwart. Frankfurt a. M. 1867.

Vilmar, J. W. G. : Die hessischen Kirchenordnungen und das Kirchenregiment der hessischen Kirche. Vortrag gehalten in der am 8. October stattgefundenen Herbstversammlung der niederhessischen Pastoralconferenz, Cassel o. J. (1874 ?).

Vilmar, J. W. G. : Die ihres Amtes verlustig erklärten hessischen Pfarrer. Eine Appellation an die Majestät Jesu Christi und eine Frage an die christlichen Gemeinden. Ein Auferstehungsruf an die hessische Kirche zu Ostern 1874. Melsungen o. J. (1874).

Vilmar, J. W. G.: Die hessische Kirche in ihrer Stellung für die Zukunft nach dem Tode des letzten Kurfürsten von Hessen, Friedrich Wilhelm des Standhaften. Eine Antwort aus der hessischen Renitenz. Melsungen 1876.

Wibbeling, Wilhelm (Hg.): Alleruntertänigstes Memorandum, die künftige Ausübung der Kirchengewalt in der evangelischen Kirche Kurhessens betreffend. In: Aus Theologie und Kirche. Beiträge kurhessischer Pfarrer als Festgabe zum 60. Geburtstag von Professor D. Hans Freiherr von Soden. München 1941, 107-126.

Witzel, Frz: Ein Beitrag zur Beurteilung der „Revolution" von 1866. Antwort auf die Forderung von 13 Laien, daß die renitenten Pfarrer in „Sachen der Anwendung des göttlichen Wortes auf die Dinge dieser Welt wieder zu dem klaren und richtigen Standpunkt zurückkehren möchten, welche die renitenten Pfarrer ausnahmslos früher eingenommen haben." Cassel 1908.

Zülch, Hermann: Der gegenwärtig Kampf der Hessischen Kirche um ihre Selbständigkeit. Erstes Heft. Das Fundament der Hessischen Kirche aus der Reformation durch den Rechtsbestand ihrer Ordnungen. Geschichtliche Skitze. Cassel 1870.

Zülch, Hermann: Rückblick auf die Zwanzig Jahre der Renitenz vom 28. Juli 1873 bis 28. Juli 1893. Melsungen 1893.

Unveröffentlichte Quellen

Kirchliches Archiv Kassel: Nachlass Sekretariat Wüstemann. Band „Renitenz".

Kirchliches Archiv Kassel: Personalakten der renitenten Pfarrer. Personalakte Hermann Zülch.

Staatsarchiv Marburg Bestand 340a August Vilmar, Bestand 340 b Wilhelm Vilmar

Staatsarchiv Marburg Akten des Kurhessischen Innenministeriums. Bestand.

Sekundärliteratur

Amelung, Eberhard: Die demokratischen Bewegungen des Jahres 1848 im Urteil der protestantischen Theologie. Inauguraldissertation Marburg 1954.

Asendorf, Ulrich: Die europäische Krise und das Amt der Kirche. Voraussetzungen der Theologie von A.F.C. Vilmar. Arbeiten zur Geschichte und Theologie des Luthertums Bd. XVIII. Berlin und Hamburg 1967.

Aubert Roger: Die katholische Reaktion gegen den Liberalismus. In: Handbuch der Kirchengeschichte VI/1. Die Kirche der Gegenwart. Freiburg. Basel. Wien 1985, 696-760.

Becker, Werner: Georg Wilhelm Friedrich Hegel. In: Klassiker des philosophischen Denkens, Band 2. dtv 4387. 3. Aufl. München 1985, 108-153.

Benrath, Gustav Adolf: Die Erweckungsbewegung innerhalb der deutschen Landeskirchen. In: Geschichte des Pietismus. Bd. 3. Der Pietismus im neunzehnten und zwanzigsten Jahrhundert. Hgg. von Ulrich Gäbler. Göttingen 2000.

Besier, Gerhard: Preußische Kirchenpolitik in der Bismarckära. Die Diskussion in Staat und Evangelischer Kirche um eine Neuordnung der kirchlichen Verhältnisse Preußens zwischen 1866 und 1872. Mit einem Vorwort von Klaus Scholder. Veröffentlichungen der Historischen Kommission zu Berlin, Band 49. Berlin. New York 1980.

Bezzenberger, Günter: Mission in China. Monographia Hassiae. Schriftenreihe der Evangelischen Kirche von Kurhessen-Waldeck. Heft 6. Kassel 1979.

Bizer, Ernst: Heinrich Heppe (1820-1879). In: Lebensbilder aus Kurhessen und Waldeck. Bd. 6.Hgg. von Ingeborg Schnack. Marburg 1958, 112-127.

Campenhausen, Hans Freiherr von: Tertullian. In: Lateinische Kirchenväter, Urban Bücher 50. Stuttgart 1960, 12-36.

Campenhausen, Hans Freiherr von: Cyprian. In: Lateinische Kirchenväter, Urban Bücher 50. Stuttgart 1960, 37-56.

Ebert, Wilhelm: Geschichte der evangelischen Kirche in Kurhessen. Von der Reformation bis auf die neueste Zeit. Das Zeugniß des Unionscharakters dieser Kirche kurz dargestellt. Cassel 1860.

Elon, Amos: Der erste Rothschild. Biographie eines Frankfurter Juden. Deutsch von Matthias Fienbork. rororo Sachbuch 60889. Reinbek 1999.

Engelbrecht, Klaus: Um Kirchentum und Kirche. Metropolitan Wilhelm Vilmar (1804-1884) als Verfechter einer eigentümlichen Kirchengeschichtsdeutung und betont hessischen Theologie. Europäische Hochschulschriften Reihe XXIII Theologie Bd. 235. Frankfurt am Main. Bern. New York. Nancy 1984.

Gembries, Helmut: Verfassungsgeschichtliche Studien zum Recht auf Bildung im deutschen Vormärz. Quellen und Forschungen zur hessischen Geschichte Bd. 32. Darmstadt und Marburg 1978.

Gerhard, Martin: Johann Hinrich Wichern. Ein Lebensbild. 3 Bde. Hamburg 1927-1931.

Grebe, E. R. : Geschichte der hessischen Renitenz. Cassel 1905.

Gramley, Hedda: Propheten des deutschen Nationalismus. Theologen, Historiker und Nationalökonomen 1848-1880. Frankfurt/New York 2001.

Haußleiter, Johannes: Vilmar, August Friedrich Christian. In: Realencyklopädie für protestantische Theologie und Kirche. Zwanzigster Band, 3. Aufl. Leipzig 1908, 649-661.

Hein, Martin: Auf der Suche nach neuer Ordnung. Der Weg der Evangelischen Landeskirche von Kurhessen-Waldeck in den Jahren 1945-1947. In: Jahrbuch der Hessischen Kirchengeschichtlichen Vereinigung. 41. Band 1990, 111-134.

Hein, Martin: Geistliche Leitung und Einheit der Kirche. Zur Vorgeschichte und Einführung des Bischofsamtes in der Evangelischen Kirche von Kurhessen-Waldeck. In: Zeitschrift der Savigny-Stiftung für Rechtsgeschichte. Hundertachter Band. Kanonistische Abteilung LXXVII. Köln-Wien-Weimar 1991, 406-427.

Hein, Martin: „Miteinander und Gegenüber": Eine historische Analyse des Konstruktionsprinzips der „Grundordnung der Evangelischen Kirche von Kurhessen-Waldeck" von 1967. In: Zeitschrift für evangelisches Kirchenrecht. 39. Band 1. Heft Tübingen 1994, 1-19.

Hein, Martin: Die Jesberger Konferenz im Jahre 1849. Ein Beitrag zum Verhältnis von Staat und Kirche im 19. Jahrhundert. In: Zeitschrift der Savigny-Stiftung für Rechtsgeschichte. Kanonistische Abteilung LXXXVI. Wien-Köln-Weimar 2000, 499-516.

Henß, Carl (Herausgeber): Die Hanauer Union. Festschrift zur Hundertjahrfeier der ev.-unierten Kirchengemeinschaft im Konsistorialbezirk Cassel am 28. Mai 1818. Hanau 1918.

Hirsch, Emanuel: Geschichte der neueren evangelischen Theologie im Zusammenhang mit den allgemeinen Bewegungen des europäischen Denkens. Band V. Gütersloh 1954.

Hopf, Wilhelm: August Vilmar. Ein Leben- und Zeitbild. 2 Bände. Marburg 1913.

Huber, Ernst Rudolf: Deutsche Verfassungsgeschichte seit 1789. III. Band: Bismarck und das Reich. Stuttgart. Berlin. Köln. Mainz, 3. Aufl. 1988.

Kantzenbach, Friedrich Wilhelm: Zur Problematik der Theologie Vilmars. Gestalten und Typen des Neuluthertums. Beiträge zur Erforschung des Neokonfessionalismus im 19. Jahrhundert. Gütersloh 1968.

Klein, Thomas: Preußische Provinz Hessen-Nassau 1866-1944/45 In: Handbuch der hessischen Geschichte. Vierter Band. Zweiter Teilband. 1. Lieferung. Marburg 1998, 213-419.

Knobel, Enno: Die Hessische Rechtspartei. Konservative Opposition gegen das Bismarckreich. Marburg 1975.

Knöppel Volker: Miteinander und Gegenüber. Zur Verfassungsgeschichte der Evangelischen Kirche von Kurhessen-Waldeck. Monographia Hassiae. Schriftenreihe der Evangelischen Kirche von Kurhessen-Waldeck Bd.23. Kassel 2000.

Kukowski, Martin: Pauperismus in Kurhessen. Ein Beitrag zur Entstehung und Entwicklung der Massenarmut in Deutschland 1815-1855. Quellen und Forschungen zur hessischen Geschichte Bd. 100, Marburg 1995.

Kupisch, Karl: Die deutschen Landeskirchen im 19. und 20. Jahrhundert. Die Kirche in ihrer Geschichte. Bd. 4, Lieferung R (2. Teil), Göttingen 1966.

Lohse, Bernhard: Kirche und Offenbarung bei A. F. C. Vilmar. In: Evangelische Theologie, 17. Jahrgang 1957, S. 445-467.

Losch, Philipp: Geschichte des Kurfürstentums Hessen 1803-1866. Marburg 1922.

Losch, Philipp: Der letzte deutsche Kurfürst Friedrich Wilhelm I. von Hessen. Marburg 1937.

Löwith, Karl: Von Hegel zu Nietzsche. Der revolutionäre Bruch im Denken des neunzehnten Jahrhunderts Marx und Kierkegaard. 3. Aufl. Zürich 1953.

Maurer, Wilhelm: Aufklärung, Idealismus und Restauration. Studien zur Kirchen- und Geistesgeschichte in besonderer Beziehung auf Kurhessen 1780-1860. 2 Bände in einem Band Gießen 1930.

Nipperdey, Thomas: Deutsche Geschichte 1800-1866. Band I: Arbeitswelt und Bürgergeist. München 1998. Band II: Machtstaat vor der Demokratie. München 1998.

Recktenwald, Horst Claus: Adam Smith. In. Joachim Starbatty (Hg.): Klassiker des ökonomischen Denkens Erster Band: Von Platon bis John Stuart Mill. München 1989, 134-155.

Rieske-Braun, Uwe: Vilmar, August Friedrich Christian (1800-1868). In: Theologische Realenzyklopädie Band XXXV, Berlin. New York 2003, 97-102.

Roessler, Dietrich: Grundriß der Praktischen Theologie. Berlin New York 1986.

Roth, (Diethard) (Hg): 100 Jahre Evangelisch-Lutherische Christuskirche in Melsungen 1882 bis 1982.

Sälter, Renate: Die Vilmarianer. Von der fürstentreuen kirchlichen Restaurationspartei zur hessischen Renitenz. Quellen und Forschungen zur hessischen Geschichte Bd. 59. Darmstadt und Marburg 1985.

Schatz, Klaus: Geschichte des Bistums Limburg. Mainz 1983.

Schluckebier, Friedrich Wilhelm: Die sozialethischen Anschauungen August Vilmars. Inauguraldissertation Marburg 1957.

Schlunck, Rudolf: Die 43 renitenten Pfarrer. Lebensabschnitte der im Jahre 1873/74 um ihrer Treue willen des Amtes entsetzten Pfarrer. Marburg 1923.

Schlunk, Barbara: Amt und Gemeinde im theologische Denken Vilmars. Beiträge zur Evangelischen Theologie Bd. 9 München 1947.

Scholder, Klaus: Vilmar, 1. August Friedrich Christian, 2. Wilhelm. In: Die Religion in Geschichte und Gegenwart. VI. Band, 3. Aufl. Tübingen 1962, Sp 1401-1403.

Schott, Erdmann: Rothe, Richard. In: Die Religion in Geschichte und Gegenwart V. Band, 3. Aufl. Tübingen 1961, Sp.1197-1199.

Seier, Hellmut: Kurfürstentum Hessen 1803-1866. Handbuch der hessischen Geschichte. Vierter Band: Hessen im Deutschen Bund und im neuen Deutschen Reich (1806) 1815-1945. Marburg 1998.

Tapp, Alfred: Hanau im Vormärz und in der Revolution von 1848-1849. Ein Beitrag zur Geschichte des Kurfürstentums Hessen. Hanauer Geschichtsblätter Bd. 26. Hanau 1976.

Waßmann, Dieter: Evangelische Pfarrer in Kurhessen und Waldeck von 1933 bis 1945. Monographia Hassiae Bd. 24. Kassel 2001.

Wicke, Karl: Die hessische Renitenz. Ihre Geschichte und ihr Sinn. Kassel 1930.

Wollenweber, Martha: Theologie und Politik bei A. F. C. Vilmar. München 1930.

Bildquellen

Porträt „August Vilmar", aus Bildarchiv Foto Marburg.

Porträt „Kurfürst Friedrich Wilhelm", aus Archiv des Stadtmuseums Kassel.

„Die Theologie der Thatsachen", „Die Lehre vom geistliche Amt" und „Die Zukunft der hessischen Kirche": Bibliothek des Landeskirchenamtes in Kassel.

Porträt Wilhelm Vilmar, aus Privatbesitz Dietfried Krause-Vilmar, Kassel.

Hinweisschild auf dem Kasseler Lutherplatz und SELK-Kirche in Bad Emstal-Sand aus Privatarchiv Herbert Kemler.

Personenregister